Arthur D Little · Management der Hochleistungsorganisation

Arthur D Little

(Herausgeber)

Management der Hochleistungsorganisation

2. Auflage

SPRINGER FACHMEDIEN WIESBADEN GMBH

CIP-Titelaufnahme der Deutschen Bibliothek

Management der Hochleistungsorganisation / Arthur D. Little
(Hrsg.) – 2. Aufl. – Wiesbaden: Gabler, 1991

NE: Arthur D. Little (Wiesbaden)

1. Auflage 1989
2. Auflage 1991

© Springer Fachmedien Wiesbaden 1991
Ursprünglich erschienen bei Betriebswirtschaftlicher Verlag Dr. Th. Gabler GmbH, Wiesbaden 1991
Softcover reprint of the hardcover 1st edition 1991
Lektorat: Ulrike M. Vetter

Das Werk einschließlich aller seiner Teile ist urheberrechtlich geschützt. Jede Verwertung außerhalb der engen Grenzen des Urheberrechtsgesetzes ist ohne Zustimmung des Verlags unzulässig und strafbar. Das gilt insbesondere für Vervielfältigungen, Übersetzungen, Mikroverfilmungen und die Einspeicherung und Verarbeitung in elektronischen Systemen.

Höchste inhaltliche und technische Qualität unserer Produkte ist unser Ziel. Bei der Produktion und Verbreitung unserer Bücher wollen wir die Umwelt schonen: Dieses Buch ist auf säurefreiem und chlorarm gebleichtem Papier gedruckt. Die Einschweißfolie besteht aus Polyäthylen und damit aus organischen Stoffen, die weder bei der Herstellung noch bei der Verbrennung Schadstoffe freisetzen.

Die Wiedergabe von Gebrauchsnamen, Handelsnamen, Warenbezeichnungen usw. in diesem Werk berechtigt auch ohne besondere Kennzeichnung nicht zu der Annahme, daß solche Namen im Sinne der Warenzeichen- und Markenschutz-Gesetzgebung als frei zu betrachten wären und daher von jedermann benutzt werden dürften.

Umschlag: Schrimpf und Partner, Wiesbaden
Satz: Satzstudio RESchulz, Dreieich-Buchschlag

Buchbinder: Fortschritt, Erfurt
ISBN 978-3-663-05846-5   ISBN 978-3-663-05845-8 (eBook)
DOI 10.1007/978-3-663-05845-8

Vorwort

Dieses ist das vierte Buch einer Reihe, die sich mit den akuten Managementproblemen unserer Zeit auseinandersetzt. Die Reihe wiederum ist Ausdruck fortschreitender Erfahrung bei der Bewältigung der komplexer werdenden Herausforderungen, denen die Unternehmensführung heute begegnen muß.

Während noch vor einigen Jahren „Land in Sicht" schien, wenn Unternehmen konsequent auf strategische Führung umschalteten, wurde bald immer deutlicher, daß in gesättigten Märkten und unter Bedingungen bewußt-offensiven Innovationswettbewerbs die Stellschrauben strategischer Chancenoptimierung nicht mehr ausreichen.

1985 hatten wir mit dem „Management im Zeitalter der strategischen Führung" aufgezeigt, wie die Unternehmensspitze, indem sie sich selber die Konzepte und Methoden strategischen Verhaltens zu eigen macht, das Unternehmen als einen Verbund von schlagkräftigen Geschäftseinheiten führen kann, der seinen Cash-flow, sein Technologie-Know-how und seine Human-Ressourcen wohlkalkuliert disponiert.

So groß der Nutzen systematischer strategischer Führung für die Unternehmen ist, sie reicht nicht aus. Denn neben der Optimierung des Portfolios bestehender Geschäfte ist das Vordringen in neue wichtig geworden, um auch in Zukunft Wachstum und vom Markt honorierte Wertschöpfung zu sichern.

1986 beschrieben wir daher in „Management der Geschäfte von morgen", wie die Unternehmen ihre Fähigkeit ausbauen können, Zukunftsgeschäfte zu erschließen. Wir bauten auf der Erfahrung auf, daß zusätzlich zu konsequentem strategischen Verhalten die Pflege einer Innovationskultur und die effiziente Nutzung von vielfältigen Innovationsmechanismen gehören, um nicht in die Gefahr zu geraten, nur noch reife und alternde Geschäfte zu optimieren, bei denen der Handlungsspielraum trotz allen Geschicks immer enger wird. In zahlreichen Unternehmen etablierten wir ein umfassendes Innovationsmanagement und halfen, im internationalen Innovationswettbewerb starke Positionen zu besetzen.

Dabei wurde deutlich, daß Innovation immer stärker auch die Stammgeschäfte der Unternehmen infiltriert und daß es für viele von ihnen existenzgefährdend sein kann, wenn sie nicht auch in ihren etablierten Geschäften einen ständigen Reorientierungsprozeß vollziehen.

1988 setzten wir uns daher mit dem „Management des geordneten Wandels" auseinander und beschrieben unsere Erfahrung bei der Durchsetzung von Veränderungen in allen Funktionsbereichen des Unternehmens. Als treibende Kraft der ständigen aktiven Reorientierung zeigten wir die Herausforderungen, aber auch die enormen Chancen auf, die der europäische Markt und die vielfältigen, zum Teil umwälzenden Technologieentwicklungen darstellen. Wir beschrieben, wie sich die Unternehmenskultur von einer „Master mind"-Kultur zu einer Kultur des „Alle für eine gemeinsame Sache" wandeln muß, um das Veränderungstempo zu meistern, die Kräfte des Unternehmens auf ein gemeinsames Ziel auszurichten und die Risiken zu beherrschen.

Damit hatten wir bereits einem Phänomen Rechnung getragen, das die Unternehmen trotz strategischer Führung, trotz Innovationsmanagement und trotz ihrer Bereitschaft zum geordneten Wandel zunehmend zu beklagen haben: daß nämlich die Leistungsfähigkeit und die Geschwindigkeit der Wandlungsprozesse häufig nicht ausreichen, um die angestrebten Positionen zu erreichen.

In dem vorliegenden Buch „Management der Hochleistungsorganisation" beleuchten wir daher die Zusammenhänge der inhärenten Leistungsfähigkeit eines Unternehmens. Wir verarbeiten hier eine weitere Dimension von Erfahrung und Erkenntnissen, die wir beim Management der Wandlungsprozesse in den Unternehmen gesammelt haben.

Entscheidend für die erfolgreiche Verfolgung neuer Strategien, für die Innovationsfähigkeit und die Unternehmenskultur ist, wie gut und wie schnell ein Unternehmen lernt.

Lernen ist beim einzelnen Individuum der Prozeß, durch den es neues Wissen und neue Erkenntnisse erwirbt und dadurch sein Verhalten und seine Handlungsweise immer wieder zu seinem Vorteil verändert. „Organizational learning" ist die Fähigkeit einer Hochleistungsorganisation, das Wissen und die Erkenntnisse aller ihrer Organisationsmitglieder auszutauschen, darüber Konsensus zu erzielen und ein abgestimmtes, zielgerichtetes Verhalten aller Funktionsbereiche „hinzubekommen".

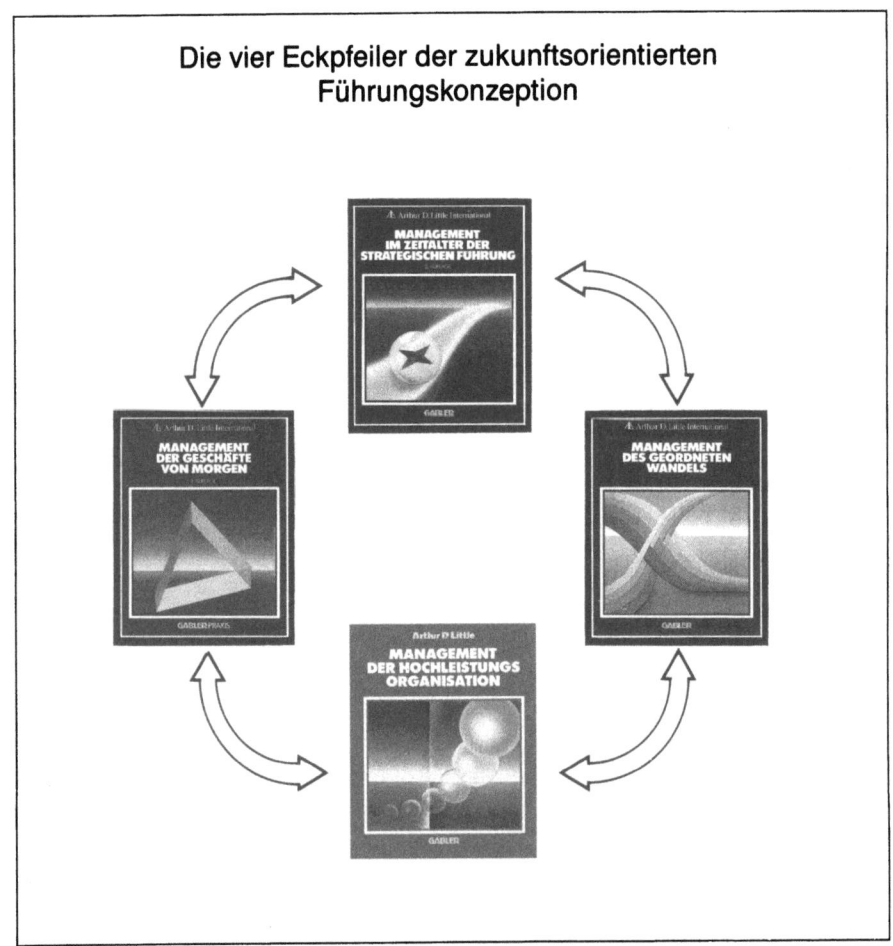

Wie diese Fähigkeit erworben, ausgebaut und zur überdurchschnittlichen Leistungssteigerung genutzt werden kann, behandeln wir in diesem Buch.

Es zeigt auf, daß nicht diejenigen Unternehmen zu den Gewinnern gehören, die die raffinierteste Strategie entwickelt haben, in denen „hart gearbeitet" wird oder die viele innovative Ideen hervorbringen, sondern diejenigen, die die entscheidenden marktorientierten Leistungsprozesse erkennen und durchgehend steuern können.

Diese Zusammenhänge haben unsere Projektteams in zahlreichen Projekten beobachtet und durchschaut. Ihre Erkenntnisse sind in diesem Buch ebenso verarbeitet wie die Diskussionen mit vielen Vorstandsmitgliedern und Geschäftsführern vor Ort und auf unseren „Wiesbadener Unternehmergesprächen" im Nassauer Hof der hessischen Landeshauptstadt.

Das „Management der Hochleistungsorganisation" wird damit zum notwendigen vierten Eckpfeiler der Führungskonzeption, mit der Unternehmen heute auf eine von vielen Seiten bedrohte Zukunft vorbereitet und in den Veränderungsprozessen mit sicherer Hand weiterentwickelt werden können (siehe Abbildung Seite VI).

Wir danken allen unseren Geschäftspartnern für die intensiven und offenen Diskussionen und hoffen, daß dieses Buch einen wesentlichen Beitrag zum „organizational learning" leisten wird.

Wir danken besonders Frau Karin Pfeiffer, die mit „organizational cleverness" den redaktionellen Leistungsprozeß für dieses Buch steuerte.

Wiesbaden, im November 1989
Dr. Tom Sommerlatte
Vice President
Arthur D. Little

Vorwort zur 2. Auflage

Das „Management der Hochleistungsorganisation" ist bei einer ganzen Reihe von Unternehmen zu einem Handbuch der Führungskräfte geworden. Vom Vorsitzenden des Vorstands oder der Geschäftsleitung „entdeckt", wurde das Buch zur Pflichtlektüre für alle Führungskräfte und häufig zum Thema gemeinsamer Workshops.

Die Wirkung ist erstaunlich.

Die Führungskräfte, die seit Jahren im Stellungskrieg des Tagesgeschäfts engagiert sind und sich hier unter zunehmendem Leistungsdruck immer tiefer eingegraben haben, erkennen mit einem Mal das Modell ihres Zusammenwirkens, das ihnen hilft, ihre Anstrengungen wesentlich wirkungsvoller aufeinander abzustimmen und dadurch die Schlagkraft des Unternehmens im Markt zu steigern.

Daß Lernfähigkeit das überragende Merkmal von Hochleistungsorganisationen ist, wird immer offensichtlicher. Und weil Hochleistung im internationalen Wettbewerb zunehmend zur Überlebensfrage wird, muß sich das Management immer intensiver mit zwei Herausforderungen auseinandersetzen:
– Wie steigern wir die Lernfähigkeit des Unternehmens?
– Welche Lerninhalte sind für die Leistungssteigerung des Unternehmens entscheidend?

Da unsere Universitäten immer noch vorwiegend auf die Ausbildung von Nachwuchs ausgerichtet sind, dem das für die berufliche Entwicklung erforderliche faktische und methodische Wissen „mit auf den Weg" gegeben wird, bleibt der Kontakt zum Erkenntnisfortschritt „danach" meistens den autodidaktischen Fähigkeiten des Einzelnen überlassen.

Lernfähigkeit des Unternehmens – „organizational learning" – ist aber mehr als die Summe der Lernprozesse der einzelnen Mitarbeiter des Unternehmens. Sie ist selber ein Lerninhalt, auf den unsere Ausbildungswege uns in der Regel nicht vorbereiten.

So hat dieses Buch in den Augen derer, die Nutzen daraus gezogen haben, in erster Linie die Wirkung, das Bewußtsein von der Wichtigkeit gemeinsamer Lernprozesse und die Bereitschaft dazu im Unternehmen zu steigern.

Daß die Lerninhalte dann folgerichtig die gemeinsamen Aufgaben und Leistungsprozesse und deren Abhängigkeiten sind, erhöht die Bereitschaft zum „organizational learning".

Die Bedeutung dieses Buches wurde bisher dadurch gewürdigt, daß die erste Auflage in für deutsche Verhältnisse kurzer Zeit vergriffen ist.

Wir glauben – und mit uns viele Leser, die uns das spontan bestätigt haben –, daß das Buch die deutsche, vielleicht sogar die europäische Antwort auf die japanische Herausforderung gestalten helfen kann – eine Herausforderung, die vor allen Dingen auf Verhaltensweisen, Lernfähigkeit und Unternehmenskultur beruht.

Wir wünschen den neu hinzugekommenen Lesern des Buches, daß sie die gleiche Reaktion wie die bisherigen zeigen: Das müssen meine Kollegen lesen!

Wiesbaden, im August 1991

Dr. Tom Sommerlatte
Vice President
Arthur D. Little

Inhalt

Vorwort V
Dr. Tom Sommerlatte

Einführung
Warum Hochleistungsorganisation und wie weit sind wir davon entfernt? ... 1
Dr. Tom Sommerlatte

Erstes Kapitel
Leistungsprozesse und Organisationsstruktur 23
Dr. Tom Sommerlatte und Dr. Eberhard Wedekind

1.1 Erfolgsfaktoren als Maß für Leistungsprozesse 26

1.2 Aggregierte, differenzierungsfähige Leistungsprozesse 29

1.3 Leistungseinheiten und Schnittstellen 34

1.4 Produktive Strukturen 36

Zweites Kapitel
Leistungsprozesse und Informationsstrukturen 43
Wolfram Brandes, Dr. Tom Sommerlatte, David Stringer und
Dr. Wolfgang Zillessen

2.1 Leistungsprozesse als Grundstruktur für Informations- und
 Kommunikationsprozesse 46

2.2 Funktionsbereiche und Führungsebenen 50

2.3 Strategisches Informationsmanagement 52

Anhang zu Kapitel 2 57

Drittes Kapitel
Schneller werden 61
Dr. Rudolf Pernicky

3.1 Zeitbilanz ziehen 64

3.2	Das Grundkonzept des Schnellerwerdens	67
	3.2.1 Die richtigen Dinge tun	67
	3.2.2 Die Dinge richtig tun	69

Viertes Kapitel
Projektmanagement richtig gemacht 73
Gerold Hörrmann und Dr. Claus Tiby

4.1	Warum strategisches Projektmanagement?	75
4.2	Projektmanagement als wirkungsvoller Ansatz	77
	4.2.1 Erfahrungen mit dem Projektmanagement	77
	4.2.2 Projektmanagement aufgabenspezifisch anwenden	77
4.3	Lenkungsgremium als Auftraggeber	80
4.4	Projektleiter als Unternehmer	81
4.5	Interdisziplinäre Projektteams	82
4.6	Projekt-Controlling als Basis der Leistungssteuerung	84
4.7	Projektmanagement in Unternehmen mit internationalen F&E-Standorten	85
	4.7.1 Probleme des F&E-Managements bei internationalen F&E-Standorten	86
	4.7.2 Lösungsansätze für eine integrierte Führung und ein gesamtheitliches Controlling internationaler F&E-Aktivitäten	88
	4.7.3 Realisierungsvoraussetzung: Strategisches Projektmanagement	90
	4.7.4 Internationales Entwicklungs-Controlling	90

Fünftes Kapitel
Key-Account-Management – die Hingabe zum Kunden 93
Dr. Werner A. Knetsch

5.1	Wie funktioniert Key-Account-Management?	97

5.2	Wie wird Key-Account-Management organisiert?	100
5.3	Worin liegt der Nutzen?	104

Sechstes Kapitel
Umweltbewußtsein – nicht als Kostenfaktor, sondern als Zukunftsleistung . 105
Dr. Frank Annighöfer

6.1	Umweltschutzkosten durch unternehmerische Initiative in den Griff bekommen	107
6.2	Umweltschutz als Chance begreifen	107
6.3	Leitlinien zum Umweltschutz	108
	6.3.1 Gutes Image nützt	108
	6.3.2 Wirkung nicht nur nach außen	109
	6.3.3 Spezifisch für jedes Unternehmen	109
6.4	Umweltverträglichkeit: Chancen mit verbesserten Produkten und Verfahren	110
6.5	Umwelttechnik: Erschließung neuer Geschäftsfelder	111
6.6	Der unternehmerische Vorteil muß stimmen	114
	6.6.1 Nutzen für die Umwelt verdeutlichen	114
	6.6.2 Den Nutzen an die Kunden kommunizieren	115
	6.6.3 Vorsprung gegenüber den Mitbewerbern	115

Siebtes Kapitel
Total Quality Management – das organisierte Bewußtsein . 117
Michael Mollenhauer und Thomas Ring

7.1	Qualität ist etwas anderes als „gute Qualität"	119
	7.1.1 Das magische Dreieck Qualität, Kosten, Zeit	119
	7.1.2 Ein umfassendes Konzept	119

7.2 Total Quality Management – warum?

    7.2.1 Gründe für Total Quality Management 119

    7.2.2 Kunden wollen Qualität 119

    7.2.3 Qualität ist ein Wettbewerbsfaktor 120

    7.2.4 Qualität ist Bestandteil der Corporate Identity 120

    7.2.5 Qualität bringt mehr Gewinn 120

7.3 Total Quality Management als Führungsphilosophie 121

    7.3.1 Die tragenden Säulen 121

    7.3.2 Kundenorientierung 121

    7.3.3 Prozeßorientierung: ADL-Prozesse beherrschen lernen 123

    7.3.4 Management-Überzeugung: Vorbild als Erfolgsfaktor 124

7.4 Total Quality Management als Programm 127

Achtes Kapitel
Die neue Führungspersönlichkeit – Leistung durch Integration 129
Dr. Holger Karsten

8.1 Die Verhaltensdimension von Organisationen 131

8.2 Aufgabenstellung für Führungspersönlichkeiten 131

8.3 Personal Identity als Voraussetzung der Corporate Identity 133

8.4 Anforderungsprofil an die neue Führungspersönlichkeit 134

Neuntes Kapitel
Die Dienstleistungspyramide im Unternehmen 137
Jürgen Fuchs

9.1 Der Kunde als König 139

9.2 Der Kunde als Quelle der Wertschöpfung 139

9.3 Von der Produkt- zur Dienstleistungskultur 140

9.4	Die Dienstleistungskultur	141
9.5	Führen heißt Dienen	141
9.6	Kulturrevolution	142
9.7	Emanzipation durch Netze	143
9.8	Qualität aus Leidenschaft	144
9.9	Barrieren der Kulturrevolution	144

Zehntes Kapitel
Die Hochleistungsorganisation – von der Umwelt gefördert oder behindert . 149
Gabriele Berger-Boyer und Dr. Manfred Kunze

10.1	Ansätze zur Erklärung der Organisationsentwicklung	151
10.2	Rahmenbedingungen für die Herausbildung von Hochleistungsorganisationen	153
	10.2.1 Umweltfaktoren	153
	10.2.2 Einwirkungen des Umweltsystems	154
	10.2.3 Formen der Wechselwirkung zwischen Organisationen und Umwelt	155
10.3	Triebkräfte für die Gestaltung von Organisationen	156
	10.3.1 Triebkräfte in privatwirtschaftlichen Unternehmen	156
	10.3.2 Triebkräfte in staatlichen Unternehmen	158
10.4	Die Umwelt kann Hochleistungsorganisationen fördern oder behindern	159

Zu den Autoren 161

Einführung

Warum Hochleistungsorganisation und wie weit sind wir davon entfernt?

Dr. Tom Sommerlatte

Unternehmen werden, ob sie es erkennen und wollen oder nicht, zu immer komplexeren dynamischen Systemen.

Schon in den 60er Jahren gab es Ansätze, Unternehmen als kybernistische Systeme zu begreifen und sie damit steuerbarer zu machen [1, 2]. Diese Ansätze, die in dem Versuch gipfelten, das gesamte unternehmerische Geschehen per Management-Informationssysteme (MIS) modellartig nachzubilden und über aggregierte Kennzahlen zu kontrollieren und zu führen[3] – die vollautomatisch aus den operativen Basisdaten abgeleitet werden sollten –, wurden dann sang- und klanglos wieder aufgegeben. Es erwies sich, daß die unternehmerische Wirklichkeit viel zu komplex ist und auch von vielen anderen als den rein betriebswirtschaftlichen Faktoren bestimmt wird, als daß sie sich durch Datenmodelle erfassen ließe.

Die Komplexität nimmt heute durch das enger werdende Wechselspiel technischer, logistischer, ökonomischer, motivatorischer und vieler anderer Zusammenhänge noch ständig zu[4].

Darüber hinaus sind die Unternehmen ihrerseits immer stärker in noch umfassendere komplexe Systeme eingebunden: In Wirtschaftssysteme wie den europäischen Markt und den globalen Wettbewerb, in Ökosysteme, in Wertschöpfungs- und Funktionssysteme, in denen einzelne Produkte, Teilsysteme und Dienstleistungen immer genauer definierte Anforderungen der Kompatibilität, Innovationsgeschwindigkeit und Wirtschaftlichkeit erfüllen müssen.

Die meisten Unternehmen versuchen, mit dieser zunehmenden Komplexität dadurch fertig zu werden, daß sie kompetente Fachleute mit immer umfangreicherem Wissen aufbauen oder hinzugewinnen und ihr Zusammenwirken qua Führungshierarchie und Organisationsregeln steuern.

Gleichzeitig haben sie sich zunehmend in kleinere, überschaubarere Einheiten „zerlegt" – Profit Centers, Geschäftsbereiche oder weitgehend eigenständige Gesellschaften, die unabhängig voneinander operieren und über eine immer weniger ins Tagesgeschäft involvierte Zentrale mehr oder weniger stark zusammengehalten werden. Dabei kann die „raison d'être" der Gruppierung vom reinen finanziellen Portfolio-Ansatz der bewußten Risikostreuung und Ressourcenoptimierung (im Sinne einer Finanzholding) über die Nutzung überlegener Managementfähigkeiten, die sich die einzelne Einheit nicht leisten könnte (im Sinne einer Managementholding), bis hin zur Organisation von technischen, operativen und/oder marktorientierten Synergieeffekten (im Sinne eines Unternehmensverbundes) reichen[5].

Die Vorteile solcher Holding-Konstruktionen und Unternehmensverbunde werden zum Teil jedoch durch die typischen Eigenschaften der Gruppensteuerung wieder „aufgefressen". Denn die operativen Einheiten tendieren dazu, der Zentrale geschäftsspezifische Kompetenz abzusprechen und ihre Eigeninteressen zu verfolgen, die Zentrale dagegen muß, wenn sie sich durchsetzen will, formale Planungs- und Controlling-Prozeduren und eigenes Know-how in den Geschäftsfeldern entwickeln, die zu einem „Überkopf" (Overhead) führen.

Daß hierbei Verluste an Effizienz und Reaktionsgeschwindigkeit auftreten, die in besonders dynamischen Situationen existenzgefährdend sein können, haben in den letzten Jahren namhafte Unternehmen erfahren, die innerhalb kurzer Zeit zu Problemfällen wurden.

„We had the largest share of our market, we had the best designers and technologists in our business. We had excellent relations with a highly motivated workforce. We were not guilty of underinvestment, nor of managing for short-term profit only. But there was something about the way we were managing the company that was not good enough," schildert Ray Stata, Chairman von Analog Devices (Marktführer auf dem Gebiet der linearen Hochleistungs-ICs) die Situation seines Unterneh-

---

1 Vgl. HEINZ MICHAEL MIROW: Kybernetik-Grundlage einer allgemeinen Theorie der Organisation; Wiesbaden 1969
2 Vgl. STAFFORD BEER: Kybernetik und Management; Stuttgart 1962
3 Vgl. BERNT A. HÖGSDAL: Kriterien zur Effizienz von Management-Informations- und Kontroll-Systemen; Bonn 1974
4 Vgl. ARTHUR D. LITTLE INTERNATIONAL (Hrsg.): Management des geordneten Wandels; Wiesbaden 1988
5 Vgl. ROLF BÜHNER: Management-Holding, Die Betriebswirtschaft, 47. Jg.; 1987

mens, als er sich entschloß, am „New Management Style Project" der MIT-Professoren Jay Forrester und Peter Senge mitzumachen[6]. Und er fährt fort: „True enough, like other semiconductor companies we were affected by the malaise in the U.S. electronics industry and by the strong dollar. But the external environment was only part of the problem. Something was also wrong internally, and it had to be fixed."

Die deutschen Unternehmen können heute im allgemeinen auf eine sich deutlich verbessernde Ertragslage und Rekorde der Außenhandelsbilanz verweisen. Sie haben in den letzten Jahren unter dem zunehmenden internationalen Wettbewerbsdruck an ihren Strukturen und ihrer Kosteneffizienz gearbeitet und erleben nun auch noch den längsten Wirtschaftsaufschwung der Nachkriegsgeschichte.

In dieser Situation besteht eine umfassende Bereitschaft, in Maßnahmen der Zukunftssicherung zu investieren. Der wichtigste Ansatzpunkt hierfür ist zweifellos die innere Flexibilität und strategische Leistungsfähigkeit, um nicht in schwierigeren Zeiten sagen zu müssen: „There is something about the way we are managing the company that is not good enough!"

„Die deutsche Wirtschaft steht unter Volldampf", befindet Georg Giersberg im Juli 1989[7] „sie hat Vorbereitungen getroffen, um auch nach 1993 im schärferen europäischen Wettbewerb ihre führende Stellung auf dem Kontinent zu halten und noch auszubauen...". Aber: „Gerade weil die meisten Bilanzen gestiegene Umsätze und vor allem höhere Ertragskraft ausweisen, fallen die Unternehmen auf, die an der guten Gesamtentwicklung nicht teilhatten". Und: „Viele Unternehmer, so der persönlich haftende Gesellschafter des High-Tech-Konzerns Heraeus, weisen warnend darauf hin, daß gerade in guten Zeiten das Unternehmen auf seine tatsächliche Ertragskraft hin zu überprüfen sei".

Was heißt aber „tatsächliche Ertragskraft" bei komplexen dynamischen Systemen? Wenn die Ergebnissituation von Unternehmen trotz starker Marktposition, kompetenter Mannschaft und hoher Investitionsbereitschaft umschlagen kann, dann müssen es andere Faktoren sein, die die Ertragskraft ausmachen und die es zu verstehen und zu steuern gilt.

Daß es sich hierbei nicht um weiter verfeinerte betriebswirtschaftliche Modelle und Ansätze handeln kann, war den Beteiligten des „New Management Style Project" unter Jay Forresters und Peter Senges Leitung von vornherein klar[8, 9]. Vielmehr entstammen ihre Erkenntnisse der Verhaltensforschung bei sozialen Systemen und laufen darauf hinaus, daß die Fähigkeit zu lernen den entscheidenden Faktor darstellt, der längerfristig und damit ursächlich die Ertragskraft von Unternehmen bestimmt.

Stata nennt diese Fähigkeit „organizational learning". Lernen ist beim einzelnen Individuum der Prozeß, durch den es neues Wissen und neue Erkenntnisse erwirbt und dadurch sein Verhalten und seine Handlungsweise immer wieder zu seinem Vorteil verändert. „Organizational learning", d.h. der Lernprozeß ganzer sozialer Systeme, erfordert zwar auch neue Erkenntnisse und Verhaltensänderungen, aber entscheidend beim „organizational learning" ist nicht, daß die einzelnen Organisationsmitglieder ihr Wissen vermehren oder daß die Organisation neue Fachleute mit zusätzlichem Wissen hinzugewinnt. Es reicht auch nicht aus, daß die einzelnen Organisationsmitglieder ihr Verhalten und ihre Handlungsweise zu ändern bereit sind. Vielmehr setzt „organizational learning" voraus, daß Wissen und Erkenntnisse zwischen den Organisationsmitgliedern ausgetauscht werden, daß Konsens darüber erzielt und daß ein abgestimmtes, zielgerichtetes Verhalten aller Funktionsbereiche daraus abgeleitet wird. Wenn einzelne Organisationsmitglieder oder Funktionsbereiche in den Lernprozeß nicht oder nur beschränkt involviert sind, dann lernt die Organisation langsamer oder lückenhaft, und Verhaltensänderungen sind unvollständig. Unvollständige Verhaltensänderungen wiederum führen häufig zu geringerem Erfolg als unangepaßtes, aber ein-

---

6 Vgl. RAY STATA: Organizational Learning – The Key to Management Innovation; Sloan Management Review, Spring 1989

7 Vgl. GEORG GIERSBERG: Gewappnet für die neunziger Jahre; Frankfurter Allgemeine Zeitung, Nr. 166, 1989

8 Vgl. JAY W. FORRESTER: Counterintuitive Behavior of Social Systems; Technology Review, January 1971

9 Vgl. PETER M. SENGE: The New Management: Moving from Invention to Innovation; New Management, Summer 1986

heitliches Verhalten. So können Organisationsmitglieder, die bewußt oder unbewußt den Lernprozeß und die Verhaltensänderung nicht mitmachen, den Mißerfolg des veränderten Verhaltens provozieren und nachträglich sogar als Rechtfertigung ihres Beharrungswillens ausgeben.

Erfolgreiche Verhaltensänderungen setzen daher voraus, daß alle Entscheidungsträger einer Organisation zusammen lernen, zu denselben Überzeugungen und Gesamtzielen gelangen und dann in ihren Verantwortungsbereichen die Handlungen durchsetzen und durchhalten, die zur veränderten Ausrichtung der gesamten Organisation notwendig sind.

Ein zweites wesentliches Merkmal des Lernprozesses – die Nutzung bisheriger Erkenntnisse und Erfahrungen – stellt ebenfalls besondere Anforderungen an unternehmerische Organisationen: „Organizational learning" ist nur effizient, wenn der Wissens- und Erfahrungsschatz der einzelnen Organisationsmitglieder zusammengeführt und der gesamten Organisation zugänglich gemacht wird, auch wenn die Wissens- und Erfahrungsträger ihre Position wechseln oder die Organisation verlassen.

Eine Form des hierzu erforderlichen „organizational memory" sind gemeinsam erarbeitete Strategien, in die das Wissen und die Erfahrung aller Organisationsmitglieder eingeflossen sind. So gesehen, erhalten Strategien eine völlig neue Bedeutung: sie sind mehr als Handlungskonzepte, sie werden zur Basis des „organizational learning". Auch betriebswirtschaftliche und Marktmodelle können Wissens- und Erfahrungsspeicher der Organisation sein, wenn sie immer wieder bewußt als Basis neuer Erkenntnisse und einer kontinuierlichen Verhaltensentwicklung angesehen werden.

Die in diesem Buch beschriebenen Ansätze, auf die zunehmende Komplexität des Systems „Unternehmen" zu reagieren, haben die gesteigerte Fähigkeit des „organizational learning" zum Ziel.

Als Hochleistungsorganisation bezeichnen wir ein Unternehmen, das besonders flexibel, geschlossen und schnell auf Veränderungen und neue Potentiale reagiert. Sein „organizational learning" ist besonders effektiv.

Hochleistungsorganisation heißt daher nicht in erster Linie, daß in einem Unternehmen „hart gearbeitet" wird, daß die einzelnen Organisationsmitglieder „mehr leisten" im Sinne höheren physischen, nervlichen oder zeitlichen Einsatzes.

„Wenn Sie mehr leisten wollen als andere..." ist zwar in manchen Stellenanzeigen zu einem Anreiz größeren und schnelleren Erfolgs hochstilisiert worden. Aber die höhere Leistung des einzelnen, möglichst noch in Abgrenzung von anderen Organisationsmitgliedern, kann kontraproduktiv sein, wenn – wie typisch für diese Einstellung – das „organizational learning" zu kurz kommt oder sogar behindert wird.

Hochleistungsorganisationen sind insbesondere nicht solche Unternehmen, die bei ineffizienten Strukturen, einer partikularistischen Unternehmenskultur (Funktion gegen Funktion, Profit Center gegen Profit Center, Manager gegen Manager) und aus tradiertem Selbstbewußtsein resultierender Lernverweigerung nur dadurch reüssieren, daß sich ihre Mitarbeiter überdurchschnittlich stark einsetzen. Denn die Effizienz ihrer gesamtorganisatorischen Leistungserbringung ist niedrig, und unter schwierigeren Umfeldbedingungen verfügen sie kaum über Reserven und brechen daher häufig zusammen.

Hochleistungsorganisationen, die diesen Namen verdienen, erringen ihre Erfolge in eher sportlicher Manier, mit einer hohen Effizienz der Leistungserbringung, mit hoher Produktivität ihrer Forschungs und Entwicklung, mit schlagkräftigen Innovationserfolgen im Markt, mit ausgeprägtem Teamgeist.

Forrester und Senge haben herausgefunden, daß Hochleistungsorganisationen von einem neuen Typ von Führungskraft geprägt werden. Traditionell wurden Unternehmensführer als „Master mind" angesehen, deren Führungsleistung sich in erster Linie in grundsätzlichen Geschäfts- und Personalentscheidungen manifestiert. Forrester und Senge zeigen, daß Führungskräfte in Hochleistungsorganisationen dagegen eine ausgeprägte Stärke in der Gestaltung, Beeinflussung und Aktivierung komplexer „Human-Systeme" besitzen. Das Denken in Systemen und das Verständnis der Dynamik von Systemen können sie auf Gruppen von zusammenwirkenden Menschen übertragen, ohne dabei technokratisch oder mechanistisch vorzugehen, wie es der kybernistische Ansatz der 60er Jahre an sich hatte.

Sie wissen, daß in Human-Systemen stärker als in physischen Systemen eine isolierte Leistungsänderung in einem Teilbereich zu unlogischen, oft negativen Leistungsänderungen in anderen Teilbereichen führen kann.

Wie wenig verbreitet diese Fähigkeit des Führens von Hochleistungsorganisationen ist, macht eine umfangreiche Untersuchung am MIT deutlich, bei der Entscheidungsträger darin getestet wurden, wie zuverlässig sie das Verhalten des Human-Systems einer unternehmerischen Organisation einschätzen können[10]. Je größer die Zahl der Feedbackprozesse und je länger die verstrichene Zeit zwischen Entscheidungen und den damit bezweckten Ergebnissen, um so gründlicher lagen die Entscheidungsträger mit ihrer Einschätzung „daneben". Um so schlechter führten sie.

Wenn aber Unternehmen zu immer komplexeren dynamischen Systemen werden, die durch eine Vielzahl von Feedbackprozessen gekennzeichnet sind, so werden die Führungsfähigkeiten immer unzureichender, mit denen die Führungskräfte heute noch typischerweise antreten, häufig sogar in dem Bewußtsein, daß kraftvolle Geschäfts- und Personalentscheidungen als solche eine Unternehmertugend seien. Damit leiten sie das „organizational learning" aber gerade in die Irre, denn die Organisationsmitglieder „lernen" nur, wie sie dieser Art von Führungskräften am willfährigsten sein können.

Leistungsschwund ist die Folge. Obwohl die deutsche Wirtschaft zur Zeit, wie die Wirtschaft der westlichen Industrieländer insgesamt, „unter Volldampf steht", sind Symptome einer tiefsitzenden Leistungsproblematik nicht zu übersehen, diese Symptome auf ihre Ursachen hin zu untersuchen und als Anlaß für gezielte Verbesserungsmaßnahmen zu nehmen. Gerade jetzt ist ein günstiger Zeitpunkt.

Symptome des Leistungsschwunds

Die deutsche Wirtschaft ist in den letzten zehn Jahren im internationalen Vergleich auffallend langsam gewachsen. Während das Bruttosozialprodukt der Bundesrepublik Deutschland in dieser Zeit nur um insgesamt 25% zunahm, wuchsen das der USA

---

10 Vgl. JOHN STERMAN: Misperceptions of Feedback in Dynamic Decision Making; Organizational Behavior and Human Decision Process, 43, April 1989

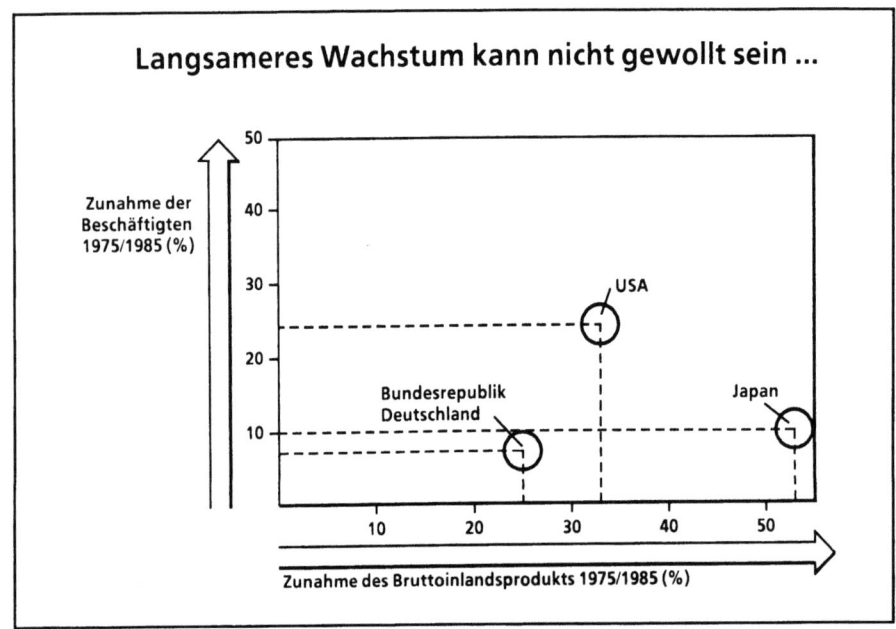

Abb. 1

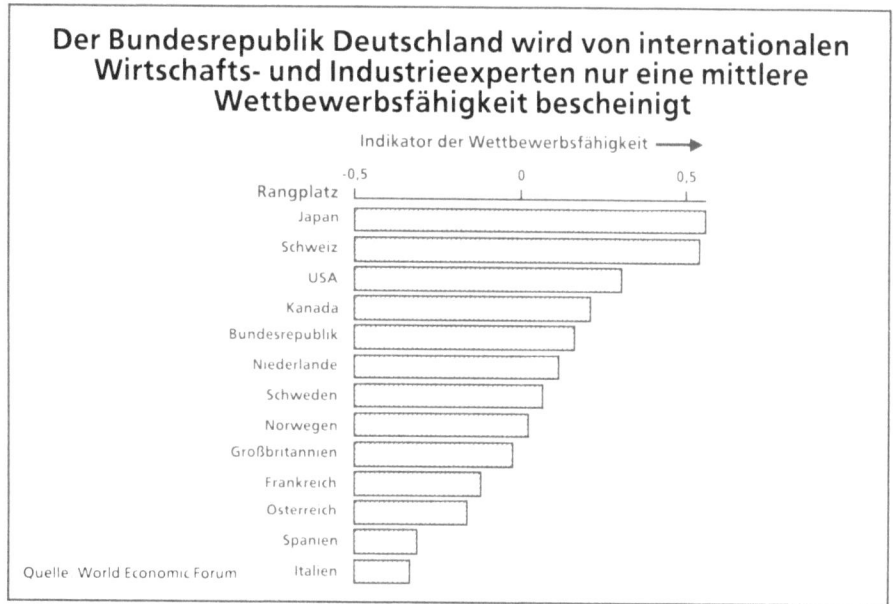

Abb. 2

um nahezu 35 % und das japanische um über 50 % (siehe Abbildung 1).

Die Zahl der Beschäftigten stieg als Folge davon in der Bundesrepublik Deutschland nur um etwa 7 %, in den USA dagegen um fast 25 % und in Japan um 10 %. In Japan war es Arbeitskräftemangel, der das Beschäftigtenwachstum begrenzte, während wir in der Bundesrepublik Deutschland ein Reservoir von rund zwei Millionen Arbeitslosen haben.

Deutsche Unternehmen ergriffen in den letzten Jahren häufig Maßnahmen, die der Kostensenkung deutlich den Vorrang vor der Innovationsfähigkeit gaben. So wurden seit 1978 in der deutschen Wirtschaft etwa eine Milliarde DM für Gemeinkosten-Wertanalysen (GWA) ausgegeben und dabei schätzungsweise eine Million Arbeitsplätze eliminiert. Volkswirtschaftlich wäre das nur von Vorteil gewesen, wenn die dabei freigesetzten Arbeitskräfte an anderer Stelle wieder produktiv eingesetzt worden wären.

Gleichzeitig wurde aber die Position deutscher Unternehmen im internationalen Innovationswettbewerb nicht genügend ausgebaut, so daß die deut-

---

11 Vgl. WORLD ECONOMIC FORUM: World Competitiveness Reports; Genf 1989

sche Wirtschaft trotz der weiterhin beachtlichen Außenhandelsüberschüsse in Bezug auf Wachstum und internationale Börsenbewertung zurückfiel.

In einer vom World Economic Forum durchgeführten Bewertung liegt die Bundesrepublik im internationalen Wettbewerbsvergleich nur an Position 5 hinter Japan, der Schweiz, den USA und Kanada [11]. Diese Bewertung wurde von einer Gruppe internationaler Wirtschafts- und Industrieführer anhand von 300 Kriterien erstellt; die Kriterien haben mit der Fähigkeit einer Wirtschaft zu tun, Produkte und Leistungen kosteneffizient zu entwickeln, zu produzieren und zu vermarkten (siehe Abbildung 2).

Die Kursentwicklung der deutschen Aktienwerte an den internationalen Aktienbörsen war denn auch in den letzten zehn Jahren wesentlich schwächer als die der anderen westlichen Industrieländer (siehe Abbildung 3).

Während Japan eine Steigerung der Börsenbewertung in Dollar um 1000 % erlebte, Italien und Schweden um über 500 %, Frankreich, Großbritannien und Holland um nahezu 300 %, stieg die Börsenbewertung der deutschen Aktien nur um etwa 110 %. Da die Börsenbewertung immer auch das Wertsteigerungspotential berücksichtigt, kommt in

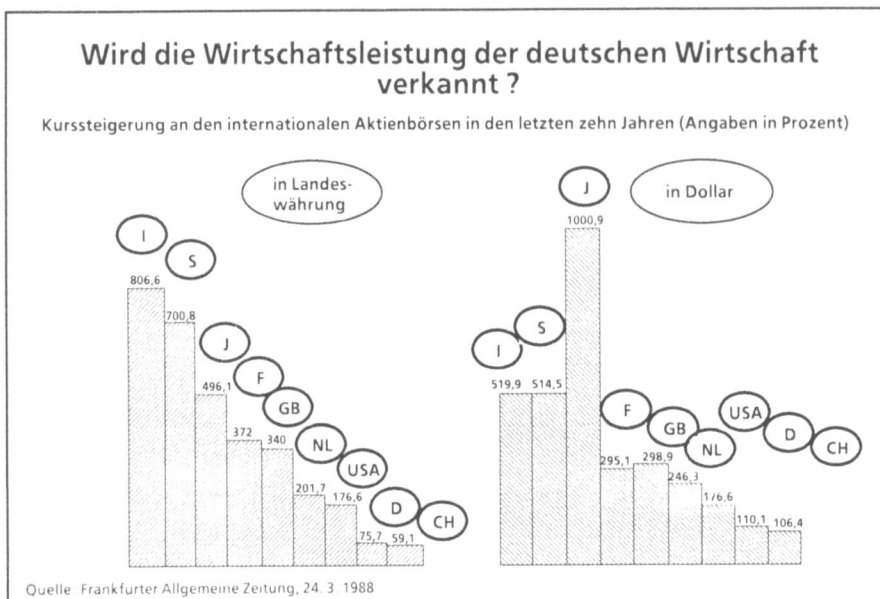

Abb. 3

der schwachen durchschnittlichen Kursentwicklung der deutschen Aktien unter anderem eine niedrige Einschätzung der Innovationsleistung der deutschen Wirtschaft zum Ausdruck.

In den üblichen makroökonomischen Leistungsvergleichen wird aufgezeigt, daß die Forschungs- und Entwicklungsaufwendungen in der Bundesrepublik Deutschland prozentual zum Bruttosozialprodukt denen Japans und der USA ebenbürtig sind[11]. Dabei wird allerdings übersehen, daß die Produktivität von Forschung und Entwicklung stark von der strategischen Ausrichtung dieser Aufwendungen abhängt und daß die F&E-Aufwendungen deutscher Unternehmen zunehmend auf Gebiete konzentriert werden, die „ausgereizt" sind. Ergebnis ist das geringere Wachstum in einigen der zukunftsträchtigsten Branchen wie der Informationstechnik, der Elektronik und der Softwareproduktion sowie das geringere Wachstum des Bruttosozialprodukts insgesamt (siehe Abbildung 4).

---

12 Interne Untersuchung bei Arthur D. Little International über die strategische Leistungsfähigkeit von 100 ausgewählten deutschen Unternehmen; Wiesbaden 1989
13 Vgl. GERHARD WAGNER: Mehr Dynamik durch Neuordnung; Handelsblatt, 11.7.1989

Neben diesen makroökonomischen Symptomen des Leistungsschwunds können wir in den einzelnen Unternehmen jeweils spezifische Symptome feststellen, die wir hier im Sinne einer Checkliste nach ihrer von uns in einer umfangreichen Unternehmensanalyse beobachteten Häufigkeit zusammengestellt haben (in Klammern Häufigkeit bei einer Stichprobe von 100 großen deutschen Unternehmen[12].

— Es besteht eine zunehmende Diskrepanz zwischen der Selbstdarstellung der Unternehmen nach außen und der Atmosphäre, den tatsächlichen Spielregeln und der Motivation in den Unternehmen; die auffallend verstärkten Versuche, die Corporate Identity neu zu bestimmen und die Unternehmenskultur zu verändern (bei der Siemens AG spricht der Vorstand im Zusammenhang mit der Reorganisation gar von einer „Kulturrevolution"[13]) machen deutlich, wie sehr Image und Klima als neuralgische Punkte empfunden werden (85 %).
— In vielen Unternehmen herrscht Unsicherheit über die kritischen Erfolgsfaktoren im Markt, daher werden in diesen Unternehmen immer wieder Meinungsverschiedenheiten über die Ur-

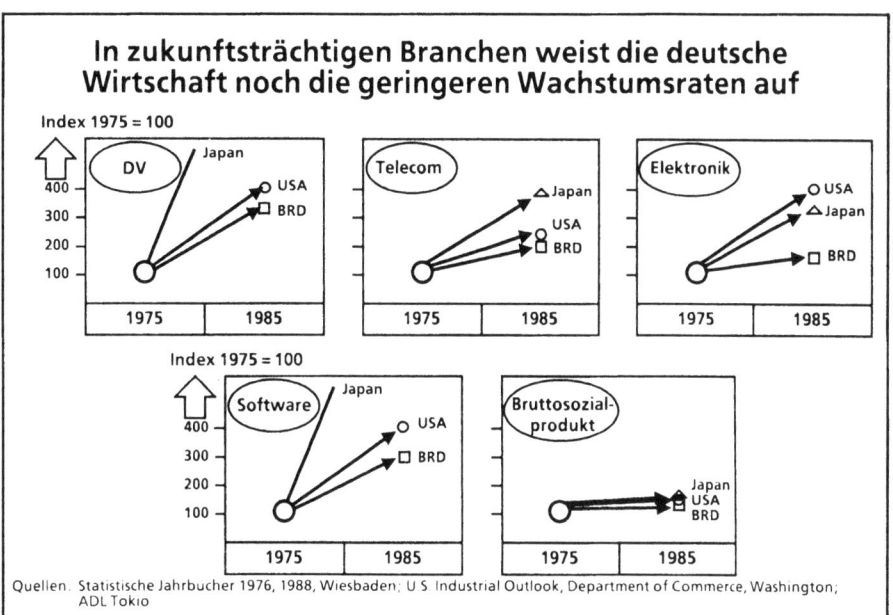

Abb. 4

sachen unbefriedigender Wettbewerbsfähigkeit und über die Anforderungen der Kunden ausgetragen; von unterschiedlichen Verantwortungsbereichen werden unterschiedliche Leistungsschwerpunkte verfolgt; Ergebnis sind kostentreibende Perfektion in einigen Bereichen und Untererfüllung der Kundenanforderungen in anderen Bereichen (80 %).

– Die Mitarbeiter vieler Unternehmen verbringen beträchtliche Zeit und Energie damit, unternehmensinterne Gegebenheiten zu diskutieren und die Steuerungs- und Erfolgsbewertungsverfahren in Frage zu stellen; ihnen geht es dabei häufig mehr darum, ihren Anteil am Unternehmenserfolg größer erscheinen zu lassen, anstatt Wege zu suchen, wie der Unternehmenserfolg insgesamt erhöht werden kann (75 %).

– Das Zusammenwirken der einzelnen Organisationseinheiten ist in vielen Unternehmen immer wieder durch gegenseitige Kritik und Schuldzuweisung gekennzeichnet; Leistungsprozesse werden von den einzelnen Verantwortungsbereichen immer nur als Teilprozesse innerhalb der eigenen Zuständigkeit gesehen, so daß die Gesamtleistung zergliedert und verlangsamt wird (70 %).

– Es gelingt vielen Unternehmen nur in unzureichendem Maß, mit neuen Produkten und Leistungen einen deutlichen Wettbewerbsvorsprung und schnell steigende Umsätze zu erzielen; der Marktdurchbruch wird häufig später als gedacht und mit größeren Anstrengungen als geplant erreicht (70 %).

– Die Marketing- und Vertriebsorganisation ist häufig mit der verfügbaren Produktpalette unzufrieden und engagiert sich nicht ausreichend für neue Produkte und Leistungen; sie bemängelt das geringe Eingehen von Forschung und Entwicklung auf den Marktbedarf und die vom Markt geforderten Merkmale (65 %).

– Die Kommunikation zwischen den Funktionsbereichen der Unternehmen ist dürftig, es besteht nur geringe Kenntnis über die Ziele und Motive der einzelnen Funktionsbereiche; über Zuständigkeiten und Verantwortungen gehen die Meinungen bei genauer Überprüfung auseinander (65 %).

- Einzelne Funktionsbereiche stellen heraus, daß sie ihre Aufgabe überdurchschnittlich gut erfüllen, daß aber andere Bereiche des jeweiligen Unternehmens Schwächen aufweisen, die den Erfolg im Markt beeinträchtigen (55%).
- Veränderungen der Strategie und der Organisation werden eher passiv und defensiv aufgenommen; es bedarf großer Anstrengungen, sie durchzusetzen, und ein Teil des beabsichtigten Impulses geht immer wieder verloren (55%).
- Die Bearbeitung von Vorhaben und Vorgängen dauert immer wieder länger als gedacht; die involvierten Stellen scheinen die Durchläufe bewußt aufzuhalten, um ihr Mitspracherecht geltend zu machen und ihre eigenen Vorstellungen durchzusetzen (50%).
- Die Stimmung in den Unternehmen schlägt auch bei stabiler Geschäftslage von Zeit zu Zeit um, wobei die Mitarbeiter sich durch zum Teil sekundäre negative Aspekte unverhältnismäßig stark aus dem Gleichgewicht bringen lassen und sich der eigenen Chancen und positiven Aspekte nicht bewußt zu werden scheinen (45%).
- Es fehlt der Glaube an die eigenen Ideen und Möglichkeiten; Wettbewerber und Unternehmen in anderen Branchen werden als Schrittmacher angesehen, deren Konzeptionen und Initiativen nachgeahmt werden, um so stärker, je weniger genau man über sie Bescheid weiß (45%).
- Zwischen der Unternehmensleitung und ihren strategischen Absichten auf der einen und dem Gros der Mitarbeiter auf der anderen Seite besteht in vielen Unternehmen ein Gap: Die Unternehmen stehen der eigenen Führung reserviert und passiv gegenüber (40%).

Über diese Symptome hinwegzugehen oder sie als unvermeidliche Phänomene in Unternehmensorganisationen hinzunehmen, läßt den Leistungsschwund fortbestehen oder sogar ständig anwachsen. Personal- und Organisationsmaßnahmen bewirken dabei meistens nur kurzfristige Leistungssteigerungen, solange nicht auch der Versuch unternommen wird, die tieferen Ursachen des Leistungsschwunds ans Tageslicht zu bringen und zu überwinden.

Wir glauben, daß der zunehmende internationale Innovations- und Produktivitätswettbewerb in Zukunft nur noch von solchen Unternehmen gemeistert werden wird, die sich gewollt und sukzessive in Richtung auf eine Hochleistungsorganisation hin entwickeln.

Denn der internationale Wettbewerb, der durch die weitere Integration des europäischen Marktes und die Globalisierung der Geschäftsfelder nur noch umfassender werden wird, spielt sich nur auf den ersten Blick als Effizienz- und Kostenwettbewerb ab. Längerfristig werden diejenigen Unternehmen die Gewinner sein, die nicht nur mit innovativen Produkten und Dienstleistungen, sondern auch mit veränderten Verhaltensweisen neue Wertschöpfungs- und Produktivitätsmerkmale erschließen.

Welches sind die Herausforderungen des Innovations- und Produktivitätswettbewerbs, auf die wir unsere Unternehmensorganisationen verstärkt einstellen müssen? Wie hängen Innovationsleistung und Produktivität zusammen?

Entscheidend ist zu erkennen, daß das einzelne Unternehmen und die deutsche Wirtschaft insgesamt keine andere Wahl haben als sich auf diese Veränderungen, die zunehmend von außen auf sie einwirken, auch in ihrem Verhalten einzustellen.

---

14 Vgl. CLAUS TIBY: Die Basis unternehmerischer Initiative: Systematisch neue Produkte nach Leistungen entwickeln, in: Arthur D. Little International (Hrsg.): Management des geordneten Wandels; Wiesbaden 1988
15 Vgl. ARTHUR D. LITTLE INTERNATIONAL (Hrsg.): Management der Geschäfte von morgen; Wiesbaden 1986
16 Vgl. RICHARD N. FOSTER: Innovation – Die technologische Offensive; Wiesbaden 1986
17 Vgl. ALEXANDER GERYBADZE: Innovation, Wettbewerb und Evolution; Tübingen 1982

Innovations- und Produktivitätswettbewerb von außen

Es ist viel darüber gesagt und geschrieben worden, daß die Produktlebenszyklen in den meisten Branchen, besonders aber in den wachstumsträchtigen Branchen schrumpfen [14, 15, 16, 17]. In den letzten 30 Jahren haben sie sich in vielen Fällen auf ein Drit-

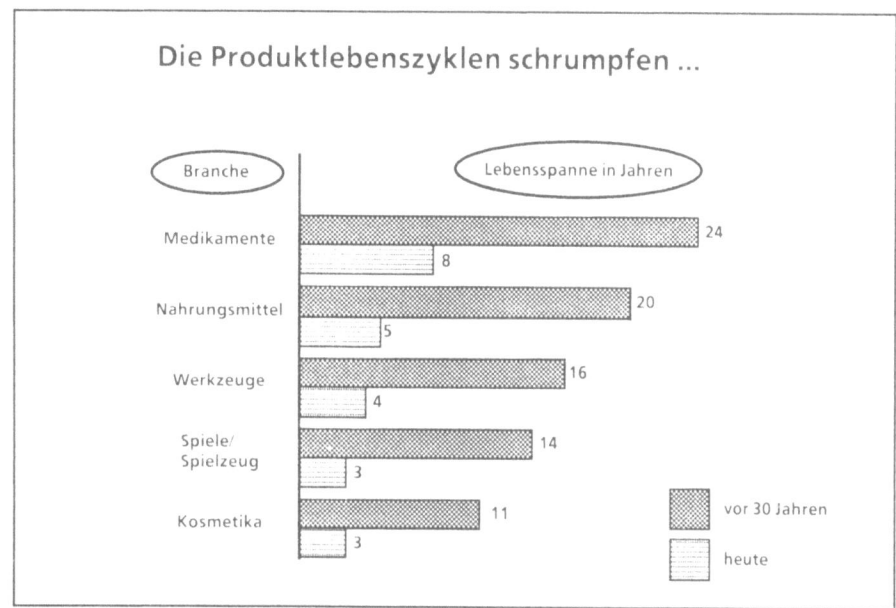

Abb. 5

tel oder sogar ein Viertel verkürzt (siehe Abbildung 5).

Unternehmen, die sich dem schnelleren Rhythmus der Produktgenerationen und damit dem Innovationstempo nicht anpassen, verlieren an Wachstumspotential.

Die Anpassung erfordert mehrere Umstellungen, die die meisten deutschen Unternehmen noch nicht vollzogen haben:

– aktive Suche nach und Nutzung von neuen technischen Möglichkeiten, auch wenn dadurch bestehende Produktgenerationen frühzeitig substituiert werden,
– engere Zusammenarbeit zwischen Forschung, Entwicklung, Marketing, Vertrieb und Produktion, um vom sequentiellen zum interaktiven Bearbeiten von Entwicklungsvorhaben überzugehen [18],
– Einführung eines neuen Marketingansatzes, der auf die frühzeitige Vorbereitung der Kunden auf die innovativen Produkte und Leistungen abzielt [19].

Insbesondere in den von der Mikroelektronik abhängigen Branchen vollzieht sich jeweils innerhalb von wenigen Jahren der Umschwung von den alten zu den neuen Produktgenerationen. Dieser Umschwung stellt völlig neue Anforderungen an die Lernprozesse und Verhaltensweisen in den Unternehmen.

Diese Innovationsdynamik nutzen in immer stärkerem Maß japanische Wettbewerber, um ihre internationale Marktposition auszubauen. Sie legen es systematisch darauf an, als Erste mit innovativen Produkten auf den Markt zu kommen und schnell einen großen Marktanteil zu gewinnen. Wenn Wettbewerber nachziehen, dann haben die japanischen Hersteller bereits einen großen Teil ihrer Entwicklungsaufwendungen „hereingeholt", können die Preise senken, da sie inzwischen die angepeilten Stückzahlen produzieren, und machen es so den Nachfolgern nahezu unmöglich, noch „auf ihre Kosten zu kommen" [20].

---
18 Vgl. HANS BLOHM, GÜNTER DANERT (Hrsg.): Forschungs- und Entwicklungsmanagement; Stuttgart 1983
19 Vgl. TOM SOMMERLATTE: Marketingstrategien in Technologiemärkten, in: Beck'sches Handbuch des Marketing; München 1989
20 Vgl. ROBERT K. MUELLER, JEAN-PHILIPPE DESCHAMPS: Die Herausforderung Innovation, in: Arthur D. Little International (Hrsg.): Management der Geschäfte von morgen; Wiesbaden 1986

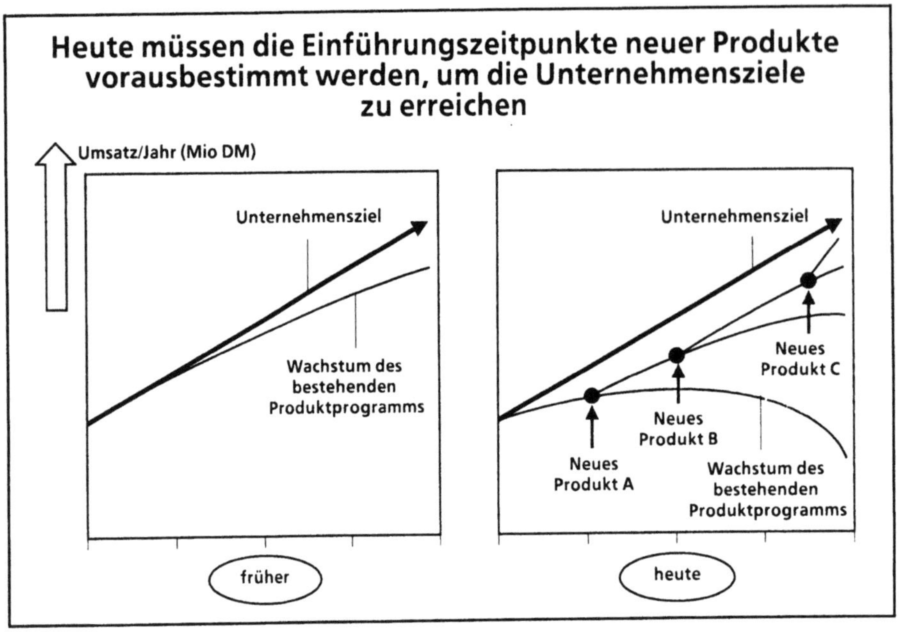

Heute müssen die Einführungszeitpunkte neuer Produkte vorausbestimmt werden, um die Unternehmensziele zu erreichen

Abb. 6

Um in diesem Innovationswettbewerb mithalten zu können, ist insbesondere eine völlig neue Art der Steuerung der Entwicklungs- und Innovationsleistung erforderlich:

– Während früher das Wachstum des bestehenden Produktprogramms über längere Zeiträume hinweg ausreichte, um das angestrebte Umsatzwachstum zu sichern, müssen heute wegen der kürzeren Produktlebenszyklen die Einführungszeitpunkte neuer Produkte vorausbestimmt und durch konsequentes Entwicklungsmanagement eingehalten werden (siehe Abbildung 6); es geht dabei nicht mehr darum, „die perfekte Lösung" bereitzustellen, sondern zu einem strategisch bestimmten Zeitpunkt ein neues Produkt mit der bis dahin realisierbaren Innovationshöhe auf den Markt zu bringen.

– Während es früher unternehmerisch sinnvoll sein konnte, anderen die Innovationsführerschaft zu überlassen und selber als „Follower" auf einen bereits vorbereiteten Markt vorzudringen, bleibt heute dem „Follower" wegen der kürzeren Produktzyklen nur noch ein stark reduzierter Markt, der kaum noch ausreicht, die Entwicklungsaufwendungen zu amortisieren (siehe Abbildung 7).

– Während früher eine Verlängerung von Entwicklungsprojekten sinnvoll sein konnte, um ein vorgegebenes jährliches Entwicklungsbudget nicht zu überschreiten oder um sicherzustellen, daß die angestrebten Produktionskosten eingehalten werden, hat heute eine Überschreitung der Entwicklungszeit eine wesentlich größere Ertragseinbuße über die Lebensdauer der entwickelten Produktgeneration zur Folge als eine Überschreitung der Produktionskosten oder der Entwicklungskosten (siehe Abbildung 8).

Eine umfassende Studie des amerikanischen Instituts PIMS zeigt denn auch auf, daß im Durchschnitt Pionierunternehmen die höchste Kapitalrendite aufweisen, während Unternehmen mit typischerweise spätem Markteintritt ihrer neuen Produkte dagegen deutlich abfallen (siehe Abbildung 9)[21].

Professor Simon beschreibt diese heute immer ausgeprägtere Form des Wettbewerbs als einen „kriegerischen Verdrängungswettbewerb", der an

---

21 Vgl. D.K. CLIFFORD, R.E. CAVANAGH: The Winning Performance; New York 1985

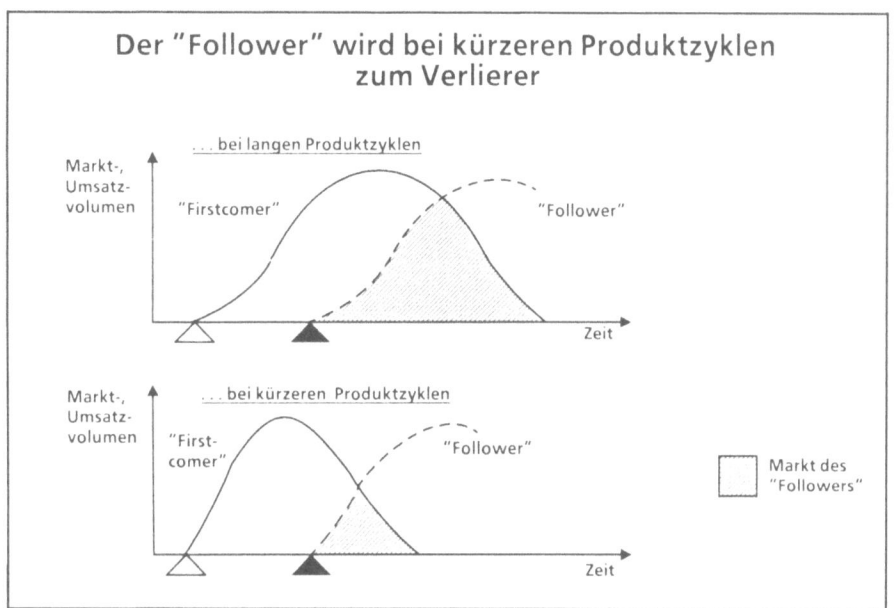

Abb. 7

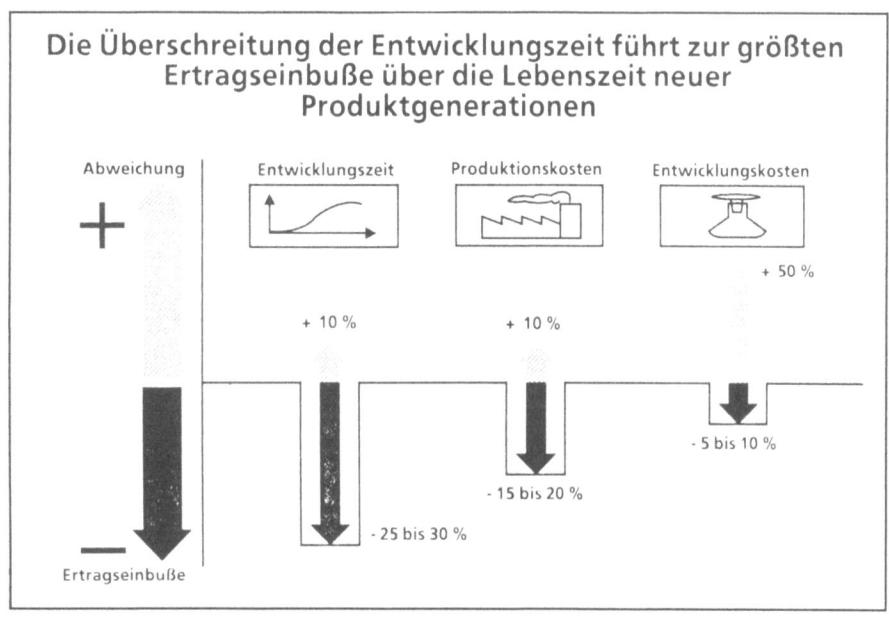

Abb. 8

die Stelle des in den Jahrzehnten des Aufbaus gültigen „friedlichen Wachstumswettbewerbs" getreten sei [22].

---

[22] Vgl. HERMANN SIMON: Management strategischer Wettbewerbsvorteile; Zeitschrift für Betriebswirtschaft, Heft 4, 1988

Er führt diesen Wandel darauf zurück, daß in den meisten Branchen heute Überkapazitäten aufgebaut worden seien, mit denen die Unternehmen jedoch auf weitgehend gesättigte Märkte stießen.

Sobald irgendwo neue Absatzchancen gewittert werden, erfolgen Investitionen in weitere Kapazitäten, oft ohne daß realistische Wirtschaftlichkeits-

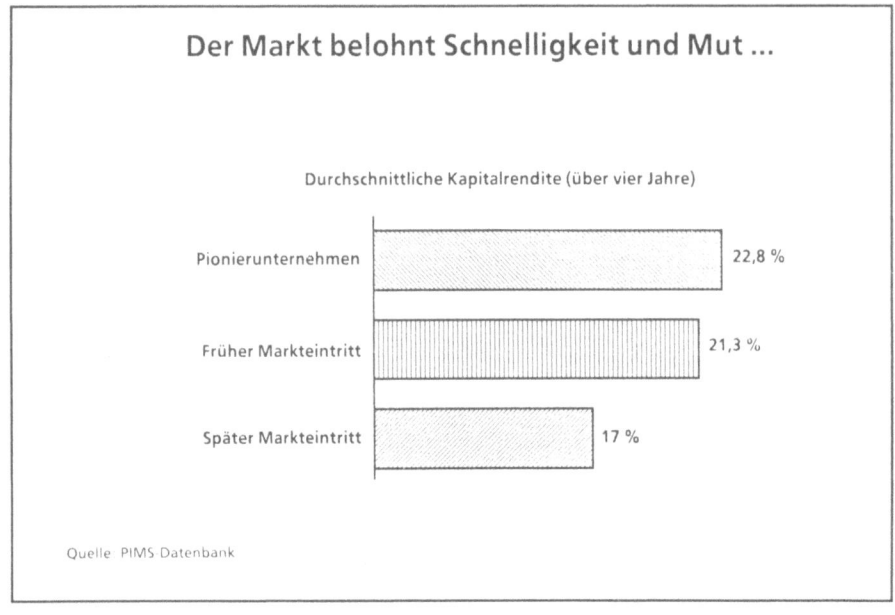

Abb. 9

Überlegungen angestellt werden. Simon nennt Branchen wie Stahl, Fasern, Kunststoffe, Textil/Bekleidung und Elektrizität als typische Beispiele. Was die Unternehmen bei ihren Wirtschaftlichkeitsberechnungen häufig vergäßen, sei die Tatsache, daß die Wettbewerber ebenfalls investierten und daß dadurch die notwendige Kapazitätsauslastung nicht erreicht werde. Hinzu komme, daß wichtige Nachfragersegmente aufgrund der Bevölkerungsentwicklung stagnieren oder schrumpfen.

Die Fähigkeit, mit akzeptabler Qualität zu produzieren, sei heute kein Differenzierungsmerkmal mehr (so ginge die Zahl der Hersteller von Personal Computer heute in die Hunderte, und die der Automobilhersteller liege weltweit bei 175). Die zunehmende Internationalisierung bringe zudem neue, fast immer aggressivere Konkurrenten auf den Markt, die sich nicht an die etablierten Spielregeln hielten und oft über Jahrzehnte stabile Marktsysteme zum Zusammenbruch brächten.

Nach den großen Erfolgen der Japaner ist nun immer stärker mit den Koreanern zu rechnen und – es gehört keine große Fantasie dazu – demnächst auch mit den Chinesen.

In dieser Situation, so Simon, differenzierten die Kunden bewußt ihre Anforderungen, da sie davon ausgehen könnten, daß besonders kunden- und wettbewerbsorientierte Anbieter auch immer nuancierter darauf eingingen. Den Anbietern, die diesen Prozeß verstünden und die neuen Segmente frühzeitig identifizierten, böte sich die Chance, ihre Produkte gezielter zu differenzieren und sich damit segmentspezifische Wettbewerbsvorteile zu verschaffen. Eine überlegene Wettbewerbsposition könne in reifen Märkten nur noch für klar abgegrenzte Zielgruppen, nicht aber für gesamte Märkte aufgebaut und verteidigt werden.

Simon zählt eine ganze Reihe von Beispielen auf, wo Unternehmen diese Chance nicht ergriffen und sie stattdessen wendigeren Wettbewerbern überlassen hätten.

Er erklärt diese mangelnde Chancenorientierung damit, daß Manager ihre Verhaltensmaximen vor allem aus ihren bisherigen Erfahrungen und Gewohnheiten ableiten und daß die Erfahrungen der meisten Führungskräfte noch durch „friedlichen Wachstumswettbewerb" geprägt seien.

Eine Konsequenz, die inzwischen allerorts am ehesten aus den neuen Wettbewerbsbedingungen gezogen wird, ist die stärkere Berücksichtigung des strategischen Faktors Zeit. Wenn nämlich nur die aggressiven Innovationsführer, die schnell auf spezifische Kundenbedürfnisse reagieren können, eine ausreichend hohe Rentabilität ihrer Investitionen in Entwicklung und Kapazitätsbereitstellung erwarten dürfen, dann wird für den Unternehmenserfolg entscheidend, daß die Entwicklungszeiten so kurz wie möglich gehalten werden und daß der Durchlauf durch das gesamte Fertigungs- und Distributionssystem so weitgehend wie möglich beschleunigt wird.

Insbesondere zur Reduzierung der Entwicklungsdauer haben sich viele Autoren Gedanken gemacht [23,24,25,26].

Picot, Reichwald und Nippa zeigen auf, daß der Wettbewerbserfolg von Unternehmen in Zukunft mehr denn je davon abhängen wird, inwieweit es gelingt, auf veränderte Marktbedingungen angemessen zu reagieren, und daß „Information" und „Zeit" dabei zu kritischen Erfolgsfaktoren werden [27]. Unternehmensleitung und Forschungs- und Entwicklungs-Management müßten daher in höherem Maß als bisher für die Erfolgswirksamkeit des Leistungsfaktors „Zeit" neben den Kosten und der Qualität sensibilisiert werden.

Wesentlich ist nach Picot, Reichwald und Nippa, daß Anpaß-/Nachentwicklungen durch Formalisierung und Standardisierung des Entwicklungsprozesses sowie durch enge technische Integration mit der Fertigung und mit anderen Abteilungen beschleunigt werden können, während bei Neuentwicklungen die Bildung von funktionsintegrierenden Projektgruppen mit geringem Standardisierungs- und Formalisierungsgrad und starker informeller Kommunikation der zeiteffektivere Weg sei. Tendenziell neigen die deutschen Unternehmen, wenn sie unter Wettbewerbsdruck ihr F&E-Management verbessern wollen, dazu, den Formalisierungs- und Controllinggrad ihrer Forschung und Entwicklung zu erhöhen und damit ihre Fähigkeit der Anpaß-/Nachentwicklung zu Lasten von Neuentwicklungen zu begünstigen. Ergebnis ist, daß in der Tat die Innovationserfolge deutscher Unternehmen sich eher in der Weiterentwicklung bestehender Produkte und Leistungen abspielen (z. B. Automobilindustrie, Werkzeugmaschinenindustrie, prozeßorientierte Industrien) als in der Mikroelektronik und den von ihr abhängigen Branchen, in denen große Innovationssprünge charakteristisch sind.

Simon stellt dar, daß sich der Wert einer unternehmerischen Chance, die nicht in einer bestimmten Zeit genutzt wird, laufend reduziert [28]. Zeiteffizienz ist daher für Unternehmen von hoher strategischer Bedeutung, insbesondere da Unternehmen – anders als Individuen – durch entsprechenden Ressourceneinsatz den Zeitbedarf verringern können (10 Mannjahre = 10 Mann x 1 Jahr oder 1 Mann x 10 Jahre). Nach Simon wird die Zeiteffizienz von Unternehmen in erster Linie durch die Effizienz von Entscheidungs- und Umsetzungsvorgängen und von der Bewertung von Zeitverzögerungen bestimmt. Damit wird die Zeitspanne eines Entwicklungsvorhabens ebenso wie der Zeitpunkt der Markteinführung zur Determinanten des Markterfolgs. Simon weist auf, daß jedoch nicht nur die Entwicklungsfunktion die Zeiteffizienz von Unternehmen beeinflußt, sondern daß Lernprozesse im Unternehmen und die Vorgänge der Vertrauensbildung bei den Kunden mindestens ebenso zeitverbrauchende Prozesse sind, deren Bewältigung über die Position im Innovations- und Produktivitätswettbewerb entscheiden.

Arthur D. Little ermittelte bei einer Stichprobe von Klienten-Unternehmen, daß eine Überschreitung der geplanten Entwicklungsdauer um 10 % auf den kumulierten Ertrag einer Produktgeneration eine negativere Auswirkung hat als eine 10 %ige

---

23 Vgl. KLAUS BROCKHOFF, ARNOLD PICOT, CHRISTOPH URBAN (Hrsg.): Zeitmanagement in Forschung und Entwicklung, Zeitschrift für betriebswirtschaftliche Führung (zfbf), Sonderheft 23; Düsseldorf, Frankfurt 1988
24 Vgl. HERMANN SIMON: Die Zeit als strategischer Erfolgsfaktor; Zeitschrift für Betriebswirtschaft, Heft 1, 1989
25 Vgl. TOM SOMMERLATTE, MICHAEL KOWALSKI, Fit für den Innovationswettbewerb; Frankfurter Allgemeine Zeitung, Beilage Forschung Entwicklung Innovation, 4. April 1989
26 Vgl. „Wer zuerst kommt, sahnt ab", F + E Jahrbuch 1989; Landsberg 1989
27 Vgl. ARNOLD PICOT, RALF REICHWALD, MICHAEL NIPPA: Zur Bedeutung der Entwicklungsaufgabe für die Entwicklungszeit – Ansätze für die Entwicklungsgestaltung, Zeitschrift für betriebswirtschaftliche Führung (zfbf), Sonderheft 23; Düsseldorf, Frankfurt 1988.
28 Vgl. Fußnote 22 in diesem Kapitel

Überschreitung der Produktionskosten oder selbst eine 50%ige Überschreitung der F&E-Kosten [29, 30].

Das Management von Unternehmen geht unserer Beobachtung nach – wenn es sich der Notwendigkeit bewußt wird, bestimmte Entwicklungsvorhaben beschleunigen zu müssen – immer wieder dazu über, unrealistische Zeitziele vorzugeben und in einem fortgeschrittenen Projektstadium Ressourcen „in die Projekte zu werfen". Diese Ressourcen werden typischerweise von anderen Entwicklungsvorhaben abgezogen, die zu einem späteren Zeitpunkt dann in eine ähnliche Crash-Situation zu geraten drohen.

Statt dessen sollten die Unternehmen die Ursachen für ineffiziente Entwicklungsleistung beseitigen, nämlich in erster Linie die Zeitverluste an den Übergängen zwischen Projektphasen und Zuständigkeitsbereichen (die durch zu starke funktionale Fragmentierung und unklare Entscheidungssituationen entstehen) und die Schwächen ihres Projektmanagements (das typischerweise durch schlechte Planung und unzureichendes Controlling charakterisiert ist).

Weniger Beachtung gefunden hat bisher die Durchlaufzeit durch das gesamte Fertigungs- und Distributionssystem. Ray Stata von Analog Devices wendet das Konzept des Verhaltens von Organisationssystemen auch auf die Durchlaufzeiten vom Auftragseingang bis zur Auslieferung und vom Produktionsauftrag bis zur Bereitstellung der fertigen Ware an [31]. Seine Untersuchungen zeigen, daß diese Durchlaufzeiten zu den wichtigsten Ansatzpunkten für Produktivitäts- und Qualitätsverbesserungen gehören. Frappierend ist seiner Beobachtung nach, welche Ertragseinbußen Unternehmen durch unnötig lange Durchlaufzeiten durch die Fertigung hinnehmen, sowohl in Form von Kapitalbindung als auch in Form von schlechtem Kundenservice.

Innovationswettbewerb ist aus diesen Zusammenhängen heraus in zunehmendem Maß auch Produktivitätswettbewerb. Es geht hierbei aber um eine neue Dimension von Produktivität, die wir Managementproduktivität nennen [32]. Im Bereich Forschung und Entwicklung drückt diese Produktivität aus, wieviel strategische Wertschöpfung (d. h. Deckungsbeitrag nach Rohstoffen und Materialien, Lohnarbeitskosten, Energiekosten, Kapitalkosten der Fertigungskapazitäten und Abwicklungskosten) über die Lebenszeit eines Produkts im Verhältnis zu den dafür geleisteten Entwicklungsaufwendungen erwirtschaftet wird.

Die F&E-Produktivität wird in immer mehr Branchen zum entscheidenden Produktivitätsfaktor – stärker als die klassische Produktivität in der Fertigung. Denn während die Lohnkosten prozentual zum Umsatz sinken (und zum Teil Fertigung überhaupt nach außen verlagert wird, z. B. an Auftragnehmer in Billiglohnländern), wird der Markterfolg immer stärker vom Innovationsgrad und von der Kundengerechtheit der Produkte bestimmt, durch die sich die Unternehmen signifikant differenzieren können.

Auf Dauer bedarf es unserer Erfahrung nach einer Hochleistungsorganisation, um diese Innovationsleistung und damit die erforderliche hohe F&E-Produktivität kontinuierlich zu erbringen.

Weisen etablierte Unternehmen gerade bei einer entscheidenden Voraussetzung für die kontinuierliche Hochleistung eine Schwäche auf – beim „organizational learning"?

---

29 Vgl. CLAUS TIBY: Die Basis unternehmerischer Initiative: Systematisch neue Produkte und Leistungen entwickeln; Wiesbaden 1988
30 Vgl. TOM SOMMERLATTE: Innovationsfähigkeit und betriebswirtschaftliche Steuerung; Die Betriebswirtschaft, 2/1988
31 Vgl. Fußnote 6 in diesem Kapitel
32 Vgl. TOM SOMMERLATTE: Management-Produktivität – die strategische Wertschöpfung des Unternehmens, in: Arthur D. Little International (Hrsg.): Management der Geschäfte von morgen; Wiesbaden 1986

Das Schicksal der Etablierten?

Es ist immer wieder verblüffend zu beobachten, welche Hindernisse gegen das „organizational learning" in etablierten Unternehmen bestehen – und wie defensiv sich viele Unternehmen gegen Hilfestellung von außen verhalten.

Gegen das gemeinsame Lernen, den Austausch von Wissen und Erfahrungen zwischen den Mitgliedern einer Organisation, gegen die wirkungsvolle

Erarbeitung von Konsensus über Ziele, Prioritäten, Strategien und gegen das abgestimmte, zielgerichtete Verhalten aller Funktionsbereiche von Unternehmen wirken typischerweise:

- das Rollenbewußtsein vieler Führungskräfte, nach dem sie aufgrund ihrer Fachkompetenz, Erfahrung und Persönlichkeit das Richtige tun können müssen;
angesichts dieses tradierten Rollenbewußtseins betrachten und empfinden sie Lernprozesse häufig als Eingeständnis oder Unterstellung von Schwäche; im Umgang mit anderen Führungskräften wird daher oft ein Positionskult betrieben, der zu Machtkämpfen anstatt zur Konsenssuche über neue gemeinsame Erkenntnisse führt,
- der ständige Entscheidungs- und Handlungszwang, unter dem jede einzelne Führungskraft steht;
er bewirkt, daß dem kurzfristigen Denken und Erfolgsstreben eine deutlich höhere Priorität beigemessen wird als der längerfristigen Optimierung oder Reorientierung,
- die Vorstellung, daß aus dem ständigen operativen Abgleich der einzelnen Zuständigkeiten bereits das bestmögliche Ergebnis für das Unternehmen insgesamt erzielt wird;
daraus resultiert die Selbstrechtfertigung, daß das konsequente Vertreten der eigenen funktionalen und hierarchischen Interessen auch dem Gesamtinteresse des Unternehmens förderlich ist,
- die mangelnde Einsicht in vollständige Leistungsprozesse, die im Unternehmen zur Erfüllung der Marktanforderungen quer durch Funktionsbereiche ablaufen müssen;
stattdessen konzentrieren sich viele Führungskräfte immer wieder auf die Absicherung ihres Zuständigkeitsbereichs, der typischerweise nur einen Teil der Leistungsprozesse abdeckt; sie empfinden Einflußnahme als Beschneidung ihrer Verantwortung,
- die Vorstellung, daß alle für die Führung der Unternehmen erforderlichen Fähigkeiten in den Unternehmen selber vorhanden sein müssen; daher werden Fähigkeiten und Vorschläge, die von außen herangetragen werden, häufig als von zweifelhaftem praktischem Nutzen abgetan,
- das mangelnde Bewußtsein über die Notwendigkeit und den Wert von Konsensus- und Überzeugungsprozessen;
statt dessen wird häufig das eigenverantwortliche Fällen und Durchsetzen von Entscheidungen als die eigentliche Führungsaufgabe angesehen,
- die unzureichenden Kommunikationspraktiken in den meisten Unternehmen;
diese Kommunikationspraktiken zielen in sehr begrenztem Maß auf gegenseitiges Verständnis und die systematische Auseinandersetzung mit strategischen Fragen ab;
Kommunikation dient häufig in erster Linie der laufenden Erfolgskontrolle und der Behebung von Problemen und Abweichungen; dadurch entsteht immer wieder eine Rechtfertigungspsychose, die dem Lernen entgegensteht,
- die Neigung, bestehende, in der Vergangenheit erfolgreiche Strukturen und Routinen nicht in Frage zu stellen und Kritik daran als Kritik an der eigenen Kompetenz und Position zu empfinden;
daraus resultiert eine oft bis ins Extreme gehende Defensivhandlung, die viel Energie zur Aufrechterhaltung einer inzwischen nicht mehr effizienten Lösung bzw. Praxis erfordert.

Je erfolgreicher eine Organisation in der Vergangenheit war, um so ausgeprägter und verwurzelter sind in der Regel diese Verhaltensweisen und -bedingungen.

Schumpeters Konzept vom dynamischen Prozeß der ständigen Umschichtung, bei dem die Verdrängung etablierter Unternehmen durch neue, innovationsorientierte Unternehmer geradezu die Triebkraft des Wirtschaftslebens ist, geht darauf zurück, daß Unternehmen, je etablierter sie sind, umso weniger lernfähig seien [33, 34].

---

33 Vgl. JOSEPH SCHUMPETER: Theorie der wirtschaftlichen Entwicklung; 1911
34 Vgl. TOM SOMMERLATTE: Jenseits von Darwin und Schumpeter, in: Arthur D. Little International (Hrsg.): Management des geordneten Wandels; Wiesbaden 1988

Sich den Wandel nicht vorstellen zu können, das Bestehende zu verteidigen, Positionen absichern und halten zu wollen, sind nach Schumpeter Verhaltensweisen von Unternehmen, die ihren eigenen Untergang trotz deutlicher Mengendegressionsvorsprüngen und Rationalisierungserfolgen vorprogrammieren, weil sie neue wirtschaftliche und technologische Initiativen außerhalb des eigenen Einflußbereichs und Wollens entstehen lassen. Dagegen sind innovative (lernfähige) Unternehmen in der Lage, Fähigkeiten, Ressourcen und Betriebsmittel in immer neuen, erfinderischen Kombinationen einzusetzen, um neue Marktpotentiale zu erschließen.

Auch Professor Mensch hat sich mit der Lernfähigkeit von Unternehmen als Basis der Innovationsleistung auseinandergesetzt [35]. Nach Mensch entsteht der Widerstand des Etablierten in den Unternehmen selbst durch

— das Erfolgsbewußtsein aus der Vergangenheit,
— die funktionale Arbeitsteilung formalisierter Organisationen, die typischerweise für das laufende Geschäft, nicht aber für Lern- und Erneuerungsprozesse optimiert sind,
— die strategische Dynamik von reifenden Geschäften, gestützt durch Umsatzgröße und Bedeutung des Cash-flows,
— die Qualifikationsstruktur der Mitarbeiter, die typischerweise an den bestehenden Technologien und Produkten orientiert ist.

Stata, Forrester und Senge kommen in ihrem „New Management Style Project" aber zu dem Schluß, daß die Fähigkeit von Organisationen zu lernen den einzigen dauerhaften Wettbewerbsvorteil in von Innovations- und Produktivitätswettbewerb geprägten Industrien darstellt [36].

Für sie besteht die Herausforderung an die etablierten Unternehmen — wenn sie zu längerfristig überlebensfähigen Hochleistungsorganisationen werden wollen — darin, neue Managementkompetenzen und Verhaltensweisen zu erwerben, mit denen sie das „organizational learning" beschleunigen, den Konsensus für den geordneten Wandel erhöhen und die ständigen Veränderungsprozesse erleichtern können.

Leistungsschwund und schließlich Verdrängung — das Schicksal der Etablierten? Es muß nicht sein. Aber dramatisch erhöhte Lernfähigkeit der gesamten unternehmerischen Organisation ist die Voraussetzung, um dem immer intensiveren Innovations- und Produktivitätswettbewerb gewachsen zu sein.

Dazu gehört, daß die Entscheidungsträger in der Lage sind oder in die Lage versetzt werden, ihr mentales Modell des Unternehmens offenzulegen und zu artikulieren und sich darüber mit den anderen Entscheidungsträgern abzustimmen. Denn nur wenn sich alle über ihre mentalen Modelle im klaren sind, wenn ein sachlicher Vergleich und Abgleich stattfindet, können die Entscheidungsträger untereinander ein gemeinsames Modell entwickeln und es an die restlichen Mitarbeiter im Unternehmen kommunizieren.

Arie de Geus, Konzernplaner von Shell International, zeigt auf, daß Planung ihre Bedeutung nicht in erster Linie durch die Zielsetzungen und Strategien erlangt, die durch sie erarbeitet werden, sondern daß das „organizational learning", das sich im Planungsprozeß abspielt, den entscheidenden Nutzen für das Unternehmen darstellt [37].

Das Modell der Erfahrungskurve, wie es als fast allein seligmachende Managementerkenntnis noch vor wenigen Jahren von manchen Beratern gehandelt wurde, hat sich in vielen Situationen als unzureichend erwiesen. Denn die Annahme, daß Lernen ausschließlich in Abhängigkeit vom kumulierten Produktionsvolumen und unabhängig von der dazu erforderlichen Zeit erfolgt, verkennt vollkommen die Tatsache, daß Lernprozesse in Wirklichkeit mehr oder weniger effizient ablaufen können, weitgehend unabhängig vom kumulierten Volumen. Der Zeitbedarf für bestimmte Lernprozesse und damit die Steigung der Erfahrungskurve hängt sehr stark von der Fähigkeit des „organizational learning" eines Unternehmens ab. So erklärt es sich, daß japanische Wettbewerber in immer mehr Bran-

---

35 Vgl. GERHARD MENSCH: Das technologische Patt – Innovationen überwinden Depressionen; Frankfurt/Main 1975
36 Vgl. Fußnote 6 in diesem Kapitel
37 Vgl. ARIE P. DE GEUS: Planning as Learning; Harvard Business Review, March-April 1988

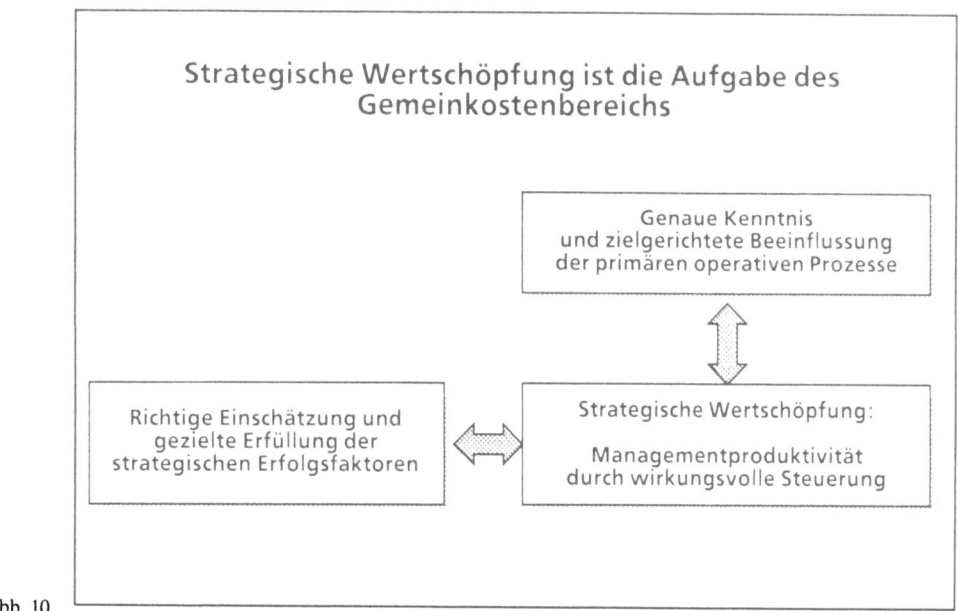

Abb. 10

chen trotz eines anfänglichen Volumen- und Erfahrungsnachteils zu den erfolgreichsten Unternehmen ihrer Industrie werden konnten.

Wenn dem so ist, so stellt sich die Frage nach den Lerninhalten und den Lernprozessen, eine Frage, die dieses Buch beantworten will.

Die Grunderkenntnis aller Organisationsmitglieder im Prozeß des „organizational learning" muß darin bestehen, daß die entscheidende strategische Wertschöpfung des Unternehmens in der ständigen Ausrichtung seines „Leistungserstellungsapparats" auf die Bedarfsmerkmale und die Wettbewerbsbedingungen seines Marktes besteht.

Daß dem Unternehmen ein Leistungserstellungsapparat zur Verfügung steht, der den aktuellen technischen Produktivitätsstandards gerecht wird, ist zwar weiterhin eine wichtige Managementaufgabe, aber – wie wir gesehen haben – sie erlaubt es heute in den meisten Fällen nur noch, mit dem Wettbewerb gleichzuziehen, nicht aber, ihn dauerhaft zu übertreffen. Rationalisieren und in Fertigungskapazitäten investieren kann inzwischen sozusagen jeder.

Die Bedarfsmerkmale und die Wettbewerbsbedingungen zu erkennen, sie in für die Kunden attraktive Produkte und Leistungen umzusetzen, die sich vorteilhaft von den Produkten und Leistungen des Wettbewerbs abheben, ist zur wesentlich größeren Managementaufgabe geworden.

Den Leistungserstellungsapparat so zu steuern, daß die konzipierten Produkte und Leistungen so schnell und effizient wie möglich bereitgestellt und „abgesetzt" werden, stellt schließlich die entscheidende Leistung dar, in der sich die Managementproduktivität beweist (siehe Abbildung 10).

In Kapitel 1, „Leistungsprozesse und Organisationsstruktur", zeigen wir auf, daß und wie eine Hochleistungsorganisation die vom Gesichtspunkt der strategischen Wertschöpfung her entscheidenden Leistungsprozesse immer wieder an die Marktanforderungen anpassen und dazu eine flexible lernorientierte Organisationsstruktur aufrechterhalten kann. Als Orientierungsprinzip für die aggregierten, differenzierungsfähigen Leistungsprozesse („ADL-Prozesse") und die Strukturierung in sinnvoll abgegrenzte und verkettete Leistungszentren müssen die wettbewerbskritischen Erfolgsfaktoren im Markt dienen. Simpel? Vielleicht – aber über 90 % der uns bekannten Unternehmen sind nicht in der Lage, unisono die für sie gültigen wettbewerbskritischen Erfolgsfaktoren zu benennen, geschweige denn, sie als Basis des „organizational learning" zur Ausrichtung ihrer Leistungsprozesse zu benutzen. Denn nur wenn sich alle Organisationsmitglieder voll im klaren sind, worauf es für das Unternehmen als Ganzes im Markt ankommt, können sie dazu gezielt und wirkungsvoll ihren Beitrag leisten, können sie sich dafür auch organisatorisch sinnvoll „aufstellen".

In Kapitel 2 „Leistungsprozesse und Informationsstrukturen" geht es darum, zu verdeutlichen, daß die ADL-Prozesse durch entsprechende Informations- und Kommunikationsprozesse unterlegt sein müssen, die ebenso wie die Leistungsprozesse an den wettbewerbskritischen Erfolgsfaktoren auszurichten sind.

Denn wenn heute viele Unternehmen vor der Frage stehen, wie sie ihre aufwendigen, aber dennoch nicht befriedigenden Informationssysteme unternehmerisch sinnvoll weiterentwickeln sollen, wie sie vom heutigen Zustand immer größeren Wartungs- und Anpassungsaufwands und immer größerer Unsicherheit bei weiteren Investitionen in Hardware und Software zu einer überzeugenden Planung kommen sollen, so liegt das in der Regel daran, daß ihnen der nachvollziehbare Bezug zu den wettbewerbskritischen Erfolgsfaktoren fehlt. Daraus resultiert ein Mangel an Konzeption und Prioritäten für die Informations- und Kommunikationssysteme, der der Entstehung einer Hochleistungsorganisation entgegensteht.

Wir zeigen auf, wie aus der Rolle der einzelnen Funktionsbereiche und Führungsebenen in den ADL-Prozessen eine „Informationslandschaft" abgeleitet werden kann, die durch Informations- und Kommunikationssysteme zu aktivieren heute eine der entscheidenden Managementaufgaben ist. Denn „organizational learning" heißt, gewonnene Informationen so schnell wie möglich anderen Organisationsmitgliedern zugänglich zu machen, und zwar bestimmte, für die marktorientierte Gestaltung und Steuerung der Leistungsprozesse notwendige Informationen.

In Kapitel 3 „Schneller werden" wenden wir die Erkenntnisse über die Gestaltung von ADL-Prozessen auf das Verhalten im Innovationswettbewerb an. Wir beschreiben eine Vorgehensweise, wie das Unternehmen systematisch seine Fähigkeit steigern kann, schnell zu reagieren und zu agieren, indem die richtigen Schwerpunkte gesetzt und Ineffizienzen abgebaut werden. Die richtigen Dinge zu tun und die Dinge richtig zu tun, wird als der grundlegende Ansatz aufgezeigt, wobei Teamarbeit, zeitorientiertes Controlling und zeitorientierte Mitarbeiterführung als wesentliche Elemente des „schneller werden" dargestellt werden.

Strategisches Projektmanagement ist ein vielversprechender Weg, um die Dinge richtig zu machen. In Kapitel 4 decken wir daher zunächst einmal auf, welche Fehler heute in den Unternehmen typischerweise im Projektmanagement begangen werden.

Projektmanagement, richtig gemacht, führt nach unserer Erfahrung zu vernetztem, funktionsübergreifendem Denken, zu stärkerer interdisziplinärer Kooperation und zur Entfaltung kreativer Potentiale. Wir zeigen auf, wie Projektmanagement im Unternehmen organisiert werden muß, um zu funktionieren. Insbesondere Unternehmen mit internationalen F&E-Standorten, so unsere Erfahrung, können ihre strategischen Ziele mit einem unternehmensweiten Projektmanagement wesentlich konsequenter verfolgen.

In Kapitel 5 wenden wir uns der Marketing- und Vertriebsfunktion von Hochleistungsorganisationen zu und beschreiben, wie der Marktkommunikations-Prozeß durch ein Key-Account-Management wesentlich verbessert werden kann. Wir zeigen, daß das Key-Account-Management der effizienteste Weg ist, um ein ständiges und umfassendes „organizational learning" über den Kunden herbeizuführen und um dem Kunden gegenüber die Leistungsfähigkeit des Unternehmens umfassend unter Beweis zu stellen. Anhand eines Beispiels aus der Elektronik-Industrie erläutern wir, wie ein Key-Account-Management im Unternehmen organisiert werden kann und welche Erfolge damit erzielbar sind.

In Kapitel 6 behandeln wir eine immer gravierendere Herausforderung an das Unternehmen – „Umweltbewußtsein". Umweltschutzbestimmungen werden heute von den meisten Unternehmen noch ausschließlich als kaum beeinflußbare Kostenbelastung angesehen. Wir zeigen auf, daß mit einer umweltbewußten Strategie nicht nur Kosten gespart, sondern auch neue Geschäftspotentiale erschlossen werden können. Die Bestandteile des stra-

Abb. 11

tegischen Umweltmanagements, nämlich die Entwicklung von Umweltschutzleitlinien, die systematische Substitution umweltgefährdender durch umweltfreundliche Produkte und die Suchfeldanalyse zur Erschließung neuer Geschäftsfelder der Umwelttechnik werden eingehend beschrieben. Mit umweltorientiertem Verhalten auch ohne äußeren Zwang können die Unternehmen, so zeigen wir auf, Handlungsspielraum im Umweltschutzbereich nutzen, um hier durch Hochleistung Markt- und Wettbewerbsvorsprünge zu erringen.

In Kapitel 7 geht es um eine ähnlich neue Facette der Unternehmensführung: „Total Quality Management – das organisierte Bewußtsein". Daß Qualität mehr ist als „gute Qualität" und daß Qualitätsbewußtsein in allen Bereichen und auf allen Ebenen des Unternehmens systematisch entwickelt werden muß, ist für Hochleistungsorganisationen zwar eine Selbstverständlichkeit. Aber den meisten Unternehmen sind die Zusammenhänge zwischen Qualität, Kosten und Zeit nicht bekannt, und Qualitätsmanagement ist nicht integraler Bestandteil ihrer Führungsphilosophie. Wir zeigen auf, wie das Vorgehen des Total Quality Management die Kunden- und Prozeßorientierung herbeiführt, durch die das „organizational learning" mit hoher Intensität auf die Qualität der Leistungserbringung ausgerichtet wird. Da durch das Total Quality Management der Sinn für die entscheidenden Leistungsprozesse im Unternehmen geschärft wird, kann es als synonym mit dem Management von Hochleistungsorganisationen angesehen werden.

Um die Führungsanforderungen von Hochleistungsorganisationen zu erfüllen, müssen sich insbesondere die Führungspersönlichkeiten weiterentwickeln.

In Kapitel 8 behandeln wir die Verhaltensdimension von Organisationen, die in der klassischen Betriebswirtschaftslehre bisher zu kurz kommt, und zeigen auf, daß Führungskräfte in dem dynamischen Umfeld, in dem sich die Unternehmen heute zu behaupten haben, zwei wesentliche Leistungen vollbringen müssen: In der Vielfalt von Einflüssen, Veränderungen, Gefahren und Chancen einen vielversprechenden Weg für ihr Unternehmen auszumachen und als Vision in das Unternehmen hinein zu kommunizieren und die Menschen im Unternehmen dazu zu bewegen, im Interesse der Verwirklichung der Vision zusammenzuarbeiten.

Personal Identity stellen wir als Voraussetzung der Corporate Identity dar und setzen uns mit dem Anforderungsprofil der für die 90er Jahre geforderten neuen Führungspersönlichkeit auseinander.

Das Verhaltensthema weitet unser Gastautor, Jürgen Fuchs, Geschäftsführer des EDV Studio Ploenzke, in Kapitel 9 „Die Dienstleistungspyramide im Unternehmen" weiter aus. In seinem frappierenden Beitrag charakterisiert er den Übergang von der Produkt- zur Dienstleistungskultur, in der die Unternehmensleitung zum internen Dienstleister für die eigenen Mitarbeiter wird. „Führen heißt Dienen" ist seine Devise. Die damit verbundene Kulturrevolution führt, so Fuchs, zu Qualität aus Leidenschaft, zu Spaß an der Leistung und zu einer uneingeschränkten Kundenorientierung. Genau das sind die Merkmale einer Hochleistungsorganisation.

Welche Umwelteinflüsse Hochleistungsorganisationen fördern und welche sie behindern, ist Thema von Kapitel 10. Hier beleuchten wir zunächst einmal die Etappen, die die Theorie der Organisationsentwicklung durchlaufen hat, und die daraus abgeleiteten Rahmenbedingungen für die Herausbildung von Hochleistungsorganisationen. Auf dieser Basis setzen wir uns mit den Einwirkungen des Umfeldes auf die Unternehmen auseinander und vergleichen die Triebkräfte für die Gestaltung von Organisationen unter marktwirtschaftlichen und staatswirtschaftlichen Bedingungen. Das Ergebnis ist klar: Unter den Bedingungen der freien Marktwirtschaft können Hochleistungsorganisationen entstehen, staatliche Unternehmen und Unternehmen unter starkem politischem Einfluß können die Veränderungs- und Lernprozesse nicht vollführen, die zur Anpassung an Umweltveränderungen erforderlich sind.

Das Management der Hochleistungsorganisation behandeln wir damit nach zehn Handlungs- und Gestaltungsschwerpunkten, die Führungskräfte heute in ihre Überlegungen und Planungen einbeziehen müssen, wenn sie ihr Unternehmen auf die Anforderungen der Zukunft vorbereiten und ausrichten wollen (siehe Abbildung 11). Diese Handlungs- und Gestaltungsschwerpunkte vor Augen zu haben, ist bereits ein beträchtlicher Orientierungsgewinn. Wenn unser Buch diese Wirkung erzielt, dann haben sich die Mühen bereits gelohnt.

Erstes Kapitel

Leistungsprozesse und Organisationsstruktur

Dr. Tom Sommerlatte und Dr. Eberhard Wedekind

Schon die Bezeichnung ist abwertend: „Gemeinkosten". Der Gemeinkostenbereich ist denn auch zum Prügelknaben geworden – hier fallen im allgemeinen Verständnis in erster Linie unproduktive Kosten an, die auf das unvermeidliche Mindestmaß beschnitten werden müssen.

Daß der „Wasserkopf" des Unternehmens zugleich auch sein Kopf ist, gerät dabei leicht in Vergessenheit.

Denn bei einer Hochleistungsorganisation wird die entscheidende Leistung gerade im Gemeinkostenbereich erbracht – nämlich die Planung, Steuerung und Koordination des Ressourceneinsatzes mit dem Ziel, einen als attraktiv erkannten Markt effizient zu bedienen und dabei einen Wettbewerbsvorsprung zu halten. Wenn ein kausaler Zusammenhang hergestellt werden könnte, so müßten zusätzliche Aufwendungen im Gemeinkostenbereich auch zu zusätzlichen Markt- und Wettbewerbserfolgen führen.

Daß die Gemeinkosten in vielen Unternehmen steigen, ohne daß dadurch entsprechende Umsatz- und Ertragsvorteile gesichert werden, liegt an einer frappierenden Unkenntnis über die wettbewerbskritischen Erfolgsfaktoren und die auf ihre wirkungsvolle Erfüllung auszurichtenden Leistungsprozesse. Es fehlt den Unternehmen daher oft am Maßstab, um Aufwendungen und Investitionen im Gemeinkostenbereich auf ihre Produktivität hin zu beurteilen, ja um sie überhaupt auf eine erhöhte Produktivität hin auszurichten.

Bei den typischen Gemeinkostenwertanalysen wird der fehlende allgemeinverbindliche Maßstab dadurch ersetzt, daß ein Konsensus der Organisationsmitglieder über Bedarf und Prioritäten von Einzelleistungen hergestellt und auf dieser Basis ein Einsparungspotential ermittelt wird. Dadurch werden die Organisationsmitglieder zwar in einen Selbstbeschneidungsprozeß eingebunden, gegen dessen Konsequenzen sie nicht opponieren können. Aber es wird nicht sichergestellt, inwieweit der Prozeß tatsächlich zu höherer Produktivität im Sinne strategisch relevanter Leistung führt, inwieweit er eine langfristig wirksame positive Verhaltensänderung bewirkt. Denn dazu ist das Vorgehen zu sehr auf das Status-quo-Bewußtsein der Organisationsmitglieder selbst abgestützt, bewirkt es zu sehr ein defensives „organizational learning".

Der systemdynamische Ansatz des „organizational learning", wie ihn Forrester, Senge, Stata und de Geus verfolgen und wie er sich in unserer Praxis als wirksam erwiesen hat, geht dagegen von vier wesentlichen Zusammenhängen aus (siehe Abbildung 1-1):

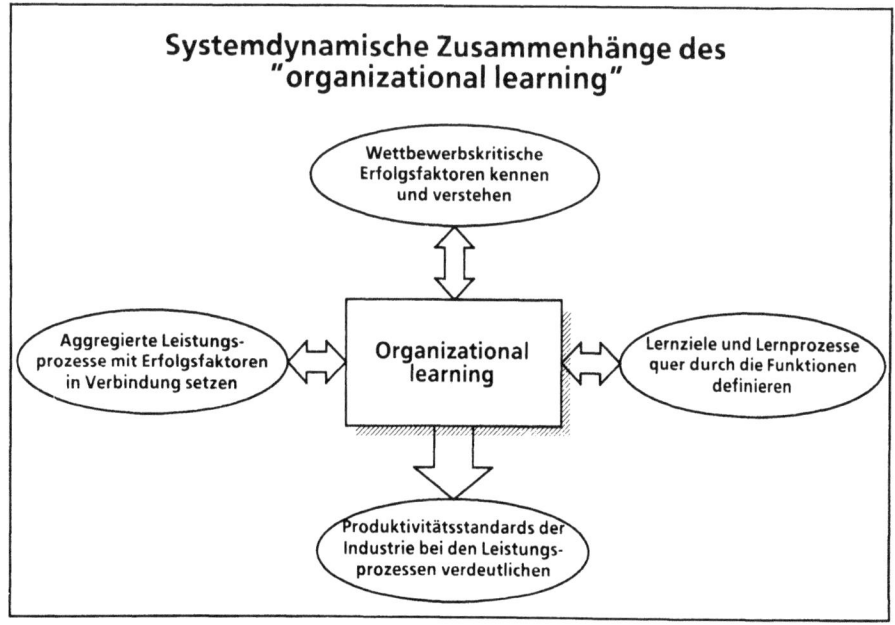

Abb. 1-1

- der Analyse und Ursachen-Wirkung-Durchdringung der wettbewerbskritischen Erfolgsfaktoren, und zwar der heute gültigen und der in Zukunft zu erwartenden,
- der Analyse und systematischen Offenlegung der zur Erfüllung der wettbewerbskritischen Erfolgsfaktoren erforderlichen aggregierten Leistungsprozesse,
- der Analyse und Verdeutlichung der in der jeweiligen Industrie erreichten oder erreichbaren Produktivitätsstandards bei den Leistungsprozessen,
- der Definition von Lernzielen und Lernprozessen zur Erhöhung der Innovationsfähigkeit und zur Produktivitätssteigerung bei den Leistungsprozessen quer durch die einzelnen Funktionen des Gesamtunternehmens.

1.1 Erfolgsfaktoren als Maß für Leistungsprozesse

Arthur D. Little wurde kürzlich von einem deutschen Textilunternehmen eingesetzt, um die mit der Lagerbewirtschaftung verbundenen Kosten senken zu helfen. Das Unternehmen, Hersteller von Stoffen für Konfektionäre und andere Weiterverarbeiter, hatte hohe Lagerbestände und sah sich unter zunehmendem Preisdruck durch wesentlich billiger anbietende südostasiatische Wettbewerber. Niedrige Kosten wurden von der Geschäftsleitung als wichtigster Erfolgsfaktor angesehen, und da die Automation in der Fertigung bereits weit vorangetrieben worden war, blieb die Logistik mit ihren Kosten als vielversprechender Ansatzpunkt.

Wir begannen damit, die Erfolgsfaktoren einer genauen Prüfung zu unterziehen. Dazu führten wir Gespräche mit den Kunden des Unternehmens, vorwiegend großen Damenoberbekleidungsunternehmen, und stellten fest, daß die Stoffpreise gar nicht das entscheidende Kaufkriterium sein konnten. Vielmehr bestand die größte Sorge dieser Unternehmen darin, so kurzfristig wie möglich Stoffe für die aktuelle Saisonkollektion beschaffen zu können, und zwar einmal für die Belieferung der Abschlüsse aus dem Vorverkauf und dann noch einmal für die Nachbestellungen. Bei den südostasiatischen Stoffanbietern lagen zwar die Preise in der Tat niedriger, aber ihre Lieferzeiten waren lang und unberechenbar, insbesondere für die Nachbestellungen, bei denen es aber auf Tage ankam.

Das deutsche Unternehmen konnte, wenn es ab Lager lieferte, innerhalb von einem Tag oder – wenn nötig – weniger als einem Tag reagieren. Und das war den kostenbewußten Konfektionären einen deutlichen Preisunterschied wert. Hätte dieser Klient die Lagerbestände entscheidend abgebaut, so hätte er seinen wichtigsten Differenzierungsvorteil aufgegeben.

Die genauere Kenntnis der wettbewerbskritischen Erfolgsfaktoren brachte das deutsche Unternehmen dazu, eine sehr attraktive Liefer- und Nachliefergarantie anzubieten und andererseits die Kunden dazu zu bewegen, den Absatzverlauf des Vorverkaufs und die Lagerbewegungen bei ihren Kunden umgehend zu melden, so daß unser Klient ein aktuelles Lager bereithalten konnte, ohne in Ladenhüter zu investieren. So konnten die Logistikkosten in einem gewissen Maß gesenkt werden, ohne daß der Lieferservicegrad reduziert wurde – im Gegenteil, er konnte als wirkungsvolles Mittel der Kundenbindung explizit genutzt werden. Die Preise wurden in Abhängigkeit von der Bestellzeit gestaffelt, um bei langen Bestellzeiten und großen Liefermengen preislich ausreichend in die Nähe der südostasiatischen Konkurrenz zu kommen.

Ein Hersteller von ophthalmologischen Instrumenten beauftragte Arthur D. Little, durch organisatorische Maßnahmen in der Entwicklungsabteilung sicherzustellen, daß neue Produkte marktgerechter und schneller bereitgestellt wurden. Japanische und amerikanische Wettbewerber hatten die ehemals führende Position des deutschen Unternehmens untergraben – die Japaner, indem sie Standardprodukte wesentlich preisgünstiger anboten, die amerikanischen Hersteller, indem sie hochinnovative Produkte auf der Basis der Lasertechnologie und Computertechnik zur Steuerung und Auswertung auf den Markt brachten. Auch hier begannen wir mit der Bestimmung der wettbewerbskritischen Erfolgsfaktoren, indem wir Kunden (in diesem Fall Augenärzte und Optiker) nach ihren Kauf- und Auswahlkriterien befragten.

Wir fanden heraus, daß sechs etwa gleichgewichtige Kaufmotive im Spiel waren, die sich aus der Psychologie und den Erfolgsbedingungen der Kunden selbst erklärten:

- das Verhältnis zwischen Preis und durchsatzerhöhenden Leistungsmerkmalen der Produkte,
- der Umfang und Systemcharakter des Produktangebots,
- die Vertriebs- und Serviceleistung,
- die Innovationsfähigkeit und die Anpassungsfähigkeit an den Kundenbedarf,
- die Präsenz und der Bekanntheitsgrad im Markt und
- die Bindung der Kunden an einen Hersteller.

Es wurde klar, daß organisatorische Maßnahmen in der Entwicklungsabteilung allein nicht die Lösung des Problems sein konnten, ja daß die Problemdefinition, wie sie an uns herangetragen wurde, selbst Teil des Problems war: Was im argen lag, war nicht die Leistung in der Entwicklung, sondern die Verbindung zwischen Entwicklungs- und Marketingstrategie. Denn die Chance des Unternehmens lag darin, ein Instrumentensystem anzubieten, in dem die einzelnen Instrumententypen und die Computersteuerung modular kombiniert werden konnten. Dazu war eine längerfristige System- und Servicestrategie erforderlich, die gemeinsam von der Entwicklungsabteilung und der Marketing- und Vertriebsorganisation erarbeitet werden und die eine klare Distanzierung vom schnellebigen und preissensitiven Einzelgerätegeschäft zur Folge haben mußte.

Ein großes internationales Elektronikunternehmen setzte uns ein, um die Kosten im Fertigungsbereich senken zu helfen. Gegenüber der japanischen Konkurrenz war das Unternehmen immer weniger wettbewerbsfähig – die erzielbaren Marktpreise deckten zum Teil nicht einmal mehr die Herstellkosten.

Die Schlußfolgerung der Unternehmensleitung war, daß die Produktivität in der Fertigung weiter gesteigert und dazu die Fertigungsgemeinkosten einer kritischen Prüfung unterzogen werden mußten. So sollten die Instandhaltungskosten, die Kosten der Fertigungsplanung und -steuerung und die Logistikkosten gründlich durchforstet werden. Auch die Investitionspläne wurden in Frage gestellt.

Wir stellten aber erst einmal die Frage, warum das Unternehmen im Markt so unbefriedigende Preise realisierte. Die in der Mikroelektronik wesentliche Verfahrenstechnik konnte nicht das Problem sein, denn das Unternehmen hatte hier mit den Japanern gleichgezogen.

Es stellte sich heraus, daß das Unternehmen mit neuen Produkten regelmäßig zu spät auf den Markt kam. Wenn der Wettbewerb schon mit einem neuen Chip-Design und mit neuer Software antrat, hinkte das Unternehmen noch monatelang hinterher. Inzwischen fielen die Preise, und die Kunden hatten sich für andere Erstlieferanten entschieden. So verlor das Unternehmen Marktanteile und mußte sich die Zweitlieferantenposition immer wieder mit Preiszugeständnissen erkaufen.

Was war geschehen? Das Unternehmen hatte zwar in die modernste Verfahrenstechnik investiert, hatte dabei aber versäumt, die Produktentwicklung den Marktanforderungen anzupassen. Der wettbewerbskritische Erfolgsfaktor Schnelligkeit wurde daher vernachlässigt.

Die Quintessenz dieser Erkenntnis war, daß der Akzent von der Durchforstung der Fertigungsgemeinkosten auf die Entwicklungsfunktion verschoben wurde. Hier stellte sich nämlich heraus, daß die Entwickler nicht ausreichend in der Spezifikationsphase mit den Kunden zusammenarbeiteten und daß zu viele Bereiche bei der Prioritätensetzung „mitredeten". Entwicklungsvorhaben wurden so zu spät definiert und in mühseligen Abstimmungsprozessen in die Länge gezogen.

In diesen und ähnlichen Fällen erwies sich die genaue Kenntnis der wettbewerbskritischen Erfolgsfaktoren als das A und O sinnvoller Leistungssteigerungen und eines echten Erkenntnisprozesses quer durch die Funktionsbereiche. Um so erstaunlicher ist es, daß viele Organisationsmitglieder es anfangs zunächst als überflüssig oder sogar als Affront ansehen, ihre Kenntnis der Erfolgsfaktoren in ihrem Markt überprüfen zu lassen. Das im Griff zu haben, trauen sie sich denn doch zu. Erst wenn die objektive (weil herstellerneutrale) Analyse nicht nur zu einer detaillierten, meistens überraschenden Beleuchtung der Erfolgsfaktoren, sondern auch zu einem umfassenden Leistungsvergleich mit den Wettbewerbern geführt hat, erwacht das Interesse an dieser Art von Einblick. Häufig stellt sich heraus, daß sich die Erfolgsfaktoren in den letzten Jahren, unbemerkt von dem betroffenen Unternehmen, gewandelt haben und sich auch in den nächsten Jahren mit großer Wahrscheinlichkeit ändern werden, und zwar in weitgehend vorhersehbarer Weise.

Der nächste Schritt besteht dann darin, festzustellen, welche Leistungen wer im Unternehmen zu erbringen hat, um zu gewährleisten, daß die Erfolgsfaktoren möglichst gezielt erfüllt werden. Auch hierbei spielt sich in der Regel ein beachtlicher Erkenntnisprozeß unter den Organisationsmitgliedern ab, denn da gibt es, entgegen dem üblichen Zuständigkeits- und Abgrenzungsdenken, keine pro Erfolgsfaktor verantwortliche Abteilung, keine ablauforganisatorisch geregelten Routinen, die etwa auf die Erfüllung der Erfolgsfaktoren ausgerichtet wären – die Leistungsprozesse, die da erkannt und in allen ihren Verzweigungen und Abhängigkeiten durchleuchtet werden, verlaufen vielmehr quer durch viele Organisationseinheiten und Verantwortungsbereiche. Sie sind nicht organisiert, im Gegenteil: häufig wurden sie durch bestehende organisatorische Abgrenzungen zergliedert und erschwert.

Es kann aber kein Zweifel daran bestehen, daß es diese aus einer Kette von Einzelleistungen bestehenden Leistungsprozesse sind, die den Erfolg des Unternehmens im Markt bedingen – in dem Maß, in dem sie auf die Marktanforderungen ausgerichtet und zur positiven Differenzierung gegenüber dem Wettbewerb genutzt werden. Die Erfüllung der wettbewerbskritischen Erfolgsfaktoren im Vergleich zur Konkurrenz muß als Maß für die Produktivität des Unternehmens bei diesen Leistungsprozessen angesehen werden.

Die Ermittlung der wettbewerbskritischen Erfolgsfaktoren kann nicht innerhalb des Unternehmens erfolgen. Häufig haben wir die in Workshops erarbeiteten Einschätzungen der Mitarbeiter des Unternehmens, die immer wieder stark voneinander differieren, mit den Ergebnissen von eingehenden Kundenbefragungen verglichen und festgestellt: die Erfolgsmodelle in den Köpfen der Mitarbeiter sind unzuverlässig bis irreführend. Bei den Kundenbefragungen wiederum handelt es sich nicht um einfaches Abfragen, wie es durch Marktforscher durchgeführt werden könnte, sondern um eine analytische Durchdringung der strategischen und betriebswirtschaftlichen Erfolgsbedingungen bei den Kunden im Fall von Investitionsgütern und industriellen Dienstleistungen bzw. der Kaufmotivation im Fall von Konsumgütern. Aus dieser Analyse läßt sich dann ableiten, welche Probleme die Kunden haben und welchen Nutzen die angebotenen Produkte und Leistungen bieten bzw. bieten könnten.

Jede der Grundkategorien des Wettbewerbs (Preis, Qualität, Leistungsmerkmale, Service, Präsenz, Image) erhält durch die strategischen und betriebswirtschaftlichen Erfolgsbedingungen bzw. die Kaufmotivation der Kunden eine spezifische Gewichtung und kann in die wettbewerbskritischen Erfolgsfaktoren umgesetzt werden, durch die sich ein gegebener Anbieter hervortun und bewirken kann, daß die Kunden kaufen und daß sie bei ihm kaufen (siehe Abbildung 1-2).

Erst wenn der Anbieter diese wettbewerbskritischen Erfolgsfaktoren mit ihrer Gewichtung zueinander und ihren Veränderungstendenzen kennt, kann er beginnen, seine aggregierten, differenzierungsfähigen Leistungsprozesse (ADL-Prozesse) darauf auszurichten.

Wenn viele Unternehmen über Jahre hinweg erfolgreich operieren, ohne sich in dieser Weise Gedanken über die wettbewerbskritischen Erfolgsfaktoren und die zu ihrer Erfüllung notwendigen Leistungsprozesse zu machen, so leben sie von der impliziten Erfahrung eines langjährigen Ajustierungs- und Auswahlprozesses, der zu ihren Gunsten verlief. Sie sind aber stärkeren Veränderungsprozessen im Umfeld meistens nicht gewachsen, denn sie registrieren nicht oder nur sehr unvollständig, daß ihr implizites Erfolgsmodell nicht mehr paßt. Sie erbringen weiterhin ihre etablierten Teilleistungen, manchmal sogar mit verbissenem Behauptungswillen, aber sie können daraus keine marktgerechteren aggregierten Leistungsprozesse gestalten, weil sie auf eingefahrenen Organisationsstrukturen und Verhaltensweisen beharren. Sie beherrschen das „organizational learning" nicht.

Welches sind aber typischerweise diese aggregierten, differenzierungsfähigen Leistungsprozesse?

Wettbewerbs-kritische Erfolgsfaktoren \ Kaufbestimmende Faktoren / Gewichtung		Grundkategorien des Wettbewerbs					
		Preis	Qualität	Leistungs-merkmale	Service	Präsenz	Image
Automatisierungs-grad der Fertigung	1.0	★★★	★		★		★★
Steuerung des Warenwirt-schaftssystems	0.9				★★★		★
Geschwindigkeit des Entwicklungs-durchlaufs	0.8			★★★	★★		★★
Qualitätsicherungs-system und Qualitäts-motivation	0.7		★★★	★	★★		
Steuerung der Ver-triebs- und Service-organisation	0.9				★★★	★★★	★★
Key-Account-Management-system	1.0	★			★★★	★★★	★★★
Feedback vom Markt in die Entwicklung	0.8	★★	★★	★★★			★★

Abb. 1-2 **Die Kaufmotivation der Kunden bestimmt die wettbewerbskritischen Erfolgsfaktoren (Beispiel)**

1.2 Aggregierte, differenzierungsfähige Leistungsprozesse

Die Durchführung eines Entwicklungsvorhabens oder einer Marketingkampagne ist kein aggregierter, differenzierungsfähiger Leistungsprozeß, sondern nur eine Teilleistung in einem umfassenderen Prozeß. Warum? Weil jeweils die direkte Verbindung zu einem oder mehreren der wettbewerbskritischen Erfolgsfaktoren fehlt.

Ein Entwicklungsvorhaben muß als ein in einen Prozeß der Erhöhung des Kundennutzens eingebetteter Teilprozeß gesehen werden. Dieser aggregierte Kundennutzen-Optimierungs-Prozeß besteht bei genauerer Analyse aus mindestens sechs Teilprozessen, die insgesamt erst die marktrelevante Leistung des Unternehmens ausmachen:

– Teilprozeß 1: Identifikation von Defiziten des Kundennutzens bei bestehenden Produkten und Leistungen
– Teilprozeß 2: Bewertung der Technologie- und Marktstärken des Unternehmens, mit denen ein erhöhter Kundennutzen entwickelt werden kann
– Teilprozeß 3: Definition und Durchführung eines Entwicklungsvorhabens; d. h. Festlegung von Zielvorgaben, Zuordnung von Ressourcen und Abschätzung eines Zeitrahmens
– Teilprozeß 4: Steuerung des Entwicklungsvorhabens entsprechend dem potentiellen Beitrag zu einer Marketingstrategie und der Erreichung des Kundennutzens
– Teilprozeß 5: Überführung in die Fertigung und in das Vertriebsprogramm
– Teilprozeß 6: Sicherstellung der geplanten Marktpenetration und Amortisierung der Entwicklungsaufwendungen

Ebenso ist eine Marketingkampagne nur Teil eines Prozesses zur Verdeutlichung der Differenzierung des Unternehmens und zur Umwandlung des Kundennutzens in Kaufentscheidungen. Der aggregierte Marktkommunikations-Prozeß besteht wiederum aus sechs Teilprozessen, die erst zusammengenommen zu einer hohen Produktivität der Marketingleistung führen können:

- Teilprozeß 1: Bestimmung und Artikulation des angepeilten Kundennutzens und der kundennutzen-relevanten Differenzierungsmerkmale der Produkte und Leistungen des Unternehmens
- Teilprozeß 2: Überzeugungsarbeit gegenüber den eigenen Marketing-, Vertriebs- und Servicemitarbeitern bezüglich der Vorteile der Produkte und Leistungen für die Kunden und der anzuwendenden Argumentation
- Teilprozeß 3: Bestimmung des Marketing-Mix zur Optimierung des Mitteleinsatzes im Rahmen der Marketingstrategie des Unternehmens
- Teilprozeß 4: Durchführung und Steuerung der Marketingkampagne
- Teilprozeß 5: Zielvorgaben und Einsatzsteuerung der Vertriebsorganisation einschließlich Einholung von Feedback über die Ergebnisse der Marketingkampagne
- Teilprozeß 6: Verfolgung der Umsatzentwicklung in Abhängigkeit von den Marketing- und Vertriebsmaßnahmen, eventuell Neuorientierung der Maßnahmen.

Die Leistungsprozesse dieser Art sind generisch in allen Unternehmen ähnlich.

Es handelt sich neben dem skizzierten Kundennutzen-Optimierungs-Prozeß und dem Marktkommunikations-Prozeß um (siehe Abbildung 1-3):

- den Produkt- und Leistungsbereitstellungs-Prozeß,
- den Logistik- und Service-Prozeß,
- den Auftragsabwicklungs-Prozeß,
- den Rentabilitäts- und Liquiditätssicherungs-Prozeß,
- den Kapazitätssicherungs-Prozeß,
- den Strategieplanungs- und Umsetzungs-Prozeß,
- den Personalschulungs- und Motivations-Prozeß.

In ihrer spezifischen Ausprägung sind diese aggregierten Leistungsprozesse dann unternehmens- und branchengerecht zu präzisieren. Insbesondere sind die Differenzierungsmöglichkeiten von der

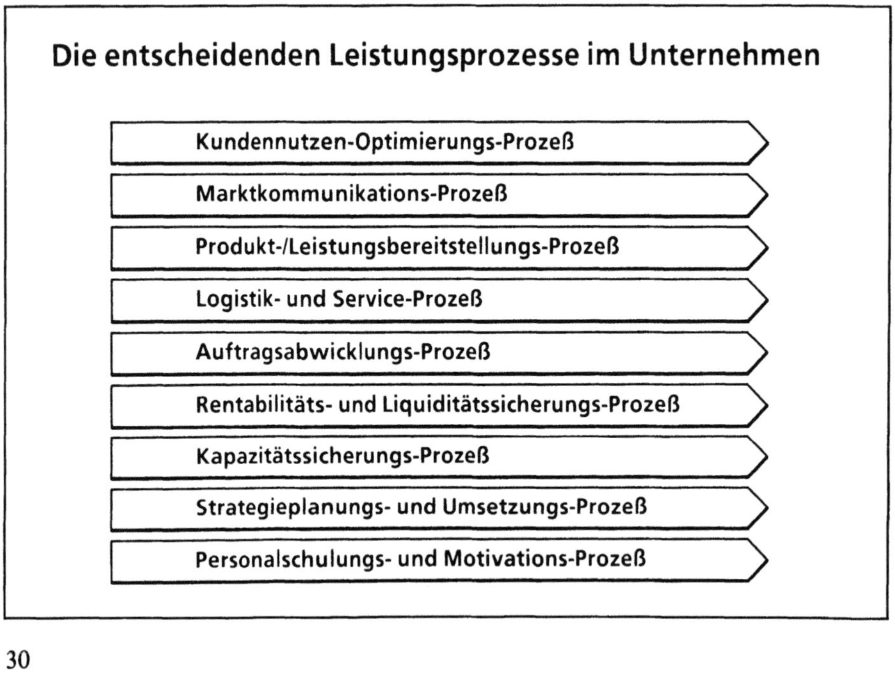

Die entscheidenden Leistungsprozesse im Unternehmen

- Kundennutzen-Optimierungs-Prozeß
- Marktkommunikations-Prozeß
- Produkt-/Leistungsbereitstellungs-Prozeß
- Logistik- und Service-Prozeß
- Auftragsabwicklungs-Prozeß
- Rentabilitäts- und Liquiditätssicherungs-Prozeß
- Kapazitätssicherungs-Prozeß
- Strategieplanungs- und Umsetzungs-Prozeß
- Personalschulungs- und Motivations-Prozeß

Abb. 1-3

Branche und der Situation des einzelnen Unternehmens abhängig.

Eine der großen Herausforderungen für die Unternehmen besteht darin, sich in der Gestaltung und in den Leistungsschwerpunkten dieser Leistungsprozesse zum Nutzen der Kunden kreativ vom Gros des Wettbewerbs zu unterscheiden.

Daher das Konzept der „aggregierten, differenzierungsfähigen Leistungsprozesse" (ADL-Prozesse), das es im Bewußtsein der Mitarbeiter zu verankern gilt. Ziel muß es sein, jedem einzelnen Organisationsmitglied zu verdeutlichen, daß und wie es in diese Prozesse eingebunden ist und zu ihrem Erfolg oder Mißerfolg beiträgt.

Wenn die wettbewerbskritischen Erfolgsfaktoren und das Stärken-Schwächen-Profil des Unternehmens gegenüber seinen Wettbewerbern bekannt sind, wenn die Leistungsprozesse präzisiert sind, die das Unternehmen zur Erfüllung der Erfolgsfaktoren erbringen muß, dann ist die Basis geschaffen, um das Unternehmen gezielt in Richtung auf eine Hochleistungsorganisation zu entwickeln.

Zunächst einmal gilt es, zuverlässig die Korrelation zwischen den Erfolgsfaktoren und den Leistungsprozessen aufzudecken und zu bewerten (siehe Abbildung 1-4). Es zeigt sich hierbei, daß einzelne Erfolgsfaktoren von mehr als einem Leistungsprozeß abhängen und daß umgekehrt jeder der Leistungsprozesse auf mehr als einen Erfolgsfaktor wirkt. Schwächen bei der Erfüllung der Erfolgsfaktoren können so auf Schwächen der Organisation und Effizienz der Leistungsprozesse zurückgeführt werden. Wenn auf diese Weise spezifische Leistungsprozesse als Ursache für die unzureichende Erfüllung von Erfolgsfaktoren identifiziert wurden, so muß im einzelnen untersucht werden, wo im Verlauf des Leistungsprozesses die Schwachstellen und die Produktivitätssteigerungsmöglichkeiten liegen.

Dazu erweist es sich als nützlich, die in der jeweiligen Industrie erreichten oder erreichbaren Produktivitätsstandards heranzuziehen. Die Frage ist hier: „Wie machen es andere?"

In der Regel wissen die Mitarbeiter des Unternehmens zumindest in Teilbereichen gut Bescheid, wie die wichtigsten Wettbewerber ihre Prozesse organisiert haben und unterstützen (oft kommt sogar der eine oder andere Mitarbeiter vom Wettbewerb). In vielen Branchen gibt es einen gut funktionierenden Erfahrungsaustausch und ein beträchtliches Maß an Offenheit über organisatorische Lösungen. Häufig können auch die Lieferanten von Informations-

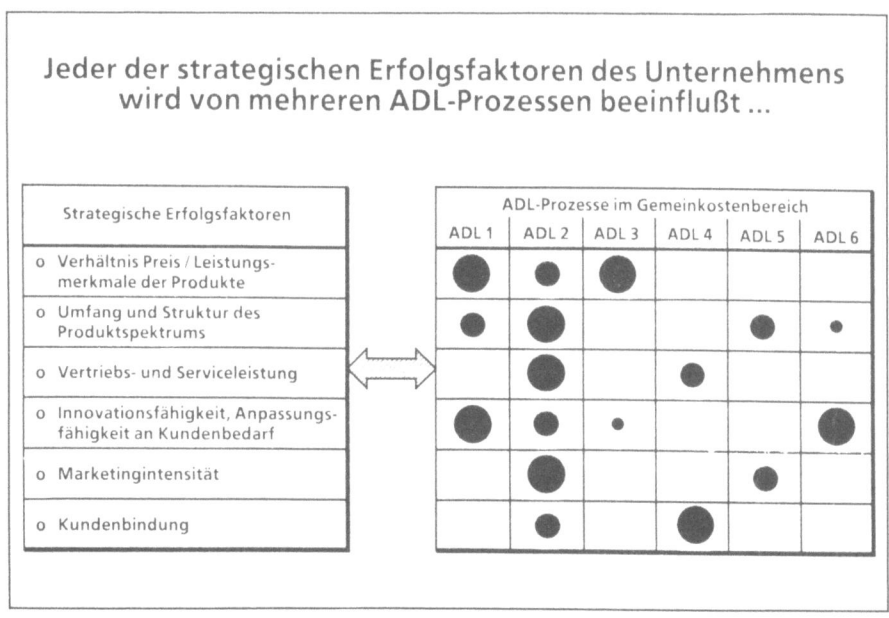

Abb. 1-4

systemen brauchbare Aussagen über Standards in einer Industrie machen.

Ergebnis der Analysen und Bewertungen muß in jedem Fall eine Einstufung der einzelnen Leistungsprozesse nach ihrem Grad der Zweckerfüllung und ihrem Effizienzniveau im Vergleich zu den von den Wettbewerbern praktizierten Lösungen und den als möglich erkannten Produktivitätsstandards sein (siehe Abbildung 1-5).

Die aufgefundenen Schwächen können in den meisten Fällen durch eine systemanalytische Darstellung in Form einer Gesamtschau der erforderlichen Teilprozesse, der involvierten Leistungseinheiten und der Vorgänge an den Schnittstellen erklärt werden (siehe Abbildung 1-6).

So stellte sich bei der Analyse des Kundennutzen-Optimierungs-Prozesses in vielen Unternehmen heraus, daß weder die Vertriebsorganisation noch die Entwickler den Versuch machten, zunächst die Defizite des Kundennutzens bei bestehenden Produkten und Leistungen zu erkennen. Eine Kommunikation darüber findet in diesen Unternehmen so gut wie überhaupt nicht statt. Auch werden bei Entwicklungsvorhaben die Technologiestärken und die Marktposition der Unternehmen meistens nicht systematisch ins Kalkül mit einbezogen. Darüber findet meistens gar keine Auseinandersetzung statt. So kommt es oft im Alleingang der Entwicklungsabteilung zur Definition von Entwicklungsvorhaben, deren Ziele und Chancen unzureichend abgestimmt und abgesichert sind, denen Ressourcen nach Verfügbarkeit und nicht nach strategischen Erfordernissen zugeordnet werden, in der Regel ohne einen ernstzunehmenden Zeitrahmen.

Auch die Steuerung der Entwicklungsvorhaben geschieht häufig ohne Rückkoppelung mit den Marketing- und Vertriebsverantwortlichen, bis die Entwicklungsarbeiten bereits kurz vor ihrem Abschluß stehen. Wenn dann schließlich an die Weitergabe an die Fertigung und in das Vertriebsprogramm gedacht wird, treten typischerweise Überraschungen verschiedenster Art auf: Im Zuge der Überführung in die Fertigung müssen die konstruktiven Konzepte häufig überarbeitet oder sogar neu erarbeitet werden, um sicherzustellen, daß die Produkte und Verfahren fertigungsgerecht sind, die Vertriebsorganisation meldet Forderungen an, die zu zusätzlichem Entwicklungsaufwand und zu weiterem Zeitverlust führen, und bei den Kunden stellen sich im Einsatz Ungereimtheiten und Pannen ein.

Ähnliche Brüche und Inkonsistenzen beobachten wir auch immer wieder bei den anderen aggregierten, differenzierungsfähigen Leistungsprozessen. Die Ursache dafür ist in der Regel, daß sich die Organisationsmitglieder über das Vorhandensein und die Bedeutung dieser Leistungsprozesse nicht im klaren sind, daß sie statt dessen ihren Teilbereich zu optimieren und behaupten versuchen, im Vertrauen darauf, daß die effiziente Gesamtleistung sich durch die Gesamtorganisation des Unternehmens sozusagen „mit eingebauter Konsequenz" ergibt. Die Gesamtorganisation kann aber meistens diese Wirkung gar nicht erbringen, da sie nicht nach diesem Prinzip geschaffen wurde; sie ist meistens historisch gewachsen, von Zeit zu Zeit zurechtgestutzt worden, um auffällige Ineffizienzen zu beseitigen, und häufig das Ergebnis von Teil- (ist gleich Sub-) optimierungen in einzelnen Funktions- und Verantwortungsbereichen entsprechend den Vorstellungen und Absichten einzelner Führungskräfte. Eine Hochleistungsorganisation kann daraus nicht werden. Die ADL-Prozesse sind nicht aggregiert, sondern zerstückelt und werden bei weitem nicht zur strategischen Differenzierung genutzt. Auf diese Weise bleibt die Produktivität des Gemeinkostenbereichs trotz stellenweiser Leistungs- und Kostensteigerungen unbefriedigend, so daß dann schließlich immer wieder der große Rationalisierungshebel angesetzt werden muß.

Durch ständiges „organizational learning" kann eine derartige Entwicklung verhindert werden. Denn in dem Maß, in dem alle Organisationsmitglieder in den Erkenntnisprozeß einbezogen und von dem Bewußtsein durchdrungen sind, welche wettbewerbskritischen Erfolgsfaktoren über die Position und das Potential des Unternehmens am Markt entscheiden und welche Leistungsprozesse im Unternehmen ablaufen müssen, um die aus der Sicht der Kunden wesentlichen Leistungen zu erbringen, in dem Maß kann ein abgestimmtes, zielgerichtetes Verhalten aller Funktionsbereiche entstehen, können alle Entscheidungsträger gemeinsam Lernfortschritte machen und den Erfahrungspro-

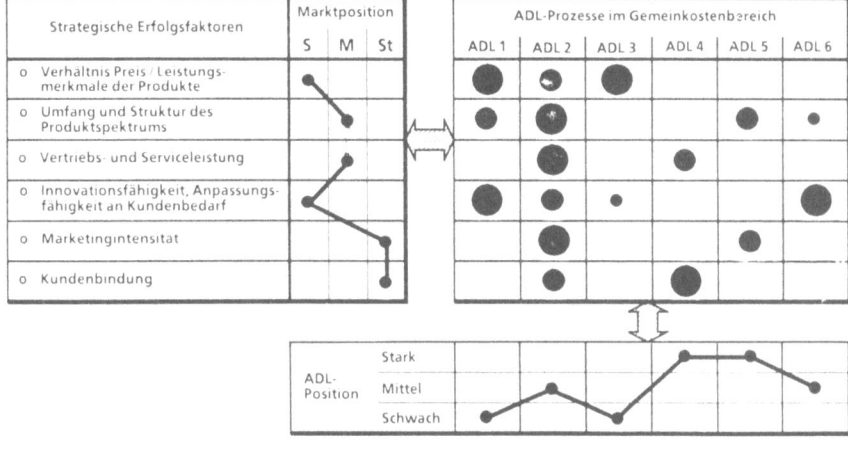

Abb. 1-5

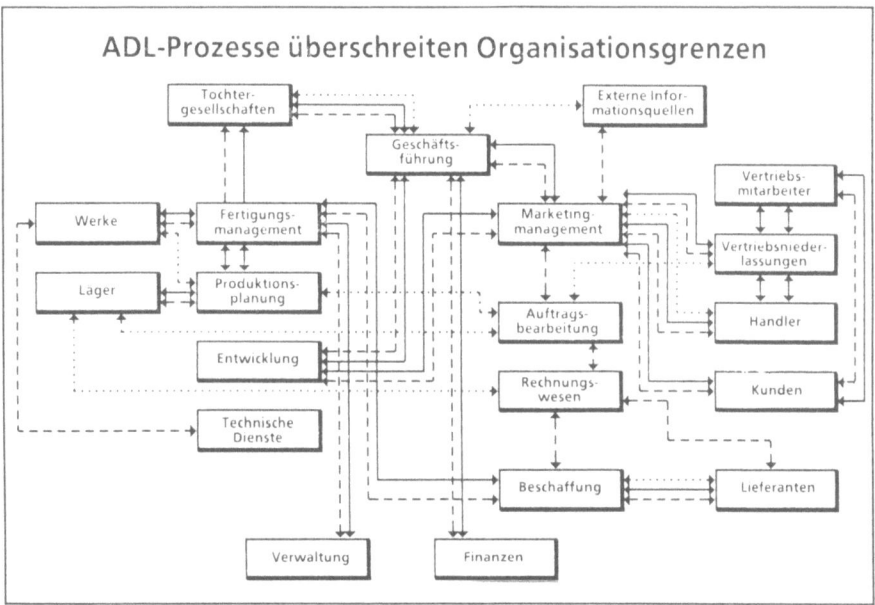

Abb. 1-6

zeß beschleunigt durchlaufen. Das wiederum ist die Grundvoraussetzung einer Hochleistungsorganisation.

Daß die marktorientierte Gestaltung der Leistungsprozesse auch deutliche Produktivitätssteigerungen zur Folge hat, zeigen die Ergebnisse einer Reihe von Projekten, die wir vom reinen Gemeinkosten-Wertanalyseansatz auf den ADL-Prozeßansatz „umgepolt" hatten.

Der ADL-Prozeßansatz führte in diesen Fällen sowohl zu erhöhter Leistungsfähigkeit nach außen, indem im Bewußtsein der Mitarbeiter und in der

33

Struktur- und Ablauforganisation die entscheidenden Leistungsketten optimiert wurden, als auch zu einer Rationalisierung der Prozeßkosten.

Durch die Einführung einer Prozeßkostenrechnung konnten die Unternehmen von den als prozentuale Zuschläge verrechneten Gemeinkosten abgehen, die sie immer wieder zu Fehlentscheidungen verleitet hatten, und statt dessen die Kosten der ADL-Prozesse insgesamt steuern.

Die Planungs-, Steuerungs-, Überwachungs- und Kommunikationsleistungen, die einen immer höheren Anteil an den Leistungsprozessen einnehmen, werden damit nicht zu „Gemeinkosten-Ballast" degradiert, sondern sie werden als integraler Bestandteil der marktorientierten Leistungen des Unternehmens verstanden, die dann wiederum als Gesamtprozesse durchrationalisiert werden können.

Denn, das zeigen auch die Arbeiten von Professor Horváth auf[1], vorbereitende, planende, steuernde, überwachende und koordinierende Tätigkeiten gewinnen immer mehr Gewicht, während die sogenannten direkten Leistungen durch die fortschreitende Automatisierung an Gewicht verlieren. So muß in jedem ADL-Prozeß die Wechselbeziehung zwischen den planenden, steuernden, und koordinierenden Teilprozessen und den direkten Teilprozessen berücksichtigt werden, damit nicht durch falsch angelegte Gemeinkostensenkungen die Leistung der ADL-Prozesse insgesamt sinkt.

Die Prozeßkostenrechnung erfaßt die Planungs-, Steuerungs- und Koordinationsaufgaben pro ADL-Prozeß und ordnet ihnen Kosten zu. Dadurch entsteht eine auf die ADL-Prozesse bezogene Transparenz der Kostenstrukturen, die auch eine prozeßorientierte Kostenplanung und -kontrolle erlaubt.

Die Prozeßkostenrechnung unterstützt auf diese Weise das „organizational learning", denn sie stellt die Verbindung zwischen der im Markt relevanten Leistung und ihrem Preis her.

Dieser Erkenntnis- und Lernprozeß muß seinen Niederschlag in Strategien und Organisationsstrukturen finden, denn das ist die Form, in der der Wissens- und Erfahrungsschatz der Organisationsmitglieder konsensusfähig „gespeichert" wird.

Die Frage ist also, welche aufbau- und ablaufstrukturellen Veränderungen erforderlich sind, um die als erfolgsentscheidend erkannten Leistungsprozesse zu unterstützen, anstatt sie zu behindern.

1.3 Leistungseinheiten und Schnittstellen

Eines der hervorragenden Merkmale von Hochleistungsorganisationen besteht darin, daß die wettbewerbskritischen ADL-Prozesse hohe Aufmerksamkeit aller Organisationsmitglieder genießen und mit geringstmöglichen organisatorischen Komplikationen ablaufen können.

Organisatorische Komplikationen resultieren in der Regel aus Zuständigkeitsabgrenzungen und Schnittstellen in einem an sich durchgehenden Leistungsprozeß, aus Zerteilungen von Leistungseinheiten, die, obwohl sie eine zusammenhängende Leistung erbringen sollen, unterschiedlich zugeordnet wurden, sowie aus sequentiellen Abstimmungsvorgängen, die eigentlich gleichzeitig erfolgen müßten.

Idealerweise sollten ADL-Prozesse daher so weit wie möglich innerhalb einer Leistungseinheit ablaufen. Dem steht entgegen, daß die verschiedenen Leistungsprozesse im Unternehmen sich teilweise überlappen oder überkreuzen und daß die Querschnittsfunktionen insgesamt produktiver arbeiten können, wenn sie als eigenständige Leistungseinheit organisiert sind.

So involvieren Leistungsprozesse unvermeidlich eine gewisse Zahl von Leistungseinheiten, zwischen denen Schnittstellen bestehen.

Die Leistungseinheit „Entwicklung" müßte beispielsweise, wenn sie den Kundennutzen-Optimierungs-Prozeß allein bewältigen wollte, schon im Teilprozeß 1 (Identifikation von Defiziten des Kundennutzens bei bestehenden Produkten und Leistungen) einen intensiven Kontakt mit den Kunden und potentiellen Kunden des Unternehmens pflegen. Da aber die Leistungseinheit „Marketing/Vertrieb" im Leistungsprozeß der Marktkommunikation in dem dort erforderlichen Teilprozeß 1 (Be-

---

[1] Vgl. PÉTER HORVÁTH, REINHOLD MAYER: Prozeßkostenrechnung – Der neue Weg zu mehr Kostentransparenz und wirkungsvolleren Unternehmensstrategien; Controlling, 4, 1989

stimmung und Artikulation des angepeilten Kundennutzens und der kundenrelevanten Differenzierungsmerkmale der Produkte und Leistungen des Unternehmens) ebenfalls einen engen Kundenkontakt pflegen muß, ist es sinnvoll, daß beide Leistungseinheiten („Entwicklung" und „Marketing/Vertrieb") hier ständig und eng zusammenarbeiten. Diese Zusammenarbeit kann und sollte verschiedenste Formen annehmen: die Entwicklung kann Kundenbeobachtungen an Marketing/Vertrieb delegieren, Marketing/Vertrieb kann Bewertungen des angestrebten Kundenzusatznutzens und der Differenzierungsmöglichkeiten an die Entwicklung delegieren, beide Leistungseinheiten können sich gemeinsam mit den Kunden auseinandersetzen. Entscheidend ist, daß hier in jedem der beiden betroffenen Leistungsprozesse zwei Leistungseinheiten zusammenwirken, ihre Erfahrungen austauschen und sich gegenseitig im Lernprozeß unterstützen. Dazu gehört, daß beide Leistungseinheiten diese Gemeinsamkeit und den Nutzen für jeweils „ihren" Leistungsprozeß erkennen.

Ähnlich ist es mit dem Zusammenwirken der Leistungseinheiten „Entwicklung" und „Fertigung". Die Entwicklung muß sich bewußt sein, daß im Kundennutzen-Optimierungs-Prozeß der Teilprozeß 5 (Überführung in die Fertigung und in das Vertriebsprogramm) anfällt, bei dem eine intensive Überlappung mit dem Produkt- und Leistungsbereitstellungs-Prozeß auftritt. Umgekehrt muß sich die Fertigung darüber im klaren sein, daß sie den Produkt- und Leistungsbereitstellungs-Prozeß nur erfolgreich abwickeln kann, wenn sie im dort erforderlichen Teilprozeß 4 (Optimierung des Produkt- und Verfahrenskonzepts nach fertigungstechnischen und fertigungsökonomischen Gesichtspunkten) so früh wie möglich mit dem Kundennutzen-Optimierungs-Prozeß koppelt.

Gleichzeitig muß der Produkt- und Leistungsbereitstellungs-Prozeß mit dem Marktkommunikations-Prozeß (Berücksichtigung der Marketing-Zielvorgaben bei der Kapazitätsplanung für die Fertigung), mit dem Logistik- und Service-Prozeß (Beschaffungslogistik, Distributionslogistik, Scheduling), mit dem Kapazitätssicherungs-Prozeß (Investitionsplanung) und mit anderen Prozessen gekoppelt werden.

Die Qualität der Koppelungsvorgänge an den Schnittstellen entscheidet darüber, wie effizient jeder einzelne ADL-Prozeß abläuft und wie gut das Zusammenspiel aller ADL-Prozesse funktioniert. Ebenso wichtig wie die Qualifikation und die Einsatzbereitschaft in den einzelnen Leistungseinheiten ist dazu das Kooperations- und Schnittstellenverhalten der Leistungseinheiten.

Es kann gar nicht genug betont werden, daß dieses Schnittstellenverhalten ganz wesentlich von dem Überblick und Verständnis abhängt, das die einzelnen Organisationsmitglieder von den Leistungsprozessen und den Querverbindungen zwischen den Leistungsprozessen besitzen, in die sie eingebunden sind. Ohne diesen Überblick können sie sich auch unter Leistungsdruck immer nur suboptimal verhalten, konzentrieren sie ihren Einsatz auf das Funktionieren ihrer eigenen Leistungseinheit, versuchen sie häufig, die Abhängigkeiten von anderen Leistungseinheiten abzubauen, oder im Gegenteil, hohe Forderungen als Voraussetzung ihrer eigenen Leistungserbringung zu stellen.

Es ist daher eine der wichtigsten Aufgaben der Unternehmensführung, die ADL-Prozesse mit ihrer umfassenden (aggregierenden) Natur dem ganzen Unternehmen zu verdeutlichen und aufzuzeigen, wie und wo das Zusammenwirken einzelner Leistungseinheiten überhaupt erst zu einer effizienten Leistung nach außen, d. h. gegenüber dem Markt und dem Wettbewerb führt. Die Schnittstellen können unterschiedliche Anforderungen an die zusammenwirkenden Leistungseinheiten stellen:

– zwei oder mehrere Leistungseinheiten können gefordert sein, gemeinsam eine aggregierte Leistung zu erbringen (z. B. müssen die Entwicklung und Marketing/Vertrieb zusammen neue Produkte konzipieren, nämlich die Entwicklung in bezug auf die technische Realisierung, Marketing/Vertrieb in bezug auf das Anforderungsprofil und das Potential im Markt),
– eine Leistungseinheit kann einen von einer anderen Einheit begonnenen Prozeß fortsetzen müssen (z. B. ist der Auftragsabwicklungs-Prozeß die Folge von Verkaufsabschlüssen im Marktkommunikations-Prozeß),
– eine Leistungseinheit kann aus Teilleistungen

anderer Leistungseinheiten eine integrierte Leistung erstellen müssen (z. B. muß der Kapazitätsausbau als Ergebnis von Zielvorgaben der Funktion Marketing/Vertrieb, von Produktionsplänen der Fertigung und von Rentabilitätsberechnungen der Finanzfunktion erfolgen).

Bei der organisatorischen Gestaltung bestehen verschiedene Alternativen der Strukturierung von Leistungseinheiten, die zu unterschiedlichen Schnittstellen führen. Damit werden einzelne der ADL-Prozesse mehr oder weniger durchgängig gestaltet, während andere eine höhere Zahl von Schnittstellen aufweisen. Welche Organisationsstruktur die geeignetste, d. h. die produktivste ist, muß in Abhängigkeit davon entschieden werden, welchem ADL-Prozeß in der Branche und angesichts der Situation und strategischen Absicht des Unternehmens die höchste Priorität zukommt. Die Produktivität dieses ADL-Prozesses muß die Leitschnur der Organisationsentwicklung werden.

1.4 Produktive Strukturen

Für jedes Unternehmen gibt es in jeder seiner Entwicklungsphasen und entsprechend seiner Strategie produktive und unproduktive Organisationsstrukturen. Hochleistungsorganisationen haben ihre produktivste Struktur gefunden.

Unproduktive Organisationsstrukturen bedingen Widersprüche zwischen den Stoßrichtungen einzelner Funktionsbereiche, lange Durchlaufzeiten (durch die Entwicklung, die Fertigung, die Auftragsabwicklung, die Logistik etc.), schwankende Qualität der Leistung, Redundanzen und gleichzeitiges Auftreten von Kapazitätsengpässen und Überkapazitäten. Sie sind häufig gekennzeichnet durch innere Reibereien und Machtkämpfe.

Bei einer Befragung von 30 deutschen Unternehmen über die strategische Abstimmung zwischen der Forschung und Entwicklung auf der einen Seite und Marketing und Vertrieb auf der anderen Seite, stellte Professor Brockhoff fest, daß häufig zwischen diesen beiden Bereichen Harmoniestörungen zu beobachten sind, die das Zustandekommen einer kohärenten Unternehmensstrategie verhindern[2].

Brockhoff beobachtete nur bei einem Drittel der befragten Unternehmen eine Harmonie der Funktionsbereichsstrategien. Bei den anderen zwei Dritteln werden defensive F&E-Strategien und gleichzeitig offensive Marketingstrategien verfolgt oder umgekehrt. Diesen Mangel an gemeinsamer strategischer Ausrichtung führt Brockhoff auf Schnittstellenprobleme zurück, deren Ursachen seiner Beobachtung nach unterschiedliche Umweltwahrnehmungen, unklare Zuständigkeiten und „Kulturunterschiede" sind. Er folgert daraus, daß die intensivere Kommunikation zwischen den Funktionsbereichen und mit den Kunden und die bessere Organisation der Abstimmungsprozesse Voraussetzung sind, um zu einer schlagkräftigeren strategischen Ausrichtung zu kommen.

Produktive Organisationsstrukturen vermeiden Arbeitsteilung, funktionale Abschottung, Formalismen und Mehrfachkontrollen. Sie sind gekennzeichnet durch eine Aufbruchstimmung, durch hohe Kooperationsbereitschaft und Loyalität der Organisationsmitglieder, durch Flexibilität der Leistungserbringung und durch stark ausgeprägte gemeinsame Ziele.

Wie findet das Unternehmen seine produktivste Organisationsstruktur?

Wir gehen davon aus, daß die Führungskräfte aus den einzelnen Leistungsbereichen schon den gemeinsamen Erkenntnis- und Lernprozeß durchlaufen haben, in dem sie eine klare, konsensusfähige Vorstellung von den Erfolgsfaktoren im Markt und den zur Erfüllung dieser Erfolgsfaktoren erforderlichen ADL-Prozessen erlangten.

Um die Bereitschaft zu Verhaltensänderungen zu wecken, muß zunächst eine „Landschaft" der bestehenden Organisationseinheiten aufgezeichnet werden, anhand derer der derzeitige Verlauf der einzelnen ADL-Prozesse im Unternehmen nachvollzogen und offengelegt werden kann.

Abgesehen davon, daß die ADL-Prozesse bis dahin in den meisten Unternehmen in der Regel noch

---

2 Vgl. KLAUS BROCKHOFF: Schnittstellen-Management – Abstimmungsprobleme zwischen Marketing und Forschung und Entwicklung; Stuttgart 1989

Checkliste Strategieplanungs- und Umsetzungs-Prozeß

	Ja	Nein
Gibt es für das Unternehmen und für die einzelnen Geschäftseinheiten ein ausformuliertes strategisches Gesamtkonzept?	☐	☐
Kennen wir die Marktposition unseres Unternehmens?	☐	☐
Können wir unsere Kostenposition im Vergleich zu den Wettbewerbern beurteilen?	☐	☐
Haben wir eine objektive Beurteilung unserer Technologieposition durchgeführt?	☐	☐
Kennen wir die Stärken und Schwächen der Human-Ressourcen unseres Unternehmens?	☐	☐
Wissen wir, welche Leistungsbereiche im Unternehmen direkten Einfluß auf die im Markt kritischen Erfolgsfaktoren haben?	☐	☐
Sind alle Mitarbeiter auf das strategische Gesamtkonzept eingeschworen?	☐	☐
Findet in regelmäßigen Abständen ein Review der Unternehmensstrategie statt?	☐	☐
Sind für alle Leistungsbereiche wie zum Beispiel Produktion und Logistik, Marketing und Vertrieb, Technologie und Innovation die funktionalen Strategien aus der Unternehmensstrategie abgeleitet?	☐	☐

Abb. 1-7

Checkliste Marktkommunikations-Prozeß

	Ja	Nein
Gibt es für alle wichtigen Produkte und Leistungen unseres Unternehmens eine ausformulierte und dokumentierte Marketing-Strategie?	☐	☐
Wird in dieser Marketing-Strategie deutlich, welche spezifischen Kundenbedürfnisse durch unsere Produkte und Leistungen angesprochen werden? - Und zwar auch solche, die durch Wettbewerber-Produkte nicht bedient werden?	☐	☐
Können wir für unsere Hauptprodukte und -leistungen eine Alleinstellung im betreffenden Marktsegment behaupten - sei es in bezug auf Preis, Leistungskriterien oder Ausstattungsmerkmale?	☐	☐
Werden in den Produkt- und Servicekonzepten sowohl rationale als auch emotionale Kundenbedürfnisse angesprochen?	☐	☐
Erreichen wir bei Produkteinführungen regelmäßig die Planwerte für Umsatz und Ertrag?	☐	☐
Gibt es in unserem Unternehmen ein funktionsfähiges Marketing-Controlling-System, das uns aktuell über die wesentlichen Marketingdaten in bezug auf Produkte, Preise und Rabatte, Distribution, Lieferservice und Werbeerfolg unterrichtet?	☐	☐
Fließen Informationen aus diesem Marketing-Controlling-System in die jeweiligen Planungsrunden mit ein?	☐	☐
Handeln in unserem Unternehmen alle Funktionsbereiche marktorientiert?	☐	☐
Haben wir eine Marketing-Organisation, die im gesamten Unternehmen zu mehr Marktorientierung beiträgt?	☐	☐

Abb. 1-8

nie bewußt als aggregierte, zielgerichtete Abläufe erkannt oder gar gestaltet worden waren, stellt sich häufig bei dieser Analyse heraus, daß wichtige Teilprozesse oder Aufgaben, die integraler Bestandteil einzelner ADL-Prozesse sein müßten, gar nicht abgedeckt sind, daß Übergänge von einem Teilprozeß zum anderen nicht organisiert und statt dessen dem Zufall oder dem Gutdünken einzelner Organisationsmitglieder überlassen sind, daß Leistungsbereiche, die einen wichtigen Beitrag zu einem ADL-Prozeß leisten müßten, nicht oder nicht ausreichend in den Prozeß involviert werden. Der Ent-

Checkliste Kundennutzen-Optimierungs-Prozeß

	Ja	Nein
Gibt es für alle wichtigen Technologien in unserem Unternehmen eine ausformulierte und dokumentierte Technologie-Strategie?	☐	☐
Haben wir die Technologien, die unser Unternehmen beherrschen muß, in die strategisch wichtigen Kategorien Basis-, Schlüssel- und Schrittmachertechnologien unterschieden?	☐	☐
Kennen wir die Position unseres Unternehmens bei den jeweiligen Technologien im Vergleich zu unseren Hauptwettbewerbern?	☐	☐
Konzentrieren wir unsere Aufwendungen in Form von Zeit, Geld und Mitarbeitern auf Schlüsseltechnologien und vermeiden dadurch Investitionen bei Basistechnologien?	☐	☐
Erreichen wir bei Produktneueinführung regelmäßig die Planwerte für Umsatz und Ertrag?	☐	☐
Sind wir mit neuen Produktkonzepten schneller am Markt als unsere Wettbewerber?	☐	☐
Werden unser Projekte für neue Produkte systematisch nach den Kriterien Attraktivität und Risiko gesteuert?	☐	☐
Fließen in die Bewertung von neuen Produktvorhaben alle wichtigen Informationen aus Markt und Technik mit ein?	☐	☐
Setzen wir für unsere Entwicklungsvorhaben inter-disziplinäre Teams ein?	☐	☐
Verfügen wir über ausreichende Planungs- und Steuerungssysteme für Forschung, Entwicklung und Konstruktion?	☐	☐
Haben wir uns über das Innovationsklima in unserem Unternehmen schon einmal Gedanken gemacht?	☐	☐

Abb. 1-9

Checkliste Produkt-/Leistungsbereitstellungs-Prozeß und Logistik-/Service-Prozeß

	Ja	Nein
Gibt es für Produktion und Logistik eine ausformulierte und dokumentierte Strategie?	☐	☐
Haben wir die strategischen Leistungszentren in Produktion und Logistik identifiziert, die eine starke Hebelwirkung auf die Wettbewerbsfähigkeit unseres Unternehmens ausüben?	☐	☐
Sind wir in diesen strategischen Leistungszentren besser als unsere Wettbewerber?	☐	☐
Kennen wir die Kostenposition unseres Unternehmens im Vergleich zum Wettbewerb?	☐	☐
Haben wir unsere Fertigung ausreichend produktorientiert organisiert?	☐	☐
Sind die Durchlaufzeiten in der Fertigung wettbewerbskonform?	☐	☐
Untersuchen wir die Bestände an Roh-, Hilfs- und Betriebsstoffen ständig auf Möglichkeiten zur Bestandsreduzierung?	☐	☐
Gibt es für unseren Lieferservice klar definierte Leistungsparameter?	☐	☐
Unterscheiden wir bei den Lieferservice-Zielen nach den einzelnen Produktbereichen?	☐	☐
Hat sich in den letzten Jahren der Lagerumschlag erhöht?	☐	☐

Abb. 1-10

deckungen dieser Art gibt es immer wieder viele, das Bild der ADL-Prozesse in den meisten Unternehmen ist zerstückelt und undurchdacht.

„Organizational learning" erfordert, daß alle Betroffenen sich dieses Bild vergegenwärtigen, daß ihnen das Handikap bewußt wird, das das Unternehmen dadurch im Wettbewerb erleidet und daß hieraus eine Eigendynamik des Ändernwollens entsteht.

Um diese Eigendynamik zu kanalisieren, sollten zunächst pro ADL-Prozeß alle Schwachstellen und kontraproduktiven Gegebenheiten bestimmt und mit ihren Auswirkungen möglichst genau charakterisiert werden. Dazu können Checklisten wie auf Abbildungen 1-7 bis 1-10 benutzt werden.

Dem sollte der jeweilige ADL-Prozeß gegenübergestellt werden, wie er im Rahmen der bestehenden Organisation ablaufen müßte, wenn alle Leistungsbeiträge, Abstimmungen, Koordinationen und Querbeziehungen sichergestellt sein sollen.

Hier zeigt sich in der Regel, daß die bestehende Organisation auch bei einer stärkeren Orientierung auf die ADL-Prozesse hin unproduktiv sein müßte und daß wesentliche Vorkehrungen der Steuerung, effizienten Entscheidungsfindung und Konfliktbewältigung fehlen.

Die Konsequenz daraus ist die Notwendigkeit struktureller Verbesserungen, die oft zunächst nur in Form von Alternativen konzipiert werden können, aus denen die Unternehmensleitung diejenige auswählen muß, die der gewollten Unternehmenskultur oder Strategie am gerechtesten wird. Bewertungskriterien für die Organisationsalternativen können beispielsweise die Kosten des Prozesses, die Durchlaufzeiten, die Ergebnisqualität, die Flexibilität, die eindeutige Prozeßverantwortung u. a. sein (siehe Abbildungen 1-11 und 1-12).

Um produktive Organisationsstrukturen zu erhalten, haben sich folgende Regeln bewährt:

- Für jeden der für das Unternehmen als strategisch wesentlich erkannten ADL-Prozesse sollte in der Geschäftsleitung ein Prozeß-Verantwortlicher ernannt werden; seine Verantwortung sollte darin bestehen, funktions- und abteilungsübergreifend dafür zu sorgen, daß alle am ADL-Prozeß zu beteiligenden Leistungseinheiten in der wirkungsvollsten Weise ihren Beitrag zum erfolgreichen Verlauf des Prozesses leisten und daß die Zusammenarbeit in effizienter, zielgerichteter Weise erfolgt.

- Für Teilprozesse, an denen mehr als zwei Leistungseinheiten bzw. Funktionsbereiche beteiligt sind, sollte die Projektorganisation gewählt werden, d. h. einem Projektverantwortlichen sollte jeweils ein Projektteam aus Repräsentanten der zu involvierenden Leistungseinheiten unterstellt werden. Der Projektleiter sollte an ein Lenkungsgremium aus den Führungskräften der betroffenen Leistungseinheiten und den Prozeß-Verantwortlichen der Geschäftsleitung berichten und eine klare Verfügungsgewalt über

Bewertung von Organisationsalternativen nach prozeßorientierten Kriterien

Bewertung pro ADL-Prozeß

Bewertungskriterien \ Alternativen	Gewichtung	Organisationsalternativen			
		O.A. 1	O.A. 2	O.A. 3	O.A 4
Kosten des Prozesses					
Durchlaufzeit					
Ergebnisqualität					
Flexibilität					
Klarheit der Prozeßverantwortung					
Gesamt					

Abb. 1-11

Bei der Gesamtbewertung müssen alle ADL-Prozesse einbezogen werden

Alternativen / Leistungsprozesse	Gewichtung	Organisationsalternativen			
		O.A. 1	O.A. 2	O.A. 3	O.A. 4
Kundennutzen-Optimierungs-Prozeß					
Marktkommunikations-Prozeß					
Produkt-/Leistungsbereitstellungs-Prozeß					
:					
Gesamt					

Abb. 1-12

die erforderlichen Ressourcen haben sowie unter präzise definierten Ergebnis- und Zeitvorgaben arbeiten.
- Leistungsbereiche, die in einem ADL-Prozeß unmittelbar zusammengehörende oder aufeinanderfolgende Leistungen einbringen müssen, sollten organisatorisch zusammengefaßt werden, um die Zahl der Schnittstellen und Übergabepunkte zu reduzieren.
- Unvermeidliche Schnittstellen sollten so eindeutig wie möglich in bezug auf den Schnittstellenvorgang und die Verantwortlichkeiten dafür definiert werden.
- Für den ADL-Prozeß, der die stärkste Auswirkung auf die Strategie und den Ressourceneinsatz des Unternehmens hat, sollte die optimale aufbau- und ablauforganisatorische Lösung mit höchster Priorität erarbeitet werden; die Gestaltung der anderen ADL-Prozesse sollte sich an dieser Lösung orientieren und sich ihr unterordnen.

Angewandt auf ein europäisches Unternehmen der Pharmabranche ergab sich, daß die Fähigkeit der Produktinnovation und damit der Kundennutzen-Optimierungs-Prozeß die höchste Priorität erhalten mußte. Das Unternehmen war bis dahin so organisiert gewesen, daß einzelne Landesgesellschaften ihre eigene Forschung und Entwicklung betrieben, ausgerichtet in erster Linie auf den eigenen geographischen Marktbereich, während die Übernahme der neuen Produkte durch andere Landesgesellschaften deren eigener Entscheidung überlassen wurde. Da die einzelnen Landesgesellschaften in der Regel noch einmal kräftig in klinische Tests investieren mußten, um den Zulassungsbestimmungen ihres Landes gerecht zu werden, verhielten sie sich zögernd bei der Entscheidung, ein Produkt einer anderen Landesgesellschaft zu übernehmen. Darüber hinaus traten durch die langwierigen Zulassungsverfahren Zeitverluste in der Größenordnung von Jahren auf, so daß andere Wettbewerber häufig mit ähnlichen Produkten vorher auf den Markt kamen. Insgesamt erwirtschaftete das Unternehmen daher eine geringere Rendite auf seine F&E-Aufwendungen und brauchte immer wieder länger für die internationale Marktpenetration seiner Produkte, als wenn der gesamte Forschungs- und Entwicklungsprozeß von vornherein auf den Weltmarkt ausgerichtet gewesen und die für die Zulassungen erforderliche klinische Entwicklung auf die Anforderungen aller Länder abgestimmt worden wäre.

Das Problem des Unternehmens bestand darin, daß der Kundennutzen-Optimierungs-Prozeß in zu viele Teilprozesse zerteilt war, die anderen Prioritäten als der Optimierung der Innovationsfähigkeit des Gesamtunternehmens unterworfen waren: Die Wirkstoff-Forschung und die präklinische Entwicklung der einzelnen Landesgesellschaften unterstanden jeweils einem lokalen Forschungsleiter, der einerseits im Rahmen des von seiner Landesgesellschaft bewilligten F&E-Budgets wirtschaften mußte, andererseits aber die für eine internationale Zulassung gültigen Anforderungen erfüllen sollte. Die klinische Entwicklung war dem lokalen Marketingleiter der einzelnen Landesgesellschaften zugeordnet, dessen Interesse und Erfolgskriterium hauptsächlich in den Zulassungen und Markterfolgen im eigenen Land bestanden.

Eine Überwindung der daraus resultierenden Suboptimierungen war nur denkbar, wenn der Kundennutzen-Optimierungs-Prozeß unternehmensweit aggregiert und mit höchster Priorität auf den internationalen Markterfolg ausgerichtet wurde.

Demzufolge wurde die Verantwortung für diesen Prozeß von der Forschung über die präklinische Entwicklung, die klinische Entwicklung bis hin zur Registrierung einem Vorstandsmitglied des Unternehmens übertragen. Da aber in allen Teilprozessen jeweils neben der Forschung und Entwicklung sehr stark die Marketing- und Vertriebsfunktion involviert sein mußte, wurde eine Projektorganisation geschaffen, bei der unternehmerisch verantwortliche Projektmanager vom Beginn eines Entwicklungsvorhabens bis zur Markteinführung den Beitrag der einzelnen Leistungseinheiten in Form von dem Projekt zugeordneten Mitarbeitern steuerten. Diese Projektmanager wurden speziell in den Techniken des interdisziplinären Projektmanagements ausgebildet. Dazu gehört, daß sie einem unternehmensweiten F&E-Lenkungsausschuß gegenüber einen Projektplan mit den erforderlichen Ressourcen und klar definierten Zeitzielen vorlegen, auf dessen Basis sie Verfügungsgewalt über die erforderlichen Ressourcen erhalten, für deren Einsatz sie dann direkt dem F&E-Lenkungsausschuß verantwortlich sind.

Die einzelnen Landesgesellschaften sind durch ihren Forschungs- und ihren Marketingleiter in dem F&E-Lenkungsausschuß vertreten, dessen Vorsitz das für den Kundennutzen-Optimierungs-Prozeß verantwortliche Vorstandsmitglied inne hat. Auf diese Weise wird ein ständiges „organizational learning" über die Optimierungsanforderungen eines international tätigen Unternehmens sichergestellt, ohne daß einfach eine zentrale Entscheidungsgewalt geschaffen und damit das unternehmerische Engagement in den Landesgesellschaften beschnitten wurde.

„Zentralistische" Lösungen, wie sie weitgehend von den Wettbewerbern des Unternehmens verfolgt werden, behindern das „organizational learning" ganz beträchtlich, da die Potentiale und Besonderheiten einzelner geographischer Märkte gegenüber der Sicht am Sitz der Muttergesellschaft ins Hintertreffen geraten.

Zweites Kapitel

Leistungsprozesse und Informationsstrukturen

Wolfram Brandes, Dr. Tom Sommerlatte, David Stringer und Dr. Wolfgang Zillessen

Unternehmerischer Erfolg hängt von Informationsvorsprüngen und Besser-Informiertsein ab. Informationssysteme haben aber bis heute vorwiegend zur Rationalisierung und Kontrolle von Routineabläufen gedient. Bei der Weiterentwicklung der Systeme fehlt den Unternehmen immer offensichtlicher und für sie immer spürbarer die Verbindung zu ihren strategischen Belangen.

Das Konzept der aggregierten, differenzierungsfähigen Leistungsprozesse im Gemeinkostenbereich verschafft den Unternehmen nicht nur ein neues Verständnis der Zusammenhänge zwischen Leistung und Erfolg, es gibt ihnen auch eine neue Perspektive für die Entwicklung ihrer Informations- und Kommunikationssysteme.

Denn wenn der Gemeinkostenbereich die Drehscheibe zwischen dem Leistungserstellungsapparat (d. h. der Fertigung) und dem Markt ist, wenn alle ADL-Prozesse dazu dienen, die effiziente Erfüllung der wettbewerbskritischen Erfolgsfaktoren im Markt zu sichern, dann gewinnt an Bedeutung, mit welchen technischen Hilfsmitteln die ADL-Prozesse unterstützt werden oder in Zukunft noch besser unterstützt werden können.

Die ADL-Prozesse sind im wesentlichen Informations- und Kommunikationsprozesse.

Ebenso wie das Unternehmen eine „Landschaft" seiner Organisationseinheiten und des Verlaufs der einzelnen ADL-Prozesse aufzeichnen und hieraus die ablauf- und aufbaustrukturellen Optimierungsmöglichkeiten erkennen kann, läßt sich auf einer Meta-Ebene der mit den ADL-Prozessen verbundene Informationsfluß darstellen, um ihn markt- und leistungsgerechter zu gestalten[1].

Die Informations- und Kommunikationssysteme der Unternehmen sind nämlich, anders als ihr Name es suggeriert, meistens nicht systematisch entstanden, sondern in Form von einzelnen, zum Teil voluminösen Anwendungen und nach dem Kriterium, in welchen Aufgabenbereichen durch Datenverarbeitung die größten Rationalisierungsgewinne zu erzielen sind.

---

[1] Vgl. DAVID STRINGER: Managing Information within Business – an Executive Responsibility; Canadian Business Journal, Spring 1979

Wenn man daher heute die Anwendungslandschaft der Datenverarbeitung auf der „Topographie" der ADL-Prozesse aufträgt, dann entsteht meistens ein völlig unzusammenhängendes Bild: Die Datenverarbeitung unterstützt nicht die ADL-Prozesse, sondern nur einzelne abwicklungsorientierte operative Aufgabenbereiche. Das gleiche gilt für die Anwendungen der Telekommunikation und der Büroautomation.

Ein Unternehmen der chemischen Industrie stellte auf diese Weise kürzlich fest, daß zwar jeweils Teile des Produktbereitstellungs-, des Logistik- und des Auftragsabwicklungs-Prozesses seit Jahren mit Hilfe der DV bearbeitet wurden, daß aber weite Strecken dieser Prozesse nicht bedacht worden waren, so daß vom Markt her gesehen das Unternehmen weiterhin langsam und ineffizient wirken mußte. Wie war es dazu gekommen?

Die Informationssysteme der Unternehmen wurden und werden in der Regel von Systemanalytikern aus der DV-Welt konzipiert, die sich mit den einzelnen Leistungseinheiten und Funktionsbereichen auseinandersetzen und die Frage stellen: „Wie arbeitet die Leistungseinheit heute und welche Informationen werden dazu benötigt?"

Diese Systemanalytiker haben typischerweise keine eigene unternehmerische Führungserfahrung und kennen die ADL-Prozesse nicht. Sie können daher nicht berücksichtigen, ob das Unternehmen insgesamt „richtig" organisiert ist, sie orientieren sich an der Ist-Organisation und beschränken sich auf Teilbereiche. Dadurch entwickeln sie im Endeffekt datentechnische Lösungen, die zwar zu einer Rationalisierung und Automatisierung von Teilprozessen führen, die damit aber die grundlegende Problematik nicht überwinden helfen, sondern eher zementieren.

So erleben wir in den meisten Unternehmen, daß die Anwendungen der Datenverarbeitung inflexibel auf die bestehende Organisation und auf die gerade gültigen Parameter des Geschäfts festgelegt sind und organisatorische Veränderungen oder neue strategische Vorhaben behindern. Solche Unternehmen können aus zweierlei Gründen keine Hochleistungsorganisationen sein, auch wenn sie immer mehr in ihre Informations- und Kommunikationssysteme investieren: Ihre Leistungsprozesse sind organisatorisch in zu viele Teilprozesse zergliedert, die nicht auf das gemeinsame Ziel – die Erfüllung der wettbewerbskritischen Erfolgsfaktoren – hin zusammenwirken, und die Informations- und Kommunikationssysteme erfüllen nicht ihren wichtigsten Zweck, nämlich den Überblick über die für die Leistungsprozesse erforderlichen Zusammenhänge zu verschaffen. Durch die Informationssysteme wird vielmehr eine künstliche Arbeitsteiligkeit aufrecht erhalten, die die leistungsprozeßgerechte Zusammenarbeit der Funktionsbereiche erschwert.

Den Benutzern der Systeme in diesen Unternehmen ist meistens unterschwellig bewußt, daß sie suboptimal arbeiten, daß etwas in ihrer Leistungserbringung nicht klappt. Sie fordern daher immer wieder Änderungen oder Ergänzungen „ihrer" Anwendungen.

Die Verantwortlichen der Informations- und Kommunikationssysteme stehen so ständig vor einer Warteschlange von Änderungswünschen, denen gegenüber ihnen die Kriterien und die unternehmerische Kompetenz fehlen, um die Berechtigung dieser Wünsche zu bewerten.

Um aus diesem Dilemma herauszufinden, müssen Strategieentwicklung, Organisationsentwicklung und Gestaltung der Informationsprozesse wieder stärker Hand in Hand gehen und dürfen nicht den Spezialisten überlassen bleiben.

Dazu muß das „organizational learning" der Organisationsmitglieder auch die leistungsprozeßgerechte Gestaltung der Informationsstrukturen mit einbeziehen.

Hierzu gehört nicht nur, daß die Organisationsmitglieder erkennen, welche aggregierten, differenzierungsfähigen Leistungsprozesse im Unternehmen ablaufen, und daß sie einordnen können, welchen Leistungs- und Verhaltensbeitrag sie selber dazu erbringen – sie müssen auch miterkennen und mitbestimmen, welcher Informationsprozeß die ADL-Prozesse unterstützen soll. Ihr eigener Informationsbedarf und die von ihnen erzeugten Informationen müssen sich jeweils aus ihrem gezielten Beitrag zu einem ADL-Prozeß ableiten und als integraler Bestandteil einer „Informationslandschaft" des Unternehmens darstellen lassen.

Dieser Lernprozeß erfordert es, wiederum von den wettbewerbskritischen Erfolgsfaktoren und den ADL-Prozessen auszugehen und zu ermitteln, *wo Schwachstellen der Leistungsprozesse durch unangemessene oder falsch strukturierte Informations- und Kommunikationssysteme bedingt werden.*

So wie die Produktivität und die Zeiteffizienz der ADL-Prozesse gesteigert werden können, indem die Zahl der Leistungseinheiten und Schnittstellen verringert und das Verhalten aller involvierten Funktionsbereiche auf ein gemeinsames Ziel hin abgestimmt wird, so bewirkt die leistungsprozeßgerechte Strukturierung der „Informationslandschaft" eine enorme Produktivitätssteigerung. Diese Produktivitätssteigerung schlägt sich nicht in erster Linie in Rationalisierungseffekten, sondern in einer Erhöhung der strategischen Fokussierung und Flexibilität des Unternehmens nieder.

Im folgenden wollen wir diese Möglichkeiten der Leistungssteigerung am Beispiel des vorhin schon genannten Chemieunternehmens nachvollziehen.

2.1 Leistungsprozesse als Grundstruktur für Informations- und Kommunikationsprozesse

Wir wurden hinzugezogen, weil das Unternehmen, ein Hersteller von petrochemischen Veredelungsprodukten, sich in massive Investitionsvorhaben im Bereich der Datenverarbeitung engagiert hatte, deren Sinnhaftigkeit immer stärker in Frage gestellt wurde.

Der Ansatz der Systemverantwortlichen des Unternehmens bestand darin, möglichst alle Belange des Informationsmanagements im Unternehmen durch ein komplexes Gesamtsystem zu befriedigen.

Dazu hatten sie zwar Anwenderbefragungen durchgeführt und einen begleitenden Anwenderausschuß gebildet. Aber die Summe der Anforderungen, die von den einzelnen Anwenderbereichen angemeldet wurde, führte zwangsläufig zu dem komplexen Ansatz. Weitere Wünsche verursachten immer weitere Verfeinerungen und Abhängigkeiten im System. Die Kosten des Entwicklungsvorhabens gingen so immer mehr in die Höhe, und die Entwicklungszeit zog sich in die Länge.

Je mehr das System Gestalt annahm, um so deutlicher wurden Äußerungen der Anwender, daß die entwickelten Lösungen sie nicht zufriedenstellten und daß die Kosten ihnen zu hoch erschienen.

Was war das Problem? Die einzelnen Anwenderabteilungen hatten, als sie aufgefordert wurden, ihren Informationsbedarf zu benennen, jeweils nur ihre derzeitigen Aufgaben vor Augen, für deren Bewältigung sie eine möglichst umfassende Lösung suchten. Ihre Unsicherheit über die strategisch entscheidenden Leistungen veranlaßte sie, ihre Anforderungen an die Informationssysteme hochzuschrauben.

Die Systemverantwortlichen dagegen versuchten, die vielfältigen Einzelinteressen mit einer perfektionistischen Gesamtlösung abzudecken, in der sie durch alle möglichen Querbezüge, durch eine umfassende Datenbank und durch komplexe Verarbeitungsprozeduren die funktionalen Zusammenhänge herstellen wollten, die sie in eine Fülle von einzelnen Informationsanforderungen hineininterpretierten.

Dabei waren sie zu weit gegangen, weil sie selber keine Prioritäten setzen konnten und aus perfektionistischem Trieb, aber auch aus Absicherungsdenken heraus, alle Eventualitäten abdecken wollten. Sie hatten aber gleichzeitig auch die derzeitigen Organisationsstrukturen und Merkmale der Geschäftsabwicklung als unveränderliche Gegebenheiten hingenommen und ihr System darauf abgestellt.

Jede kleinere Veränderung der Daten oder der Informationsanforderungen hatte nun Auswirkungen auf eine Vielzahl von Systembereichen.

Sollten neue Produkte eingeführt werden, so waren dafür keine Positionen in der Produktstammdatei vorgesehen; sollte ein neues Abrechnungsverfahren gegenüber dem Kunden angeboten werden, so waren dafür im System keine Vorkehrungen getroffen; sollte das Artikelnummerschema aus Logistikgründen verändert werden, so waren damit massive Änderungsarbeiten an vielen Stellen des Systems verbunden.

Das Unternehmen war in seiner Leistung zum Markt hin gehandikapt. Die entscheidenden Leistungsprozesse blieben in ihren undurchdachten Zickzackabläufen und mit ihren ineffizienten Übergängen von einer Organisationseinheit zur anderen erhalten.

Wir deckten diesen Tatbestand auf, indem wir zunächst einmal die wettbewerbskritischen Erfolgsfaktoren bestimmten und den Mitarbeitern des Unternehmens gegenüber verdeutlichten.

Es stellte sich beispielsweise heraus, daß die Kunden Tag für Tag Preisvergleiche anstellten und ihre Kaufentscheidungen von schnellen Preisanpassungen der Anbieter abhängig machten. Eine Herausforderung an das Unternehmen bestand daher darin, seinen Kunden gegenüber Veränderungen bei den Rohstoffpreisen unverzüglich durch korrigierte Preise der eigenen Produkte weitergeben zu können, gestaffelt nach Warensorten und Mengen. Die Kunden forderten auch zunehmend, daß der gesamte Marktkommunikations-Prozeß elektronisch verzahnt wurde, um ihn wesentlich zu vereinfachen: Sie wollten die Aufträge per Datenübertragung eingeben, so daß die Lieferanten daraus automatisch die Transportaufträge an die Läger ableiten und die dazugehörigen Rechnungen wiederum elektronisch an die Kunden versenden konnten; die Kunden wollten dann ihrerseits elektronische Zahlungsanweisungen an ihre Bank geben können, sobald die Waren eingetroffen und der Zahlungstermin erreicht war.

Wettbewerbskritische Erfolgsfaktoren waren daher eine hohe Reaktionsgeschwindigkeit bei der Preisfindung und die Fähigkeit, durch „Verzahnung" der Systeme mit den Kunden die Produktbereitstellung, Logistik und Auftragsabwicklung äußerst dynamisch zu gestalten.

Daß das Unternehmen bei diesen und anderen Erfolgsfaktoren im Vergleich zum Wettbewerb schlecht abschnitt, lag in erster Linie daran, daß die dazu erforderlichen ADL-Prozesse schlecht organisiert waren und, als Folge davon, durch die Informationssysteme nicht unterstützt wurden.

Erst bei der gemeinsamen Betrachtung der wettbewerbskritischen Erfolgsfaktoren und bei der Frage, wie denn das Unternehmen sein ganzes Verhalten auf die Erfüllung dieser Erfolgsfaktoren ausrichten könne, erkannten die Organisationsmitglieder, daß enorme Schwachstellen der marktorientierten Leistungserbringung bestanden, und zwar in nahezu allen Leistungsprozessen.

Das lag hauptsächlich daran, daß im Unternehmen die funktionale und hierarchische Abschottung und Fragmentierung zu groß war. Beispielsweise war die enge Verbindung von Einkauf, Auftragsbearbeitung und Lager- und Transportlogistik nicht als Voraussetzung eines effizienten Marktkommunikations-Prozesses erkannt worden – die Funktionen „taten ihre Pflicht" für sich allein, mit einem Mindestmaß an Informationsaustausch, aber sie hatten bisher die strategischen Vorteile nicht gesehen, die aus der gemeinsamen Ausrichtung auf hohe Flexibilität bei der Preistaktik und Produktbereitstellung entstehen konnten.

Es wurde allen Beteiligten klar, daß sie in Zukunft der effizienten Gestaltung der Leistungsprozesse die oberste Priorität beimessen mußten und daß dazu eine strikt leistungsprozeßorientierte Aufstellung der Funktionen erforderlich war. Aus den so optimierten Prozeßketten konnten dann die Grundstrukturen für die zu entwickelnden Informations- und Kommunikationssysteme abgeleitet werden. Ziel mußte es sein, alle in einem Leistungsprozeß zusammenhängenden Funktionen jeweils durch ein System zu bedienen, gleichzeitig aber die einzelnen Leistungsprozesse informationstechnisch zu entkoppeln, um ihre „Bewegungsfreiheit" zu erhöhen.

Um daraus die Randbedingungen für die Gestaltung der Informations- und Kommunikationssysteme abzuleiten, durchschritten wir mit einem Team von Vertretern der einzelnen Funktionsbereiche des Unternehmens einen Bewertungs- und Korrelationsprozeß, bei dem wir

– das Stärken-/Schwächen-Profil bezüglich der Erfüllung der wettbewerbskritischen Erfolgsfaktoren ermittelten (siehe Abbildung 2-1); hierzu führten wir, wie in Kapitel 1 beschrieben, eingehende Gespräche mit ausgewählten Kunden des Unternehmens durch,
– die ADL-Prozesse charakterisierten, die im Unternehmen zur Erfüllung der wettbewerbskritischen Erfolgsfaktoren ablaufen müssen, und herausarbeiteten, welche der ADL-Prozesse eine hohe Auswirkung auf die einzelnen Erfolgsfaktoren haben (siehe Abbildung 2-2); dazu übertrugen wir die Grundkonzepte der ADL-Prozesse auf die spezifischen Leistungsformen in der Branche und analysierten die Leistungserbringung ausgewählter Wettbewerber,
– aus der Wechselbeziehung zwischen Erfolgsfaktoren und Leistungsprozessen die Hebelpunkte ableiteten, wo Verbesserungen bei den ADL-Prozessen zu einer deutlichen Steigerung der

Das Unternehmen erfüllt die wettbewerbskritischen Erfolgsfaktoren unterschiedlich gut - warum?
(Bewertungsskala: 5 = sehr gut, 1 = sehr schlecht)
(Beispiel)

Wettbewerbskritische Erfolgsfaktoren	Gewichtung	Betrachtetes Unternehmen	Wettbewerber 1	Wettbewerber 2	Wettbewerber 3
Schnelle Reaktion auf Preisschwankungen im Markt	1.0	3	4	2	5
Kurze Lieferzeiten, verläßliche Liefertermine	0.8	3	4	3	5
Eingehen auf spezifische Anwendungsanforderungen der Kunden	0.7	5	3	3	2
Genaue Kenntnis der Kundenprozesse und -ausrüstung	0.6	5	3	2	2
Effizientes Feedback vom Markt in die Entwicklung	0.8	3	3	3	3
Marktgerechtes Produktsortiment	1.0	4	4	3	5
Gesamtbewertung	24.5	18.3	17.5	13.1	19.0

Abb. 2-1

Charakterisierung der ADL-Prozesse nach Wirkung auf die Erfüllung der wettbewerbskritischen Erfolgsfaktoren

Wettbewerbskritische Erfolgsfaktoren	Kundennutzen-Optimierungs-Prozeß	Marktkommuni-kations-Prozeß	Produkt-/Lei-stungsbereit-stellungs-Prozeß	Logistik- und Service-Prozeß
Schnelle Reaktion auf Preisschwankungen im Markt	★	★★★	★★	★
Kurze Lieferzeiten, verläßliche Liefertermine		★	★★	★★★
Eingehen auf spezifische Anwendungsanforderungen der Kunden	★★★	★★	★★	★
Genaue Kenntnis der Kundenprozesse und -ausrüstung	★	★★★		
Effizientes Feedback vom Markt in die Entwicklung	★★	★★★	★	
Marktgerechtes Produktsortiment	★★★	★★	★★★	★★
Gesamtbewertung	10	(14)	10	7

Abb. 2-2

Hebelpunkte für die Steigerung der Markt- und Wettbewerbsleistung

Markt- und Wettbewerbsposition (Stark / Mittel / Schwach)	Wettbewerbskritische Erfolgsfaktoren	Kundennutzen-Optimierungs-Prozeß	Marktkommuni-kations-Prozeß	Produkt-/Lei-stungsbereit-stellungs-Prozeß	Logistik- und Service-Prozeß
←● (Mittel)	Schnelle Reaktion auf Preisschwankungen im Markt	★	★★★	★★	★
←● (Mittel)	Kurze Lieferzeiten, verläßliche Liefertermine		★	★★	★★★
←● (Stark)	Eingehen auf spezifische Anwendungsanforderungen der Kunden	★★★	★★	★★	★
←● (Mittel)	Genaue Kenntnis der Kundenprozesse und -ausrüstung	★	★★★		
←● (Mittel)	Effizientes Feedback vom Markt in die Entwicklung	★★	★★★	★	
←● (Stark)	Marktgerechtes Produktsortiment	★★★	★★	★★★	★★
←○ (Mittel)	Gesamtbewertung	10	(14)	10	7

Leistungsposition pro ADL-Prozeß	Kundennutzen	Marktkommunikation	Produkt-/Leistung	Logistik/Service
Stark			●	
Mittel	●			
Schwach		●		●

Abb. 2-3

Markt- und Wettbewerbsleistung des Unternehmens zu führen versprachen (siehe Abbildung 2-3);
es war wichtig, daß möglichst viele Organisationsmitglieder in diese Analyse einbezogen wurden, um das Bewußtsein der entscheidenden Leistungen des Unternehmens zu schärfen und die Bereitschaft zu Veränderungen zu erhöhen,
– das Stärken-/Schwächen-Profil der ADL-Prozesse mit den wichtigsten Anforderungen an die Informations- und Kommunikationssysteme in Beziehung setzten und hieraus den potentiellen

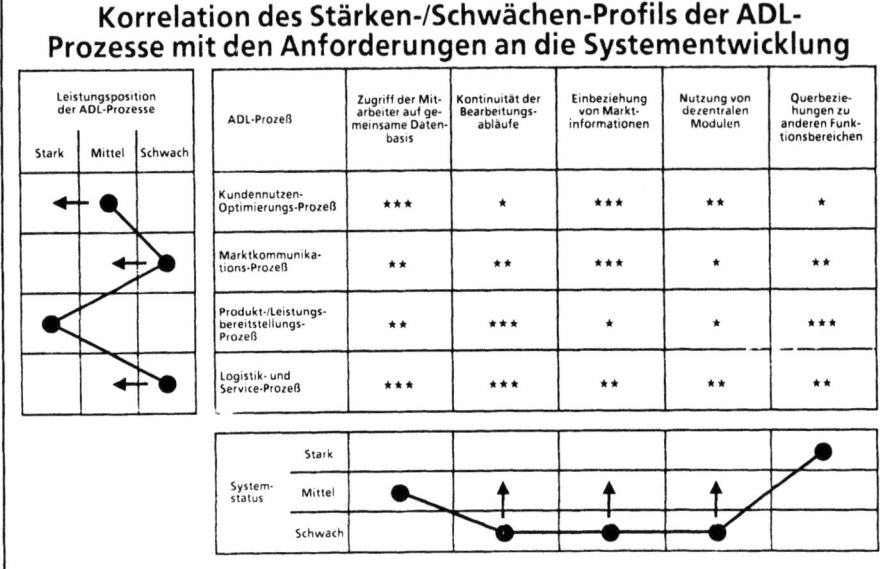

Abb. 2-4

Beitrag der Systeme zu einer Produktivitätssteigerung der ADL-Prozesse ableiteten (siehe Abbildung 2-4);
dieses Vorgehen verdeutlichte dem Unternehmen und insbesondere den Systemverantwortlichen zum ersten Mal, welche Gestaltungsanforderungen bei der Systementwicklung eingehalten werden mußten.

Als Voraussetzung einer leistungsprozeßgerechten Anwendungsentwicklung erwies sich damit, die vom Markt und Wettbewerb abgeleiteten Anforderungen an die Leistungsprozesse in Anforderungen an Informationsbereitstellung zu übersetzen.

Die gemeinsame Analyse der Funktionen und ihres Beitrags pro ADL-Prozeß wurde damit zur Grundlage der Weiterentwicklung der Informations- und Kommunikationssysteme.

2.2 Funktionsbereiche und Führungsebenen

Während traditionellerweise bei der Anwendungs- und Systementwicklung von den bestehenden Organisationseinheiten und dem von ihnen angemeldeten Informationsbedarf ausgegangen wird (und in einer Art von technischem Größenwahn versucht wird, die hierbei zutage tretenden Maximalforderungen zu erfüllen), orientiert sich die von Hochleistungsorganisationen verfolgte Anwendungs- und Systementwicklung primär an den strategisch wichtigen Leistungsabläufen.

Den einzelnen ADL-Prozessen werden hierbei zunächst einmal alle Funktionen zugeordnet, die von Anfang bis Ende der ADL-Prozesse in Aktion treten müssen. Daß diese Funktionen in der bestehenden Organisation unter Umständen von unterschiedlichen Organisationseinheiten ausgeübt werden, ist dabei zunächst uninteressant. Allerdings wird auf diese Weise bereits deutlich, ob ein gegebener ADL-Prozeß dadurch beeinträchtigt ist, daß in der derzeitigen Organisationsstruktur eine hohe Zahl von Schnittstellen überwunden und unterschiedliche Anwendungssysteme benutzt werden müssen.

Entscheidend für die Ausschöpfung des Produktivitätspotentials ist es zu erkennen, daß jeder ADL-Prozeß aus vier Ebenen besteht, die aufeinander abgestimmt werden müssen: den Ebenen der Zielsetzung, der Planung, des Controlling und der operativen Durchführung (siehe Abbildung 2-5). Nur wenn die Aufgaben auf diesen vier Ebenen durch klar zu-

Jeder ADL-Prozeß besteht aus vier Ebenen, die aufeinander abgestimmt werden müssen

Beispiel: Marktkommunikations-Prozeß	Unternehmensleitung	Vertriebsleitung	Vertriebssteuerung	Product Management	Außendienst Service Abwicklung
Ebene der Zielsetzung					
Ebene der Planung					
Ebene des Controlling					
Ebene der operativen Durchführung					

Abb. 2-5

geordnete Funktionsbereiche voll wahrgenommen werden und wenn zwischen ihnen eine enge Rückkoppelung besteht, kann der jeweilige ADL-Prozeß wirkungsvoll und zielgerecht gesteuert werden. Nur so entsteht hohe marktrelevante Leistung.

In dem hier behandelten Unternehmensbeispiel wurde die Zielsetzungsebene des Marktkommunikations-Prozesses durch die Funktion „Definition und Verfolgung einer Marktstrategie" wahrgenommen, die eine enge Abstimmung mit der Unternehmensstrategie und mit der Produktstrategie sichern mußte.

Auf der Planungsebene mußten im Marktkommunikations-Prozeß die Absatzplanung, die Logistikplanung, die Planung der Verkaufsförderung und Vertriebsaktivitäten sowie die Verbindung zur Warenwirtschaft und zur Produktionsplanung abgedeckt werden.

Daraus ergaben sich die Funktionen, die auf der Controlling-Ebene abgedeckt werden mußten.

Auf der Ebene der operativen Durchführung schließlich waren die Funktionen Vertriebs- und Serviceorganisation, Verkaufs- und Auftragsabwicklung, Kalkulation, Verkaufsförderung usw. angesiedelt. Querbeziehungen mußten hier zur Lagerwirtschaft, zur Transportmitteldisposition, zur Debitorenbuchhaltung und zum Einkauf hergestellt sein.

Ähnlich konnten für alle anderen ADL-Prozesse die erforderlichen Funktionen auf den vier Ebenen bestimmt und die notwendigen Querbeziehungen zu den anderen ADL-Prozessen charakterisiert werden.

Durch dieses Vorgehen entstand eine funktionale „Anatomie" des Geschäfts, ohne daß die bestehende Organisationsstruktur des Unternehmens mit ihren Zufälligkeiten, Eigeninteressen, Animositäten, Machtkämpfen und Kompromissen eine verzerrende Wirkung ausübte.

Wie sah die Wirklichkeit aus? Durch den Vergleich der funktionalen Anatomie mit den realen Gegebenheiten im Unternehmen ließen sich enorme Schwachstellen aufdecken:

— wesentliche Funktionen auf der Zielsetzungs-, Planungs- und Controllingebene wurden in der Ist-Organisation nicht ausgeübt oder auf der falschen Ebene unzureichend mit übernommen; so gab es im Marktkommunikations-Prozeß keine oder nur rudimentäre Zielsetzungs- und Controllingfunktionen, so fehlten im Rentabilitäts- und Liquiditätssicherungs-Prozeß die Funktio-

nen des Plan-/Ist-Controlling, der Deckungsbeitrags- und Erlössteuerung nach Produkt- und Kundengruppen und der Profit-Center-Steuerung,
- zwischen einzelnen Funktionen der ADL-Prozesse bestanden unzureichende Abstimmungs- oder Kooperationsbeziehungen, weil sie von unterschiedlichen Organisationseinheiten wahrgenommen wurden, die anderen als den ADL-Prozessen die oberste Priorität beimaßen;
so standen im Produkt-/Leistungsbereitstellungs-Prozeß die Produktionsfunktion mit ihrem Ziel der Kapazitätsauslastung und die Logistikfunktion mit ihren Lieferzielen in ständigem Konflikt,
- einzelne Funktionen waren in ihrem Verständnis in den falschen ADL-Prozessen angeordnet und leisteten keinen oder nur einen widerstrebenden Beitrag zu dem ADL-Prozeß, dem sie eigentlich dienen sollten;
so verstand sich die Kalkulation als Funktion des Rentabilitäts- und Liquiditätssicherungs-Prozesses und verhinderte dadurch strategische und taktische Erfolge im Marktkommunikations-Prozeß.

Die Schwachstellen konnten zu einem großen Teil durch die in Kapitel 1 beschriebenen ablauf- und strukturorganisatorischen Maßnahmen abgebaut werden. Aber ihre Überwindung erforderte auch eine Überwindung der Informations- und Kommunikationsbarrieren, die durch die bestehenden Systeme entstanden waren.

Dazu mußte die Analyse der funktionalen Anatomie des Unternehmens durch die der Anatomie der Informationsbeziehungen ergänzt werden.

Wir mußten die Frage stellen, über welche Objekte die einzelnen Funktionen innerhalb eines ADL-Prozesses Informationen benötigten und wie sie mit diesen Informationen den Leistungsprozeß beeinflußten. „Objekte" waren hier beispielsweise Kunden, Märkte, Verkäufer, Rechnungen, aber auch Verkaufspläne, Verkaufsaufträge, Bestellungen und Umsätze.

Die zweite Frage war, wie die Objekte zu beschreiben waren und wie die Funktionen zu den von ihnen benötigten Informationen kommen konnten. Es wurde allen klar, daß nicht die Systemverantwortlichen des Unternehmens diese Frage beantworten konnten und durften, sondern daß hierzu eine umfassende Kenntnis der Geschäftspraktiken und ein eingehendes Verständnis der strategischen und operativen Anforderungen an das Unternehmen notwendig war.

Es wurde offensichtlich, daß – um ein strategisches Informationsmanagement aufzubauen – die Aufgabe der Anwendungs- und Systementwicklung neu zwischen den Anwendern und den Systementwicklern verteilt werden mußte.

Denn in Hochleistungsorganisationen verstehen und bestimmen die Verantwortlichen in den einzelnen Leistungsbereichen selber, wie sie durch geschickte und effiziente Nutzung von Informationen Wettbewerbsvorsprünge für ihr Unternehmen herausholen können. Die systemtechnische Aufgabe besteht dann nur noch in einer Umsetzung der leistungsprozeßbezogenen Konzepte des Informationsmanagements.

Um Anwender in die Lage zu versetzen, in eigener Verantwortung die Informationsprozesse zu konzipieren und zu gestalten, die sie zur Unterstützung der ADL-Prozesse benötigen, haben wir einen völlig neuen Ansatz des strategischen Informationsmanagements entwickelt und in einer Reihe von Unternehmen einzuführen geholfen. Dieser Ansatz baut auf der Rolle des Geschäftssystem-Managers („Business Information Manager") auf, der auf der Anwenderseite zum ständigen Gesprächspartner der technischen Systemverantwortlichen wird.

2.3 Strategisches Informationsmanagement

Die Unterteilung in Geschäftssystem-Management („Business Information Management") und technisches Systemmanagement („Technical Systems Management") hat zum Zweck, die Verantwortlichen für die unternehmerischen Ziele, für die Geschäftsstrategien und für die Leistungsprozesse in einen permanenten Wissens- und Erfahrungsaustausch über die wirkungsvolle unternehmerische Nutzung von Information einzubinden.

Die Verantwortlichen für die Leistungsprozesse und einzelnen Funktionen in diesen Leistungsprozessen sollen auf diese Weise auch die Verantwortung für die Bestimmung der erforderlichen Informationen und deren effiziente, zielgerichtete Kommunikation übernehmen.

Die Verantwortlichen für die technischen Systeme dagegen sollen die informationstechnische Kompetenz einbringen, um die für die Informationsprozesse geeignetste Systemunterstützung bereitstellen zu können. Dazu müssen sie eng mit den Geschäftssystem-Managern zusammenarbeiten und die ökonomischsten und am schnellsten realisierbaren Lösungen der technischen Unterstützung anbieten.

Wer soll das Geschäftssystem-Management übernehmen? Es gibt zwei Vorgehensweisen, die unserer Erfahrung nach funktionieren: Entweder wird eine schon vorhandene Position im Rotationsverfahren mit dem Geschäftssystem-Management betraut oder es wird eine neue Position geschaffen, die im Rotationsverfahren mit einem Mitglied des Leistungsbereichs besetzt wird. Der Geschäftssystem-Manager berichtet dann jeweils an die für einen größeren Leistungsbereich oder für einen ADL-Prozeß verantwortliche Führungskraft und ist beauftragt, in enger Zusammenarbeit mit den Organisationsmitgliedern seines Leistungsbereichs sowie mit den Geschäftssystem-Managern der anderen Leistungsbereiche nach immer wieder verbesserten und strategiegerechteren Formen der Informationsnutzung zu suchen.

Die Zusammenarbeit zwischen den Geschäftssystem-Managern und den technischen Systemmanagern muß sich auf vier Ebenen abspielen:

- der Entwicklung und Verfolgung einer Informationssystem-Strategie,
- der Systementwicklung,
- der Gestaltung der Systemarchitektur und
- dem Systembetrieb.

Auf den Abbildungen 2-6 bis 2-9 ist die Verantwortungsverteilung zwischen „dem" Geschäftssystem-Manager und „dem" technischen Systemmanager beschrieben.

Daraus wird deutlich, daß die Planung der Anwendungsentwicklung, die Spezifikation der Anforderungen, das Design der Informationsstrukturen, die Gestaltung der Datenarchitektur, die organisatorische Einführung und die Unterstützung der Organisationsmitglieder bei der effizienten Nutzung der Informations- und Kommunikationssy-

Verantwortungsverteilung zwischen Geschäftssystem-Manager und Technischem Systemmanager

Entwicklung und Verfolgung einer Informationssystem-Strategie	Geschäftssystem-Manager	Technischer Systemmanager
Aufstellen Anwendungsentw. plan	X	
Definition von Anwendungsprioritäten	X	
Aufstellen Infrastrukturentw. plan		X
Aufstellen IS-Gesamtplan (Business Plan)		X
Überwachen IS-Gesamtplan		X
Definition Policies/Guidelines/Standards		X
Überwachen Policies/Guidelines/Standards		X
Training Anwender über I.T./IS-Strategie		X

Abb. 2-6

Verantwortungsverteilung zwischen Geschäftssystem-Manager und Technischem Systemmanager

Systementwicklung	Geschäftssystem-Manager	Technischer Systemmanager
Spezifikation von Anforderungen	X	
Fachliches Design	X	
Systemtechnisches Design		X
Programmierung		X
Technische Implementierung		X
Abnahmetest	X	
Organisatorische Einführung	X	
Anwendungs-Training	X	
Ad hoc Information Retrieval	X	
Festlegen Verrechnungssätze		X
Abrechnen IS-Aufträge		X

Abb. 2-7

Verantwortungsverteilung zwischen Geschäftssystem-Manager und Technischem Systemmanager

Architekturplanung	Geschäftssystem-Manager	Technischer Systemmanager
Architekturplanung (Hardware/Software)		X
HW/SW-Auswahl		X
Kapazitätsplanung Hardware		X
Kapazitätsüberwachung Hardware		X
Führen HW/SW-Inventar		X
Architekturplanung (Daten)	X	
Datenbankadministration (multi-user)		X
Definition Zugriffsberechtigung	X	
Sichern Zugriffsschutz		X

Abb. 2-8

steme als Aufgaben des Geschäftssystem-Managers anzusehen sind. Um diesen Aufgaben gerecht zu werden, benötigt der Geschäftssystem-Manager eine Service-Gruppe, deren Mitglieder typischerweise dadurch gewonnen werden können, daß Mitarbeiter der bisherigen zentralen IS-Funktion (IS = Informationssystem) in die Anwenderbereiche verlagert werden. Nur die für die Weiterentwicklung, den Betrieb und die Wartung der zentralen Systeme erforderlichen Mitarbeiter bleiben dagegen in der zentralen IS-Funktion angesiedelt.

Allerdings dürfen Geschäftssystem-Manager nur eine begrenzte Zeit mit dieser Aufgabe betraut sein, weil sie sonst Gefahr laufen, ihrerseits zu System-

Verantwortungsverteilung zwischen Geschäftssystem-Manager und Technischem Systemmanager

Systembetrieb	Geschäftssystem-Manager	Technischer Systemmanager
Rechnerbetrieb mit hoher technischer Expertise (Operating, AV/AN, Datensicherung)		X
Rechnerbetrieb ohne hohe technische Expertise (Operating, AV/AN, Datensicherung)	X	
Systemprogrammierung		X
Netzwerkmanagement		X
First-Line-Support	X	
Second-Line-Support		X
Last-Level Support		X

Abb. 2-9

spezialisten zu werden, die kein ausreichendes Verständnis mehr für die Leistungsprozesse und die strategischen und operativen Belange des Unternehmens besitzen. Nach zwei bis drei Jahren muß der gediente Geschäftssystem-Manager wieder in eine Anwendungsposition zurückgehen und eine neue Führungskraft aus dem Anwenderbereich diese Aufgabe übernehmen.

Durch diese Job-rotation kann sichergestellt werden, daß der Geschäftssystem-Manager immer eine ausreichende Nähe zu den ADL-Prozessen und zu den strategischen und operativen Belangen des Unternehmens behält und daß andererseits ein ständiges „organizational learning" über die Zusammenhänge zwischen ADL-Prozessen und Informationsprozessen stattfindet.

Die Projektleiter für neue Anwendungsentwicklungen sollten jeweils aus den Service-Gruppen der Geschäftssystem-Manager rekrutiert werden, so daß die Projektverantwortung in den Leistungsbereichen angesiedelt bleibt, für die die Informations- und Kommunikationssysteme entwickelt werden.

Die Arbeit der Geschäftssystem-Manager muß durch ein unternehmensweites Steuerungsgremium koordiniert werden. Aufgabe dieses Steuerungsgremiums, in dem die Führungskräfte aus den wichtigsten Leistungsbereichen bzw. die Verantwortlichen für die einzelnen ADL-Prozesse vertreten sein sollten, ist es, bei insgesamt knappen Ressourcen Prioritäten zu setzen, Kapazitäten zu verlagern, Querschnittsanwendungen zu ermöglichen und einen unternehmensweiten Anwendungsentwicklungsplan zu erstellen sowie seine Verfolgung zu überwachen.

Die Aufgaben der Geschäftssystem-Manager und ihrer Service-Gruppen sind im Anhang im Detail beschrieben.

Zweifellos bedingt dieses Konzept des strategischen Informationsmanagements, daß die Führungskräfte und in gewissem Maß alle Organisationsmitglieder eines Unternehmens mit Verantwortung für die Gestaltung der Informationsprozesse konfrontiert werden.

Aber mit weiteren Generationswechseln in den Unternehmen nähern wir uns zusehends einer Situation, in der die Mehrheit der Mitarbeiter, auch der Führungskräfte, mit der Informationstechnik „spielend" umzugehen verstehen und die Konzepte der Leistungs- und Informationsprozesse als Grundstruktur des ihnen vorschwebenden Unternehmensmodells „intus" haben.

Die Unternehmensleitung muß in diesem Fähigkeits- und Verhaltenswandel die Führung behalten

– sie muß selber die neuen Konzepte durchdringen und die Lernprozesse im Unternehmen darauf ausrichten, damit die Verantwortungsverschiebung zu den Anwendern der Informations- und Kommunikationssysteme hin stattfinden kann.

Für die Hochleistungsorganisationen, die wir kennen, sind die Themen Management-Informationssystem und „Chief Information Manager" (Vorstand Informationssysteme) kein Thema mehr. Jedes Vorstandsmitglied wird zum Chief Information Manager für mindestens einen ADL-Prozeß. Die effiziente und leistungsprozeßorientierte Nutzung von Information und die Gestaltung der Informationsstrukturen ist bei ihnen zur Aufgabe der Leistungsbereiche selber geworden. Das Ziel ist allen klar: Informationsvorsprung und Besser-Informiertsein, um die wettbewerbskritischen Erfolgsfaktoren im Markt besser zu erfüllen.

Über diese Erfolgsfaktoren nachzudenken und sie so kreativ wie möglich zu erfüllen, ist eine wesentliche Voraussetzung für strategisches Informationsmanagement.

Strategisches Informationsmanagement im hier beschriebenen Sinn hilft dann wiederum, die Leistungsprozesse im Unternehmen wirkungsvoll zu aggregierten, differenzierungsfähigen Leistungsprozessen zu verknüpfen und auf die Erfüllung der wettbewerbskritischen Erfolgsfaktoren auszurichten.

„Systems thinking, and in particular systems dynamics, is a powerful tool to facilitate both individual and organizational learning", befindet Ray Stata [2]. Und: „Control is an illusion – compelling in the short term, but unachievable in the long term. If we keep organizational learning in mind as a goal of information systems design, then we are more likely to generate the information and knowledge that managers need to take effective action".

Wie die Verbindung zwischen ADL-Prozessen und Informationsprozessen durch neue Organisationsformen intensiviert und zur Hochleistung genutzt werden kann, zeigen wir in den Kapiteln 4 und 5 am Beispiel des ADL-orientierten Projektmanagements und Key-Account-Managements.

---

[2] Vgl. RAY STATA: Organizational Learning – The Key to Management Innovation; Sloan Management Review, Spring 1989

Anhang zu Kapitel 2

Aufgaben des Geschäftssystem-Managers und seiner Service-Gruppe

Anwendungsentwicklungsplanung

- Jährlich aktualisierter 3 bis 5-Jahresplan über die Weiterentwicklung der Anwendungslandschaft, unter Berücksichtigung der Lebenszyklen von Anwendungssystemen und den geschäftsstrategischen Anforderungen.
- Regelmäßige Überprüfung der existierenden Systemlandschaft nach Kosten-/Nutzen-Gesichtspunkten.
- Langfristige Prognose des IS-Kapazitätsbedarfs (Personal- und Hardware-Ressourcen).
- Berichterstattung über Anwendungsentwicklungsplan als Teil des Geschäftsplans.

Festlegung von Anwendungsprioritäten

- Festlegung von Prioritäten innerhalb der Leistungsbereiche, wenn kurz- und mittelfristige Kapazitätsanforderungen den langfristigen Kapazitätsausblick übersteigen und ein Kapazitätsausgleich durch Kontraktoren nicht möglich ist.
- Leistungsprozeßübergreifenden Kapazitätsausgleich durch das Steering Committee veranlassen.

Datenarchitekturplanung

- Beschreibung der Informationsbedürfnisse im Verlauf der ADL-Prozesse durch Definition der relevanten Datenelemente.
- Erklärung der betriebswirtschaftlichen Bedeutung der Datenelemente.
- Festlegung der Ebenen der Rechnerarchitektur, auf denen die Daten bereitgestellt werden sollen.

Zugriffsberechtigung

- Festlegen der Benutzer, die aufgrund ihrer Aufgabenstellung und Trainings über Anwendungssysteme berechtigt und in der Lage sind, existierende EDV-Anwendungen zu nutzen.
- Festlegen, welche Benutzer auf welche Daten im Rahmen von Informationssystemen oder mit Werkzeugen des Enduser-Computing zugreifen dürfen
  - auf Großrechnern
  - auf Abteilungsrechnern
  - auf Arbeitsplatzrechnern bzw. in lokalen Netzen.

Spezifikation von Anforderungen

- Definition und Abgrenzung der Systemanforderungen und -ziele.
- Erklärung der Kosten-/Nutzenrelation.
- Einordnung der Bearbeitung der Anforderungen in den Anwendungsentwicklungsplan.
- Erarbeiten grundsätzlicher Realisierungsalternativen im Rahmen der Hardware-/Software-Architektur unter fachlicher Anleitung.
- Prüfen der organisatorischen Konsequenzen.

Fachliches Design

- Definition und Erklärung der abzudeckenden Funktionen.
- Beschreibung der relevanten Verarbeitungsregeln.
- Prüfen der Anforderungen gegenüber Standardsoftware-Lösungen.
- Vorbereiten der organisatorischen Einführung.

Abnahmetest

- Einarbeitung in die vom IS-Bereich bereitgestellten Anwendungen.
- Prüfen der Anwendungen gegenüber der fachlichen Spezifikation.
- Überwachen des Leistungs- und Kostenverhaltens der Anwendungen.
- Festlegen von Zugriffsberechtigungen.
- Festlegen von Trainingsanforderungen.
- Festlegen von Einführungs-/Umstellungsplänen.

Organisatorische Einführung

- Anpassen organisatorischer Abläufe.
- Anpassen der Gruppierung von Aufgaben- und Tätigkeitsprofilen in organisatorischen Einheiten.
- Überprüfen und Initiieren aufbauorganisatorischer Konsequenzen.

Anwendungstraining

- Erstellen/Erwerben der Benutzerdokumentation.
- Erstellen/Erwerben von Trainingsunterlagen.
- Durchführen: Anwendungstraining.
- Prüfen der Notwendigkeit und Durchführen von Nachschulung.
- Erstellen: Trainingsplan für neue Mitarbeiter.

Adhoc Information Retrieval

Wird vom Geschäftssystem-Manager nur organisiert, initiiert und gesteuert, die Ausführung des Adhoc Information Retrieval obliegt den Endbenutzern selbst.

- Selektieren, Aggregieren und Aufbereiten zentraler Datenbestände mit Werkzeugen des Enduser-Computing.
- Übertragung der aufbereiteten Daten für Zwecke der individuellen Weiterverarbeitung auf Arbeitsplatzrechner.
- Individuelle Ergänzung und Verarbeitung von Daten auf Arbeitsplatzrechnern.

Rechnerbetrieb ohne hohe technische Expertise

- Betrieb von Arbeitsplatz- und Abteilungsrechnern sowie lokalen Netzen, die aufgrund der relativen Einfachheit der jeweiligen Betriebssysteme ohne große technische Expertise unmittelbar von der Fachfunktion eingesetzt werden können.
- Wichtige Komponenten des Rechnerbetriebs sind:
  - Starten und Abschalten des Rechners inklusive Laden des Betriebssystems und Vorbereiten der Peripherieeinheiten
  - Überwachen des laufenden Betriebs
  - Einrichten von Zugriffsberechtigungen
  - Sichern von Datenbeständen
  - Verteilen von Druck-Output
  - Restart des Rechners bei Systemabbruch.

First-Line-Support

- Erster Ansprechpartner bei Anwenderproblemen in der jeweiligen Business-Funktion.
- Klären von Fehlerursachen und/oder Weiterleitung an den IS-Bereich.
- Überwachen und Auswerten von Fehlerursachen insbesondere im Hinblick auf zusätzliche Nachschulung oder Probleme in der Benutzeroberfläche von Anwendungen.

Drittes Kapitel

Schneller werden

Dr. Rudolf Pernicky

In den kommenden sechs Monaten wird Sony in Europa ungefähr hundert neue Produkte einführen und Benetton drei komplett neue Kollektionen ausliefern. Compaq ist in der Lage, in dieser Zeit einen neuen PC zu entwickeln. Während die Kunden früher bei Xerox etwa fünf Jahre auf eine neue Generation von Hochleistungskopierern warten mußten, sind es heute nur noch zwei Jahre. Daimler Benz will künftig durchschnittlich alle vier Jahre statt alle sieben Jahre einen neuen PKW serienreif entwickelt haben.

Dies sind nur einige Beispiele des zunehmenden Innovationswettbewerbs. In immer kürzeren Abständen gelangen neue Produkte auf den Markt und verkürzen die Zeit, in der die Entwicklungsaufwendungen der vorangegangenen Produktgeneration amortisiert werden können. Immer öfter heißt es: „Den Letzten beißen die Hunde".

Welchem Zeitdruck die Unternehmen ausgesetzt sein können, zeigt besonders das Beispiel der Personal Computer (siehe Abbildung 3-1). Alle drei Jahre müssen die PC-Hersteller eine etwa doppelte Leistung zum gleichen Preis anbieten. Nach etwa zwei Jahren bringt ein Modell nur noch die Hälfte des Einführungspreises. Die Entwicklungskosten müssen daher innerhalb der ersten zwei Jahre wieder hereingespielt werden. Dann verbleibt noch rund ein Jahr, um einen Nettogewinn zu erwirtschaften. Jeder Tag Verspätung bedeutet weniger Absatz, niedrigere Preise und geringeren Gewinn.

Aber auch in Industrien ohne eine derart extreme Branchendynamik wird die Entwicklungszeit zunehmend zum Erfolgsfaktor. Denn schnellere und effizientere Unternehmen können durch einen frühen Markteintritt nicht nur Wettbewerbsvorteile erzielen, sondern auch die Unsicherheit bezüglich Markt und Technik reduzieren, den Markteintritts-Zeitpunkt nach strategischen Gesichtspunkten bestimmen und im gegebenen Zeitraum mehr Projekte abwickeln.

Neben dem Zeitwettbewerb zeichnen sich weitere Trends ab, die die Innovationsfähigkeit der Unternehmen immer stärker herausfordern:

– Kompliziertere Konstruktion der Produkte.
  Mißt man die Komplexität der Konstruktion von Produkten, so zeigt sich in vielen Unternehmen, daß die Produkte heute wesentlich komplizierter sind als noch zu Anfang der 70er Jahre. Die Anzahl der Teilenummern hat sich meistens mehr als verdoppelt. Auch die eingesetzten Techniken sind vielfältiger geworden. Mikroelektronik,

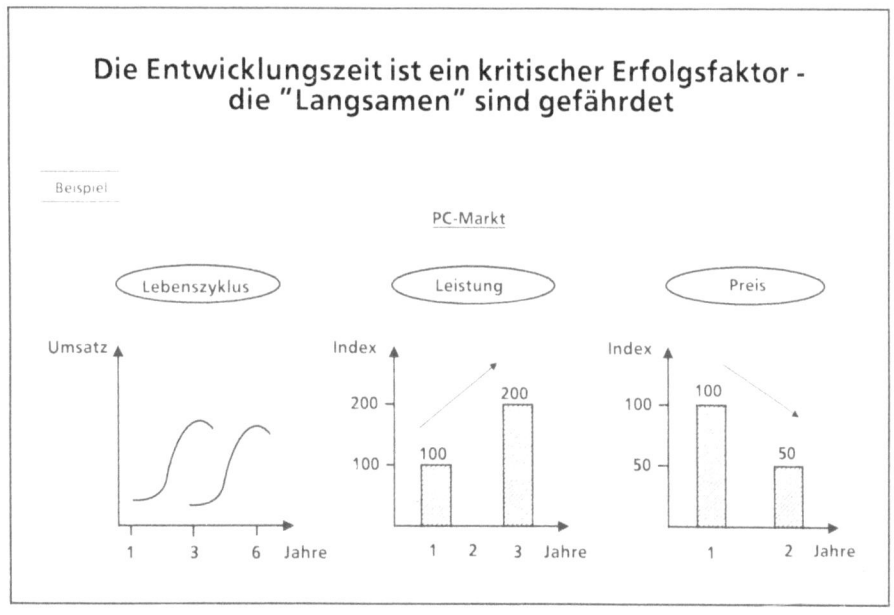

Abb. 3-1

Software und neue Werkstoffe fordern die Entwickler auch in traditionellen Branchen heraus.
- Kürzere Lieferzeiten.
Die typische Lieferzeit ist in den meisten Branchen auf die Hälfte dessen geschrumpft, was vor zehn Jahren üblich war. In der Maschinenbaubranche beispielsweise beträgt sie heute nur noch vier bis sechs Monate, während sich die Maschinenbauunternehmen Anfang der 70er Jahre mit der Auslieferung noch ein ganzes Jahr Zeit lassen konnten.
- Zunehmende Variantenvielfalt.
Die Variantenvielfalt hat sich in den 80er Jahren explosionsartig erhöht. Gesättigte Märkte, das Ausschöpfen von immer kleineren Marktnischen und länderspezifischen Anpassungen als Folge zunehmenden Exports haben die Anzahl der Artikel in vielen Unternehmen seit Ende der 70er Jahre um mehr als das Vierfache erhöht. Der Umsatz pro Artikel ist aber in der Regel eher zurückgegangen.

Vieles spricht dafür, daß der Innovationswettbewerb in den 90er Jahren weiter eskalieren wird. Marktgerechte Produkte zu wettbewerbsfähigen Kosten allein werden daher nicht mehr den Erfolg garantieren. Die Entwicklungszeit, die Produktkonzepte, die Logistik und die Sortimentspolitik werden immer stärker den wirtschaftlichen Erfolg oder Mißerfolg der Unternehmen bestimmen. Wie sie im Innovationswettbewerb schneller und effizienter werden können, steht zur Diskussion.

3.1 Zeitbilanz ziehen

Voraussetzung erhöhter Innovationsfähigkeit ist eine Bestandsaufnahme darüber, wo Zeit und Aufwand im Innovationsprozeß verloren gehen und wo das Unternehmen im Vergleich zum Wettbewerb steht.

Das Ergebnis einer solchen Bestandsaufnahme fällt häufig erschreckend aus. Der Vorsprung der Wettbewerber beträgt teilweise bis zu 100%. So benötigt beispielsweise der schnellste japanische Automobilhersteller 35 Monate für die Entwicklung eines neuen Automodells, der langsamste Europäer braucht 70 Monate. Noch krasser ist der Unterschied bei den eingesetzten Ingenieurstunden. Der beste japanische Automobilhersteller wendet unge-

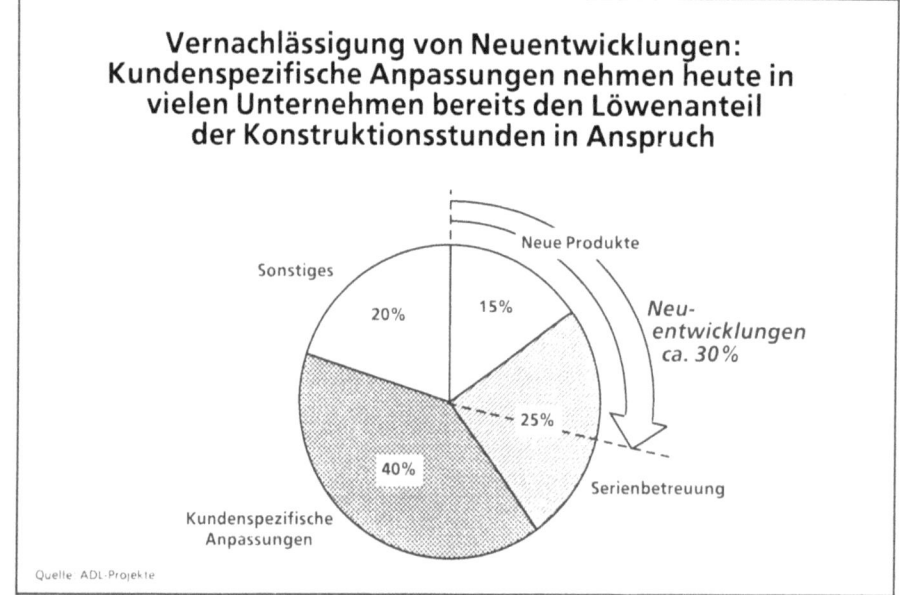

Abb. 3-2

fähr 400.000 Stunden auf, der beste europäische benötigt 2,4 Millionen Stunden, der schlechteste liegt bei 4,5 Millionen Stunden. Dabei muß allerdings der unterschiedliche Anteil der Fremdentwicklung berücksichtigt werden, der in Japan rund 30 % höher liegt.

Die japanischen Automobilhersteller benötigen in den Phasen der Konzeptfindung, des Entwurfs und der Grundlagenentwicklung nur 45 bis 62 % der Zeit, die ihre amerikanischen Wettbewerber benötigen. Im Serienanlauf sind die Japaner um 5 % schneller. Bei genauerem Hinsehen zeigt sich, daß es immer wieder die Übergangsstellen zwischen den Funktionsbereichen Entwicklung, Arbeitsvorbereitung, Produktion und Marketing sind, an denen die schnelleren Unternehmen eine höhere Zeiteffizienz beweisen.

Unsere Analysen bei einer Stichprobe von deutschen Unternehmen des Maschinenbaus deckte auf, daß nur etwa 30 % der Zeit im Entwicklungs- und Konstruktionsbereich für die Entwicklung von Neuprodukten aufgewendet wird (siehe Abbildung 3-2). Die restliche Zeit wird für zum Teil höchst ineffizienten Abstimmungs- und Änderungsaufwand sowie für Verwaltung und Kontrollen eingesetzt.

Ergebnis ist, daß in vielen Unternehmen den von Jahr zu Jahr steigenden F&E-Aufwendungen keine höhere Leistung gegenübersteht. Neuentwicklungen, die wirtschaftlich erfolgreich im Markt eingeführt werden, machen häufig weniger als 10 % der Entwicklungsvorhaben aus (siehe Abbildung 3-3).

Dazu kommt, daß die Terminziele häufig verfehlt werden (siehe Abbildung 3-4). Verspätete Markteinführung bedeutet aber, wie wir gesehen haben, Umsatzverlust, geringere Preise und damit eine deutliche Beeinträchtigung des Ertragspotentials der neuen Produkte.

Selbst in den Unternehmen, in denen zu Projektbeginn ein detailliertes Pflichtenheft erstellt wird, läßt sich immer wieder feststellen, daß die definierten Spezifikationen im Projektverlauf nicht eingehalten werden.

Den frühen Entwicklungsphasen der Projekte, der Konzeption und dem Entwurf wird zu wenig Aufmerksamkeit gewidmet. In den späteren Entwicklungsphasen müssen als Folge davon häufig

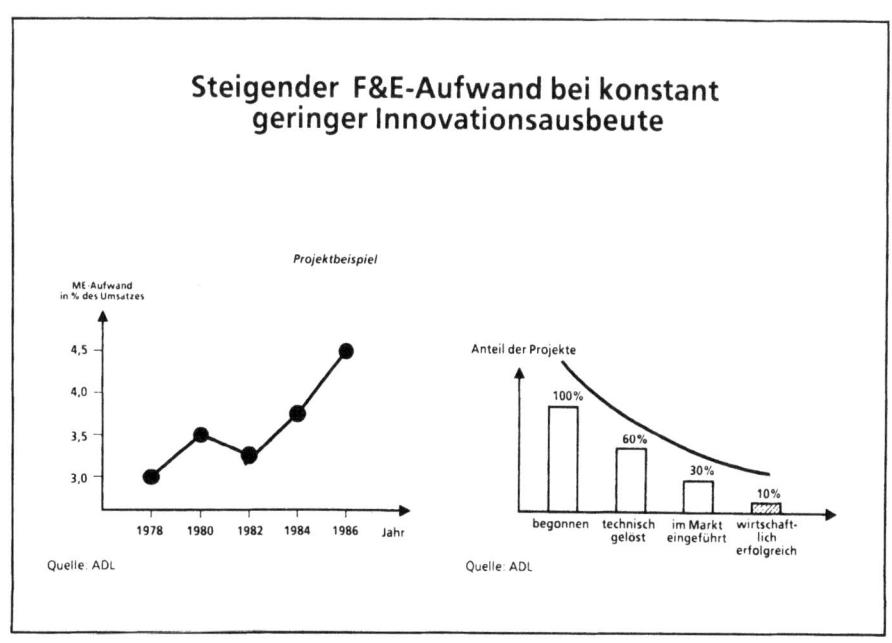

Abb. 3-3

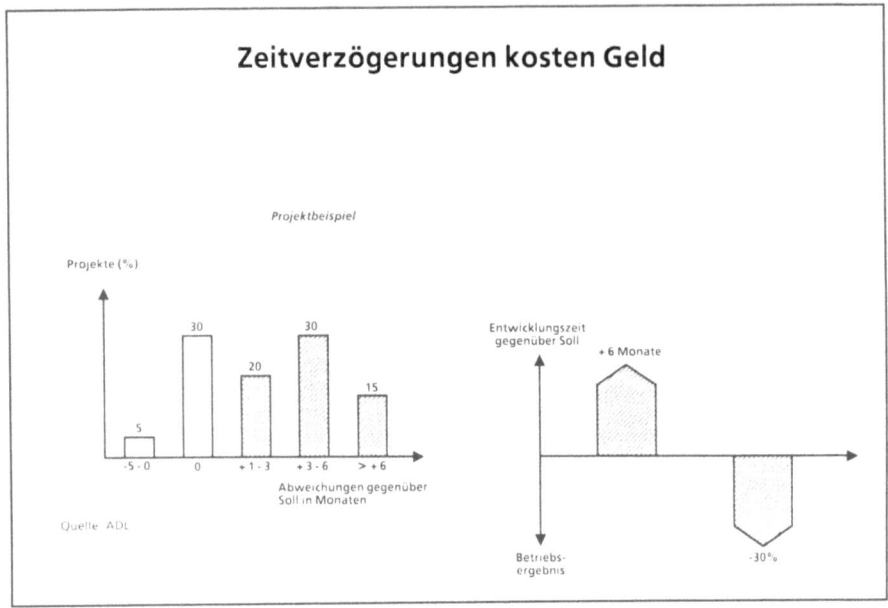

Abb. 3-4

Nachbesserungen durchgeführt werden, die einen um ein Mehrfaches höheren Aufwand erfordern, als in den frühen Entwicklungsphasen zur zuverlässigeren Spezifikation erforderlich gewesen wäre. Besonders folgenschwer ist dabei, daß auf diese Weise Entwicklungs- und Konstruktionskapazitäten gebunden werden, die für Neuentwicklungen nicht mehr zur Verfügung stehen.

Konstruktionsänderungen beim Übergang in die Produktion verursachen besonders hohen Aufwand, führen zu den empfindlichsten Zeitverlusten und schaden häufig dem Image des Unternehmens. Eine ADL-Untersuchung zeigt, daß von allen Änderungen vor und nach Serienanlauf über 50 % auf konstruktive Mängel zurückzuführen sind. Die damit verbundenen hohen Änderungskosten könnten vermieden werden, wenn der Konzeption, dem Entwurf und der Detaillierung mehr Zeit und Aufwand gewidmet würde.

Alternativ-Konstruktionen sind in den meisten Unternehmen die Ausnahme, Ergebnisse aus Versuchsserien werden nur unzureichend dokumentiert, die Datenbestände über Teilefamilien und Standardisierungen sind häufig unterentwickelt, Stücklisten und Typenkataloge sind nicht aktuell.

Aus der Softwareentwicklung wissen wir, daß eine systematische Dokumentation und Modularität der Produkte lebenswichtig sind. Die mechanische und elektrische Konstruktion kann hier noch einiges lernen.

Neuentwicklungen werden häufig zugunsten kundenspezifischer Entwicklungen vernachlässigt. In vielen Untersuchungen, die Arthur D. Little durchgeführt hat, zeigte sich, daß kundenspezifische Anpassungen den Löwenanteil der Konstruktionsstunden in Anspruch nehmen. Teilweise werden mehr als 60 % der Arbeitszeit in Entwicklung und Konstruktion für kundenspezifische Anforderungen und Variantenkonstruktionen aufgewandt.

Zieht man vom verbleibenden Rest noch den Aufwand für Modellpflege, Normung, Standardisierung, Dokumentation und allgemeine Tätigkeiten ab, die nicht direkt mit der Produktentwicklung in Verbindung stehen, so verbleiben nicht selten nur noch 15 % der gesamten Konstruktionsstunden für Neuentwicklungen. Daß bei solchen Zahlen das Management den Eindruck hat, daß trotz hoher Aufwendungen für Entwicklung und Konstruktion die Zukunft des Unternehmens nicht gesichert ist, verwundert nicht.

3.2 Das Grundkonzept des Schnellerwerdens

Um die Durchlaufzeiten in der Entwicklung, in der Produktion und in der Logistik deutlich zu verkürzen, genügt es nach unserer Erfahrung nicht, die Abläufe zu beschleunigen oder mehr Mittel in die Bereiche zu stecken. Wirkliche Zeitsprünge gelingen nur, wenn die bestehenden Verhaltensweisen in Frage gestellt werden, und zwar auf zwei Ebenen:

– Tun wir die richtigen Dinge?
– Tun wir die Dinge richtig?

3.2.1 Die richtigen Dinge tun

Für manche Unternehmen ist das Rennen gegen die Zeit bereits verloren, bevor es richtig angefangen hat. Der Grund dafür ist nicht, daß sie weniger effizient arbeiten, sondern daß sie an den falschen Dingen arbeiten. Sie können wesentliche Zeitreserven dadurch mobilisieren, daß sie beispielsweise eine kritischere Projektauswahl treffen, den Anteil von Sonderausführungen reduzieren, die Produktanforderungen gezielter mit dem Bedarf der Kunden abstimmen, Produktkonzepte verfolgen, bei denen die Wahrscheinlichkeit hoch ist, zum geplanten Markteinführungstermin bereitgestellt werden zu können, und externe Ingenieurleistung heranziehen, um die eigenen Ressourcen flexibel zu ergänzen.

Die 20/80%-Regel konsequent anwenden

In den meisten Fällen ist der Zeitbedarf für Entwicklungsvorhaben eine Frage der Ressourcenverteilung. Durch eine Reduktion der Entwicklungsvorhaben und eine Konzentration der Ressourcen auf die erfolgversprechendsten Vorhaben kann in der Regel deren Durchlaufzeit wesentlich verkürzt werden.

In vielen Unternehmen muß dabei mit der Praxis gebrochen werden, daß wenig attraktive Projekte aufzugeben schwieriger und langwieriger ist, als neue Projekte aufzunehmen. Denn häufig bringen 20% der Projekte 80% des Markterfolgs. Um die Selektion vorzunehmen, muß der Übergang von der Unternehmensstrategie zur Produktpolitik und zum Entwicklungsprogramm transparent und besser nachvollziehbar erfolgen. In vielen Unternehmen werden in der Entwicklung Aufgaben durchgeführt, die nicht in engem Zusammenhang mit der strategischen Stoßrichtung der Unternehmen stehen. Wer schneller in der Produktentwicklung werden will, muß aber kritisch und systematisch die Attraktivität und die Risiken der einzelnen Projekte abwägen und das Gesamtportfolio der Projekte bereinigen. Die Wirkung einer solchen Bereinigung nach strategischen Gesichtspunkten ist in den meisten Fällen frappierend: Die Unternehmen gewinnen an Innovationskraft und erreichen ein spürbar erhöhtes Entwicklungstempo.

Komplexität reduzieren

In vielen Unternehmen sind Varianten und Spezialitäten wichtige Umsatzträger. Ein breites Angebotsspektrum dient dazu, immer wieder Zusatzumsätze und weitere Deckungsbeiträge zu erwirtschaften und die Kundenorientierung durch verstärktes Eingehen auf Marktnischen zu erhöhen oder regionale Märkte durch länderspezifische Konstruktionen und Ausstattungen zu erschließen.

Ein Ausufern von Variantenvielfalt und Sonderausführungen, wie wir es heute bei vielen Unternehmen beobachten, hat aber auch gravierende negative Konsequenzen. Denn es entstehen kostentreibende Effekte in nahezu allen betrieblichen Funktionen, insbesondere im Vertrieb, in der Materialwirtschaft und in der Produktion. Varianten und Sonderausführungen behindern den Produktivitätsfortschritt, und die steigende Komplexität des Produktionsprogramms erschwert die Automatisierung oder erfordert hohe Investitionen in flexible Fertigungssysteme.

So ist der durchschnittliche Umsatz pro Artikel seit den 70er Jahren in vielen Unternehmen rückläufig. Varianten und kundenspezifische Anpassungen binden häufig auch bei Herstellern von Serienprodukten einen steigenden Anteil der Entwicklungsressourcen. Mehr noch: Nach Erfahrungen von Arthur D. Little werden bei diesen Herstellern bis zu 20% der Gesamtkosten durch zu viele Varianten und kundenspezifische Anpassungen sowie durch die Komplexität der Abwicklung verursacht.

Eine der wichtigsten Maßnahmen, um das Problem der Sonderausführungen in den Griff zu bekommen, ist die Schaffung von Kostentransparenz. Die herkömmliche Kostenrechnung bietet diese Transparenz in der Regel nicht, sie läßt neue Varianten profitabler erscheinen, als sie es sind. Der Ansatz der Prozeßkostenrechnung (siehe Kapitel 1.2) kann einen entscheidenden Beitrag dazu leisten, die wahren Kosten von Sonderausführungen zu erkennen.

Produktanforderungen kritisch überprüfen

Die Frage ist immer wieder: „Was will der Kunde?" Aber sie führt leider nicht weiter. Denn entweder will der Kunde zuviel, oder aber er weiß nicht, was er will. Die bessere Frage lautet daher: „Warum soll der Kunde bei uns kaufen, worin können unser Wettbewerbsvorteil und der Kaufanreiz bestehen?"

Konsequent verfolgt, hilft diese Fragestellung, die Entwicklungszeiten auf die wettbewerbsentscheidenden Leistungen und Funktionen auszurichten und die übrigen „Randfunktionen" unter Nutzen-, Kosten- und Zeitgesichtspunkten kritisch zu bewerten. Dabei stellen sich nach unserer Erfahrung bis zu 30% der geplanten Leistungen und Funktionen als nicht notwendig heraus. Jede Funktion, auf die verzichtet wird, spart aber Entwicklungsaufwand und Zeit und hilft, die Herstellkosten des Produkts zu reduzieren.

Wichtig ist dabei, daß die Produktanforderungen so früh wie möglich definiert werden. Das heißt:

– Die Angaben im Pflichtenheft müssen klar und unmißverständlich sein.
– Sie müssen so weit wie möglich quantifiziert werden, um den Zielerreichungsgrad meßbar zu machen.
– Es muß deutlich zwischen Forderungen und Wünschen unterschieden werden.

Die Abstimmung zwischen Entwicklung und Marketing ist dabei von größter Bedeutung. In vielen Unternehmen, in denen diese Abstimmung nicht stattfindet oder nicht klappt, wird das Pflichtenheft erst mit dem Produkt fertig: Es bleibt ein „moving target". Daher kann das Management die Zielerreichung nicht kontrollieren und kommt unter Umständen zu falschen Entscheidungen. Dem kann nur abgeholfen werden, wenn nach einer ersten Grobspezifikation eine Konzeptionsphase eingelegt wird, in der neben dem abgestimmten Produktkonzept, einer eingehenden Kostenabschätzung und dem Projektplan für das Entwicklungsvorhaben auch ein verbindliches Pflichtenheft erarbeitet wird.

„Design-to-Time"

Das Produktkonzept hat erfahrungsgemäß einen großen Einfluß auf die Entwicklungszeit. Denn es determiniert die Anzahl der Bauteile und die Nutzung von Wiederhol- und Normteilen.

Durch das Produktkonzept werden in vielen Fällen bis zu 70% der Entwicklungszeit vorbestimmt. Wir stellen immer wieder fest, daß sich die Entwickler dieser Bedeutung nicht bewußt sind. Im Gegenteil, in vielen Unternehmen scheint es so, als ob die Entwicklungsabteilung an eine Korrelation zwischen der Anzahl neuer Teile und dem wirtschaftlichen Erfolg glaubt. Der Suche und Bewertung von zeit- und kostensparenden Lösungsalternativen wird selten die erforderliche Aufmerksamkeit gewidmet, nur in wenigen Unternehmen werden Alternativkonstruktionen erstellt oder moderne Hilfsmittel wie Teilefamilien, Wertanalyse, CAE (Computer-Aided Engineering) oder QFD (Quality Function Deployment) genutzt.

Schwachstellenanalysen bestehender Produkte zur Umsetzung von Kundenbedürfnissen in verbesserte technische Lösungen und die Nutzung von Typenkatalogen trifft man nur selten an.

Die Haltung „das können wir selber" überwinden

Die eigenen Ressourcen und das eigene Know-how können häufig durch Vergabe von Entwicklungsaufträgen nach außen ergänzt werden. Dadurch läßt sich in der Regel auch die Entwicklungszeit erheblich verkürzen. Dennoch sind die meisten Unternehmen mit der Vergabe von Entwicklungsaufträgen nach außen eher zurückhaltend. Die Entwicklungsmentalität ist häufig von dem Prinzip „das können wir selber" geprägt. Als Begründung für diese Haltung hören wir häufig, daß Know-how-Abfluß nach außen verhindert werden und erhöhter Koordinationsbedarf vermieden werden muß.

Daß es auch anders geht, zeigt die japanische Automobilindustrie. Dort beträgt der Anteil der Fremdentwicklung etwa 51%, der Vergleichswert für die europäische Automobilindustrie ist 37%. Infolge der steigenden technischen Komplexität in den meisten Produktbereichen wird es erforderlich, verstärkt Lieferanten und Partner in den Entwicklungsprozeß einzubeziehen. Die Entwickler müssen daher lernen, mit externen Know-how-Trägern zusammenzuarbeiten.

Denn wer schneller und effektiver werden will, muß die Fremdvergabe von Entwicklungsaufträgen als strategisches Mittel einsetzen, um seine Produktivität zu erhöhen und Zeit zu gewinnen. Hierzu muß im Rahmen einer Entwicklungsstrategie festgelegt werden, welche Know-how-Gebiete die stärkste Hebelwirkung auf die wettbewerbskritischen Leistungsmerkmale und Kostenelemente der Produkte haben. Hierauf sind die eigenen Entwicklungs-Ressourcen zu konzentrieren. Für alle anderen Entwicklungsleistungen sollten zuverlässige Partner gesucht werden. In uns bekannten Fällen hat sich gezeigt, daß nicht die Fremdvergabe als solche Probleme bereitet, sondern die mangelnde Sorgfalt bei der Steuerung der externen Partner. Ein Pflichtenheft „über den Zaun zu werfen" und zu erwarten, daß die Leistungen qualitäts- und zeitgerecht erbracht werden, ist aber weltfremd.

3.2.2 Die Dinge richtig tun

Die Dinge richtig zu tun bedeutet, den Kundennutzen-Optimierungs-Prozeß von der Produktidee bis zur Serieneinführung zu überprüfen und die Möglichkeiten der Effizienzsteigerung auszuschöpfen. Neben dem strategischen Projektmanagement, wie es in Kapitel 4 beschrieben wird, dienen die Ansätze des QFD (Quality Function Deployment), des Design-Reviews, des Team-Managements und der Informations-Wertanalyse dazu, eine erhöhte Effizienz des Prozesses zu verwirklichen.

Quality Function Deployment

In vielen Unternehmen werden Produkte zweimal entwickelt und konstruiert: zunächst bis zur Übergabe an die Fertigung, dann ein zweites Mal im Rahmen der Fertigungsvorbereitung.

Konstruktionsänderungen zur Anpassung an die Fertigungsmöglichkeiten lassen sich zwar nicht völlig vermeiden, aber sie können in vielen Unternehmen spürbar reduziert werden. Ein bewährtes Verfahren hierzu ist das Quality Function Deployment[1]. Das QFD-Verfahren, das zum ersten Mal 1972 von Mitsubishi angewandt wurde, stellt eine strenge Fertigungs- und Kundenorientierung in allen Stufen der Produktentwicklung sicher. In einer ganzen Reihe von Unternehmen konnten mit seiner Hilfe das Änderungsvolumen um bis zu 80% reduziert und die Entwicklungszeit um bis zu 20% verkürzt werden.

Der QFD-Ansatz stellt insbesondere sicher, daß in den frühen Entwicklungsphasen ein wesentlich höherer Aufwand betrieben wird, der dann aber in den späten Entwicklungsphasen, d.h. in der Versuchs- und Prototypenphase und beim Serienanlauf, zu wesentlichen Einsparungen führt. Denn Versäumnisse in den frühen Entwicklungsphasen rächen sich immer wieder durch Qualitätsprobleme, die erst beim Kundeneinsatz deutlich werden. Gerade der Zeitdruck, der typischerweise gegen Ende der Entwicklungsvorhaben auftritt, führt zu Abstrichen in der Versuchs- und Erprobungsphase, die sich unweigerlich in Qualitätsmängeln niederschlagen, wenn nicht bereits zu Beginn hohe Sorgfalt bei der Ausrichtung auf Qualität und Kundenanforderungen aufgewandt wurde.

Eine der wichtigsten Aufgaben des Managements besteht daher darin sicherzustellen, daß die Ent-

---
[1] Vgl. L. P. SULLIVAN: Quality Function Deployment, Quality Progress; Juni 1986

wicklung schon in den frühen Phasen qualitäts- und marktorientiert anläuft. Dazu können regelmäßige Design-Reviews mit Mitarbeitern aus der Arbeitsvorbereitung, der Produktion, dem Einkauf und der Qualitätssicherung sowie mit Vertretern aus Marketing und Vertrieb dienen.

Vom Spezialisten zum Team

Die Arbeitsteilung innerhalb der Entwicklungsabteilung muß in vielen Unternehmen überdacht werden. Die heute vielfach anzutreffende funktionale Spezialisierung hat zwar zunächst einmal Produktivitätsgewinne gebracht, aber sie hat auch zu mehr Schnittstellen, längeren Warte- und Übergangszeiten, höherem Koordinationsbedarf und größeren Motivationsproblemen geführt.

Das Aufgabengebiet der Entwickler muß aber heute im Interesse höherer Entwicklungsgeschwindigkeit wieder breiter werden. Der Engpaßfaktor ist in den meisten Fällen allerdings die Mitarbeiterqualifikation, denn unsere Universitäten liefern den zum Spezialistentum und zu isolierter Leistung neigenden Techniker oder Naturwissenschaftler. Aber Teamarbeit und abteilungsübergreifendes Projektmanagement sind ein wesentlicher Weg, um Schnittstellen abzubauen und unternehmerische Leistungsmotivation zu erzeugen.

Die Unternehmen müssen daher dem Spezialistentum entgegensteuern und eine kooperative Kultur mit interdisziplinärer Teamarbeit verfechten.

Projektleiter und Projektmitarbeiter müssen dazu mit Eigenverantwortlichkeit betraut werden, um inhaltliche und terminliche Abstimmungen im Rahmen einer interfunktionalen Projektorganisation selber zu vollziehen. Die Projektverantwortlichen müssen ihr Projekt nicht nur in technischer Hinsicht gegenüber den funktional Verantwortlichen, sondern auch in unternehmensstrategischer Hinsicht gegenüber der Unternehmensleitung vertreten. Dazu muß sich der Vorstand bzw. die Geschäftsleitung intensiver um den Produktentwicklungsprozeß kümmern. Wichtige Meilensteinentscheidungen und größere Änderungen des Projektauftrags sollten nur von der obersten Führungsebene genehmigt werden können.

Durch diese Direktschaltung können die Kommunikationswege und die Wartezeiten häufig um bis zu 30 % verkürzt werden.

Computerunterstützung ausbauen

Die Effizienz der Entwicklung kann heute mit Hilfsmitteln wie CAD und CAE sowie mit Simulationstechniken wesentlich gesteigert werden. Obwohl die Vorteile dieser Hilfsmittel bei Entwurf, Detaillierung, Redesign und Stücklistenerstellung offensichtlich sind, besteht ihnen gegenüber in vielen Unternehmen noch ein Unbehagen.

Dieses Unbehagen resultiert häufig daraus, daß die für Entwicklung und Konstruktion Verantwortlichen nach anfänglichem Zögern jetzt immer stärker zu massiven Investitionen in diese Techniken neigen, bevor die technischen, personellen und organisatorischen Voraussetzungen geschaffen sind. Zu den Voraussetzungen eines erfolgreichen CAD-Einsatzes gehört aber die Integration mit anderen Bereichen der Datenverarbeitung, gehören Sachnummern-Systeme ebenso wie Wiederholteilkataloge. Nur durch den umfassenden Ausbau und die Integration der Computerunterstützung können beträchtliche Effizienz- und Zeitsprünge realisiert werden. Auch hier gilt: der größere Aufwand in der Planungsphase lohnt sich.

F&E-Controlling ausbauen

Im Vergleich zum Controlling im Finanz- oder Fertigungsbereich führt das Controlling der Forschung und Entwicklung in den meisten Unternehmen ein Schattendasein. Es ist primär auf die Verfolgung der Entwicklungskosten insgesamt ausgerichtet. Die heute praktizierte Terminsteuerung verdient dagegen die Bezeichnung Controlling in der Regel nicht, denn es fehlen Kennzahlen zur realistischen Bestimmung des Zeitbedarfs und zur Vergabe von Soll-Zeiten. Auch ist Zeit-Controlling allein nicht ausreichend, denn die Entwicklungsdauer ist abhängig von den Qualitätsstandards und von der Produktkomplexität. Ein Controlling-System für den F&E-Bereich aufzubauen ist keine leichte Aufgabe. Eines ist aber sicher: Es rechnet sich.

Mitarbeiter zeitorientiert führen

Kein Unternehmen kann schneller sein als seine Mitarbeiter. Zeit muß daher als Erfolgsfaktor in der Unternehmenskultur verankert werden.

Nur wenn die Kosten von Zeitverzögerungen im Bewußtsein aller Organisationsmitglieder deutlich sind und wenn die Einhaltung der Zeitvorgaben gemessen wird, können die Unternehmen insgesamt schneller werden.

Entwicklungsingenieure haben durch ihr Verhalten mehr Einfluß auf den Erfolg der Unternehmen, als sich die meisten Führungskräfte bewußt sind. Der Erfolg der Produkte wird nämlich in der Entwicklung und Konstruktion vorprogrammiert.

Die Fähigkeit, schnell zu agieren, zu reagieren und zu lernen, kann nicht von heute auf morgen entfaltet werden. Aber wenn die Organisationsmitglieder in allen Funktionsbereichen die wirtschaftliche Bedeutung der Entwicklungszeit für das Unternehmen erkennen, wenn durch die ständige Auseinandersetzung damit das strategische Zeitbewußtsein geschärft ist und wenn das Unternehmen sich bei allen seinen Vorhaben bewußt Zeitziele setzt, wächst die Bereitschaft, durch Verhaltensänderungen und organisatorische Verbesserungen der entscheidenden Leistungsprozesse der Geschwindigkeit und Flexibilität höchste Priorität beizumessen.

Insbesondere im Kundennutzen-Optimierungs-Prozeß erweist sich strategisches Projektmanagement als die wirkungsvollste Stoßrichtung des zeitorientierten „organizational learning". Die Leistungserbringung ist in den meisten Unternehmen heute mit einem Staffelrennen vergleichbar, bei dem die Stabübergabe unklar und mühselig ist. Projektmanagement erlaubt den Übergang zum Mannschaftslauf, bei dem alle Funktionsbereiche zur gleichen Zeit starten und gemeinsam auf dasselbe Ziel hinsteuern.

Wie Projektmanagement richtig gemacht wird, behandeln wir im folgenden Kapitel.

Viertes Kapitel

Projektmanagement richtig gemacht

Gerold Hörrmann und Dr. Claus Tiby

4.1 Warum strategisches Projektmanagement?

Dem Faktor Zeit kommt, wie wir gesehen haben, eine immer bedeutendere Rolle im Wettbewerb zu. Früher wurden die Kleinen von den Großen gefressen, in Zukunft werden die Schnelleren den Langsameren das Wasser abgraben.

Der zunehmende Innovationswettbewerb erfordert eine hohe Anpassungsfähigkeit, insbesondere der Produktstrategien. Eine 1989 von der Harvard Business School durchgeführte Studie des Pharmamarkts zeigt beispielsweise auf, daß die forschenden Pharma-Unternehmen nicht mehr den Markteintritt der Generika-Hersteller abwarten dürfen, die bei ablaufendem Patentschutz mit Nachahmerpräparaten auf den Markt kommen, sondern daß sie vorher die Initiative ergreifen müssen, um durch eigene Generika-Strategien bereits das neue Marktsegment zu besetzen[1].

Ihre weitgehend funktional gegliederte Organisation, die auf sequentielle Abläufe ausgerichtet ist, bietet jedoch denkbar schlechte Voraussetzungen für ein auf Schnelligkeit ausgerichtetes Verhalten. Die Entscheidungsprozesse innerhalb der einzelnen involvierten Funktionsbereiche, vor allem aber die Entscheidungsvorgänge zwischen den Funktionsbereichen, werden durch das sequentielle Vorgehen zum mühseligen Hürdenlauf.

Neben der Geschwindigkeit der strategischen Ausrichtung auf veränderte Marktbedingungen muß aber vor allen Dingen die Fähigkeit gesteigert werden, immer wieder innovative Produktideen zu verwirklichen und als Pionier in den Markt zu tragen.

Denn die kreative Leistung der Unternehmen ist heute stärker als je zuvor ein entscheidender Faktor der Marktbehauptung geworden.

Daher gilt es, Organisationsstrukturen zu schaffen, die nicht nur die zeiteffiziente Abwicklung von Projekten ermöglichen, sondern auch das kreative Potential der Mitarbeiter aktivieren. In vielen Unternehmen stellen wir fest, daß das vorhandene Kreativitätspotential infolge struktureller Barrieren nicht entfaltet werden kann. Das NIH-Syndrom (NIH = not invented here, d. h. „Was nicht bei uns erfunden wurde, kann nicht gut sein") und ein ausgeprägtes „Scheuklappendenken" resultieren aus den von Abteilungsegoismen bestimmten Verhaltensweisen, die dem „organizational learning" gegenüber feindlich eingestellt sind und kein Innovationsklima aufkommen lassen.

Die Kunden verlangen aber von den Unternehmen nicht mehr nur Produkte und Dienstleistungen zum richtigen Zeitpunkt, sondern in zunehmendem Maß innovative Problemlösungen. Erfolgreiche Unternehmen in der Pharmabranche, wie beispielsweise die Boehringer Mannheim GmbH, bieten daher heute nicht mehr nur Präparate zur Behandlung von Symptomen an. Boehringer Mannheim hat vielmehr in Laborgeräte mit dazugehörigen Reagenzien für die Diagnostik und in Schulungsprogramme für die Vorbeugung und Früherkennung von Krankheitssymptomen diversifiziert.

Diese Entwicklung in Richtung Problemlösungen und Systemgeschäft läßt sich in nahezu allen Industriezweigen und in vielen Dienstleistungsbereichen erkennen. So ist es die erklärte Strategie des Vorstandssprechers der Deutschen Bank, Alfred Herrhausen, die Bank in ein Unternehmen des Allfinanzgeschäftes umzuwandeln. Die angestrebte breite Palette von Dienstleistungen aus einer Hand und unter einem Dach umfaßt neben dem traditionellen Kreditgeschäft auch das Assekuranzgeschäft, das Baufinanzierungsgeschäft und die Beratungsdienstleistung. Typisch für diese Entwicklung zur Systemleistung ist auch die Situation des Unternehmens Ford, dessen Erlöse aus Finanzdienstleistungen mittlerweile höher als die Erträge aus dem traditionellen Automobilgeschäft sind.

Die Komplexität der mit dem Systemgeschäft verbundenen Aufgabenstellungen und der Zeitdruck bei der Realisierung neuer Vorhaben erfordern eine simultane Bearbeitung in interdisziplinären Arbeitsgruppen. Der erfolgreiche Einstieg in das Systemgeschäft im Gesundheitswesen setzt beispielsweise die enge Zusammenarbeit von Medizinern, Wirtschaftswissenschaftlern, Mathematikern, In-

---

[1] Vgl. KLAUS HILLECKE-DANIEL: Wettbewerbsdynamik und Marketing im Pharmamarkt; Wiesbaden 1989

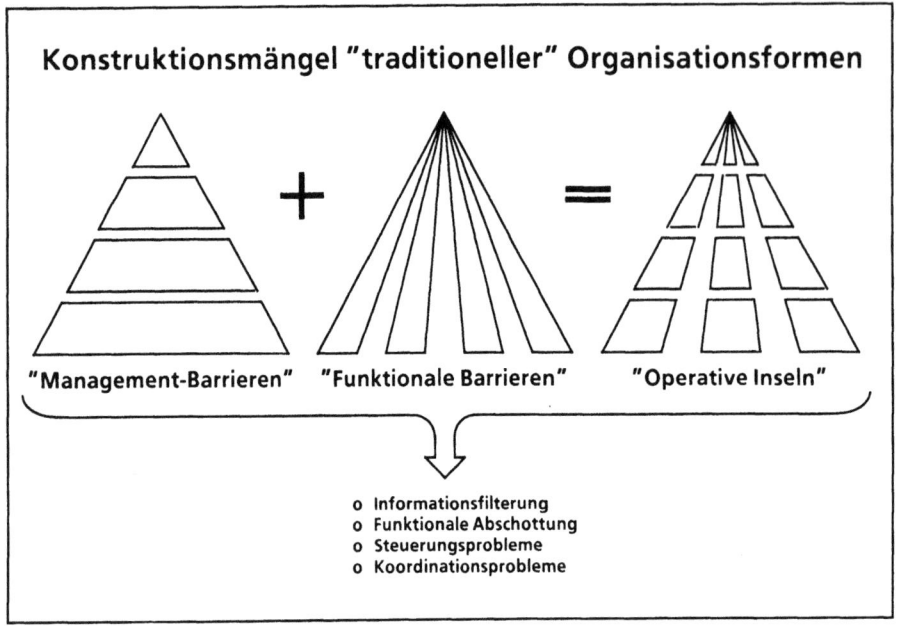
Abb. 4-1

genieuren und Vertretern anderer Disziplinen voraus.

Angesichts dieser Anforderung müssen die auf fachliche Abgrenzung und Spezialistentum ausgerichteten Organisationsformen scheitern, die wir heute in den meisten Unternehmen antreffen.

Diese vorwiegend funktionalen Organisationsstrukturen weisen Mängel auf, die sich die Unternehmen zukünftig nicht mehr leisten können (siehe Abbildung 4-1): Management-Hierarchien erschweren die Weitergabe von Information von einer Ebene zur anderen und führen dazu, daß Informationen gefiltert werden, und die funktionale Gliederung bedingt Kommunikationsprobleme zwischen den Mitarbeitern, die nicht dieselbe Sprache sprechen und ihre fachspezifischen Interessen in den Vordergrund rücken. Das Ergebnis ist, daß immer nur der Erfolg der eigenen Abteilung im Vordergrund steht, nicht die Durchführung gemeinsamer Vorhaben. Die Fachabteilung wird im Bewußtsein ihrer Führungskräfte und Mitarbeiter zum „Fürstentum", dessen Position es zu optimieren gilt. Ideen und Anregungen, die nicht aus der eigenen Abteilung kommen, werden häufig nur widerwillig akzeptiert.

Nicht selten wird ein erheblicher Ehrgeiz entwickelt, Vorschläge anderer Abteilungen als nicht durchführbar oder sogar irrig erscheinen zu lassen, anstatt gemeinsam an einer Verbesserung zu arbeiten. Äußerungen von Mitarbeitern wie „Ich lasse die Aufträge anderer Abteilungen erst mal liegen, um zu sehen, ob sie wirklich wichtig sind", stellen keine Seltenheit dar. Die Abteilungsgrenze ist für viele Mitarbeiter der Horizont, der die Sicht für das Interesse des Unternehmens insgesamt blockiert.

Wertvolle Kapazität und Energie gehen auf diese Weise durch ständige Reibungsverluste, Verzögerungen und Steuerungsprobleme verloren.

Um den Anforderungen des Innovationswettbewerbs gerecht zu werden, ist daher eine Umorientierung der Organisation und der Verhaltens- und Denkweisen erforderlich. Das „Besitzstandsdenken" der Fachabteilungen muß durch „projektorientiertes Denken" im Team abgelöst werden.

Vernetzte funktionsübergreifende Ansätze, stärkere interdisziplinäre Kooperation und Entfaltung der kreativen Potentiale können unserer Erfahrung nach durch den Ansatz der Projektorganisation und des Projektmanagements erreicht werden.

4.2 Projektmanagement als wirkungsvoller Ansatz

4.2.1 Erfahrungen mit dem Projektmanagement

Eine ganze Reihe von Unternehmen haben sich in den letzten Jahren mit dem Ansatz des Projektmanagements beschäftigt und es in der einen oder anderen Form eingeführt. Die Erfolge waren jedoch sehr unterschiedlich. Infolge typischer Fehler bei der Implementierung wich die anfängliche Euphorie oft bitterer Ernüchterung (siehe Abbildung 4-2).

Ein erfolgreicher Projektmanagement-Ansatz läßt sich nicht „von der Stange kaufen", sondern bedarf der unternehmensspezifischen Entwicklung. Viele Unternehmen zogen den Trugschluß, daß sie mit teuer erworbener Projektmanagement-Software bereits Projektmanagement eingeführt hatten, mußten aber bald erkennen, daß ein Mehr an Bürokratie und Kosten sowie Einschränkungen der Kreativität die Folge waren.

Besonders in der Forschung und Entwicklung kann der Einsatz von Standardverfahren des Projektmanagements dazu führen, daß die Kreativität und die Innovationskraft negativ beeinflußt werden. Denn es muß zunächst einmal klar definiert werden, welche F&E-Tätigkeiten sinnvollerweise im Rahmen einer Projektorganisation abgewickelt und welche als „Spielwiese" für die freie Forschungsarbeit belassen werden sollten.

4.2.2 Projektmanagement aufgabenspezifisch anwenden

Projektmanagement muß als Führungskonzept verstanden werden, das auf die Bewältigung temporärer, interdisziplinärer Aufgabenstellungen ausgerichtet ist, die einen hohen Grad an Komplexität und Neuartigkeit aufweisen. Die Projektorganisation ist deshalb keine Konkurrenz, sondern eine Ergänzung der bestehenden Organisation.

Dabei werden unterschiedliche Projektmanagement-Ansätze benötigt, je nachdem welche Projektbudgets zur Debatte stehen und wie hoch die organisatorische Komplexität der Projektabwicklung ist (siehe Abbildung 4-3).

Die reine Projektorganisation mit Task-Force-Struktur (siehe Abbildung 4-4) stellt dabei eher die Ausnahme dar.

Häufige Fehler bei Einführung von Projektmanagement

- Implementierung von Standard-Verfahren
- Kein gemeinsames Projektverständnis
- Mitarbeiter werden nicht in die Konzeptentwicklung einbezogen
- Keine ausreichende Schulung
- Unzureichende Kompetenzen der Projektleiter
- Keine klare Abrenzung zwischen Projekt- und Linienorganisation
- Keine definierten Projektbudgets
- Fehlende oder überkomplexe Informationssysteme

Abb. 4-2

Budgetrahmen und organisatorische Komplexität bestimmen den Projektmanagementansatz

Beispiel

Budgetrahmen Organisatorische Komplexität	≤ 0,5 Mio DM	0,5-1,0 Mio DM	> 1,0 Mio DM
Bereichsübergreifend	Projektverantwortlicher berichtet an Projekttutor	Projektleiter berichtet an Lenkungsgremium	Projektleiter berichtet an Lenkungsgremium
Abteilungsübergreifend	Projektverantwortlicher berichtet an Projekttutor	Projektverantwortlicher berichtet an Projekttutor	Projektleiter berichtet an Lenkungsgremium
Abteilungsintern	Läuft in Verantwortung der Abteilung Gruppenleiter	Läuft in Verantwortung der Abteilung Abteilungsleiter	Läuft in Verantwortung der Abteilung Lenkungsgremium

Abb. 4-3

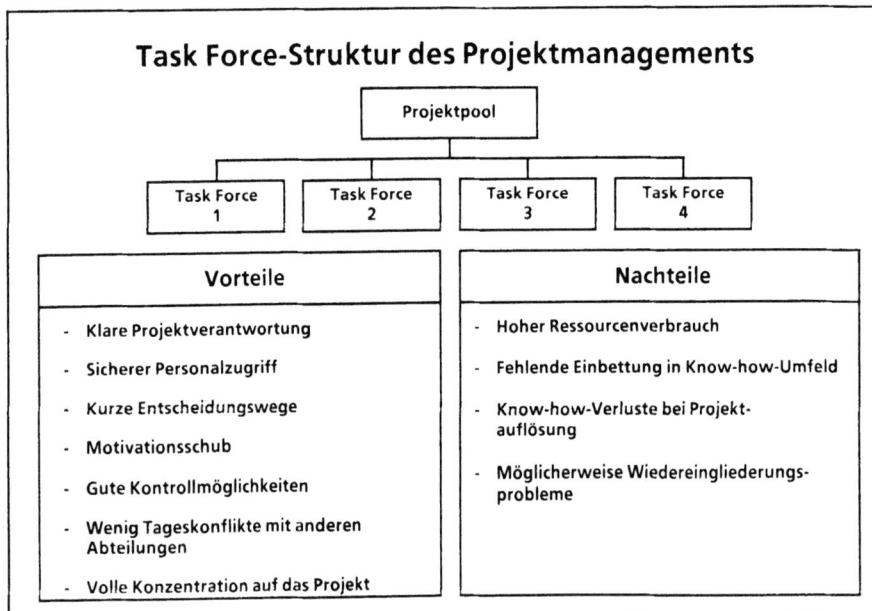

Abb. 4-4

Das charakteristische Merkmal dieser Organisationsform, daß nämlich sämtliche Projektmitarbeiter für die Dauer des Projektes aus ihrer Abteilung herausgenommen und in ein Projektteam versetzt werden, führt in der Praxis zu erheblichem Ressourcenverbrauch und macht die Wiedereingliederung der Mitarbeiter in die Linienorganisation nach Projektende problematisch. Bei Unternehmen wie der Hoechst AG findet diese Form der Projektorganisation deshalb nur für sehr große Projekte Anwendung, die mit hoher Wahrscheinlichkeit später in die Gründung einer eigenen Geschäftseinheit münden.

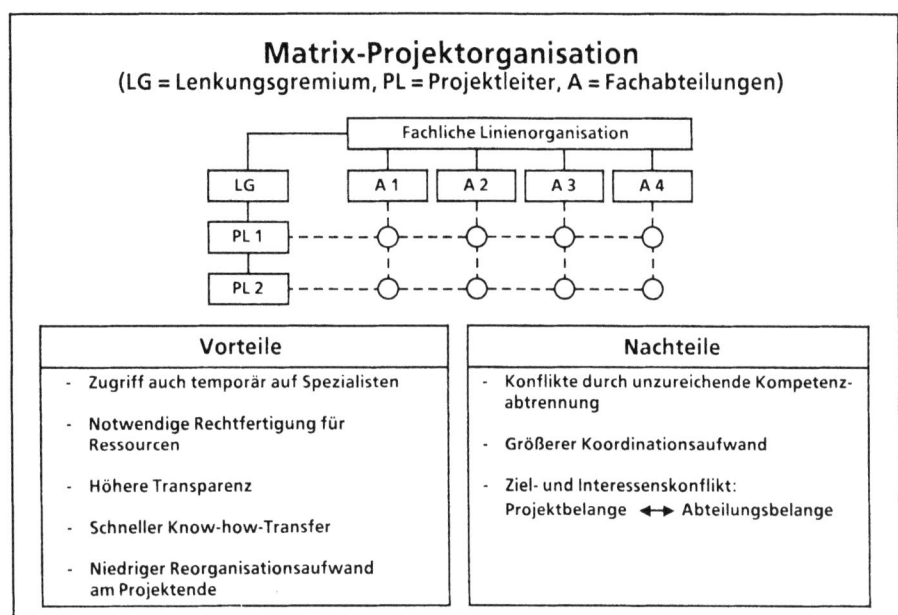

Abb. 4-5

Die Projektmitarbeiter bilden in diesen Fällen dann ein hervorragendes Mitarbeiterpotential für die erfolgreiche Entwicklung der Geschäftseinheit.

Für den Großteil der Projekte ist jedoch die klassische Matrix-Projektorganisation die besser geeignete Lösung (siehe Abbildung 4-5).

Bei dieser Form der Projektorganisation werden überlappend und ergänzend zur funktionalen Linienorganisation Projekte definiert und organisiert.

Die Projektmitarbeiter gehören dabei weiterhin disziplinarisch ihren Fachabteilungen an; zusätzlich jedoch wird die Funktion des Projektleiters eingeführt, der eine projektorientierte Weisungsbefugnis gegenüber den Projektmitarbeitern erhält.

Die Vorteile der Matrix-Organisation bestehen darin, daß sie flexibel ist, einen hohen Know-how-Transfer sowohl innerhalb der Projektgruppe als auch innerhalb der Fachabteilungen ermöglicht und geringe Reorganisationsprobleme nach Projektende mit sich bringt.

---

2 Vgl. B. J. MADAUSS: Projektmanagement – ein Handbuch für Industriebetriebe, Unternehmensberater und Behörden; Stuttgart 1984

Der Nachteil ist, daß durch die unterschiedlichen Interessenlagen von Projektorganisation und Linienorganisation, bei gleichzeitigem Zugriff auf die gleichen Ressourcen, ein nicht zu unterschätzendes Konfliktpotential entsteht. Denn bei der Einführung des Projektmanagements befürchten die Linienvorgesetzten häufig eine Schmälerung ihrer persönlichen Einflußsphäre und eine Beschneidung ihrer funktionalen Autorität, da sie sich mit den Projektleitern über die Durchführung von Aufgaben abstimmen und der Erreichung der Projektziele unterordnen müssen.

„Obwohl die Matrix-Organisation im Vergleich zu anderen Projekt-Organisationsformen häufig kritisiert wird und ihre Implementation oft an dem hartnäckigen Widerstand traditionsverbundener Fachbereiche scheitert, so stellt sie doch die optimale Lösung zur Durchführung von komplexen Projekten dar. Denn einerseits müssen die Unternehmen ihr bei den Fachbereichen gespeichertes Know-how erhalten und weiterentwickeln, gleichzeitig müssen jedoch die Projektteams auf dieses Wissen zurückgreifen können, um im Interesse des jeweiligen Projektes den besten Nutzen daraus zu ziehen"[2].

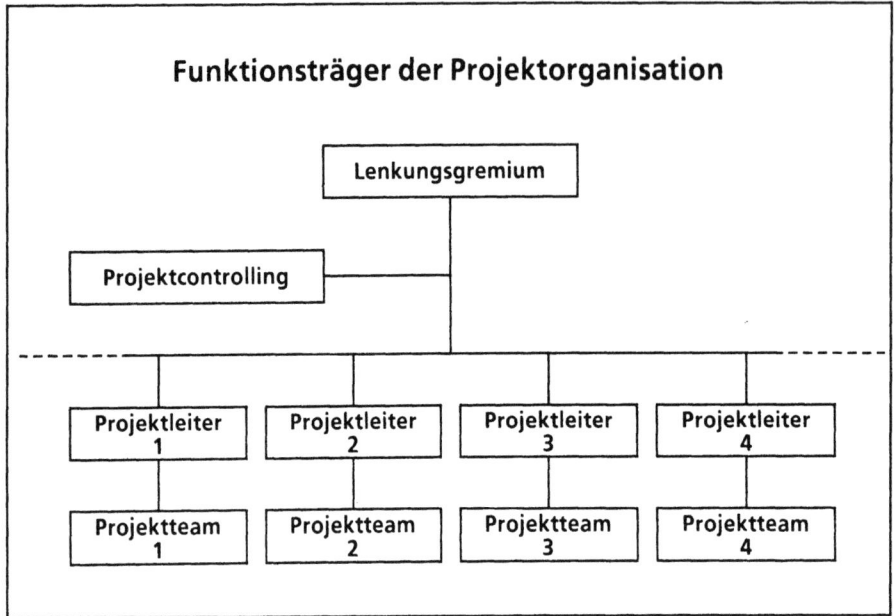

Abb. 4-6

Bei Einführung dieser Organisationsform ist es deshalb besonders wichtig, durch eine klare Regelung der Befugnisse der Kompetenzrangelei und den Zuständigkeitskonflikten zwischen Projektleitern und Linienverantwortlichen vorzubeugen.

Eine bewährte Vorgehensweise, um eine klare und abgestimmte Kompetenzabgrenzung zu erreichen, besteht darin, daß die Projektmanager und die Linienverantwortlichen das Funktionsdiagramm ihres Zusammenwirkens gemeinsam erarbeiten.

Dieses Funktionsdiagramm dient dazu, die Aufgaben eindeutig zuzuordnen, die durch die Linienorganisation oder innerhalb der Projekte abgewickelt werden sollen. Das betrifft insbesondere die Zuständigkeiten für die Ausführung von bestimmten Aufgaben sowie für Entscheidungen und die dazugehörige Entscheidungsvorbereitung, das Informationsrecht und die Mitwirkung bei Planung, Steuerung und Bewertungen.

Funktionsdiagramme können im Konfliktfall sehr hilfreich sein, aber „wichtiger ist eine gute Zusammenarbeit zwischen Projektleiter und Linienverantwortlichem, für die das übergeordnete Management durch die richtige Auswahl des Projektleiters, durch klare Projektziele, intensive informelle Kommunikation, sofortiges Eingreifen bei Konflikten und ein gutes Betriebsklima Sorge tragen muß"[3].

Damit die Vorteile der Matrixorganisation zum Tragen kommen, müssen die Organisationskultur und das Rollenverhalten zueinander passen. Denn wenn der beabsichtigte „Trade-off" zwischen Projekt- und Linieninteressen nicht bewältigt wird, gehen die Vorteile der Matrix-Organisation verloren und stellen sich dysfunktionale Effekte ein.

Beiden Projektmanagement-Modellen, d. h. der Matrix-Projektorganisation und dem Task-Force-Modell, sind die Ziele Interdisziplinarität, personifizierte Verantwortung und Transparenz der Projektabwicklung gemein. Erreicht werden sie durch das Verhalten und den Einsatz der Funktionsträger der Projektorganisation (siehe Abbildung 4-6).

4.3 Lenkungsgremium als Auftraggeber

Ein Lenkungsgremium übernimmt die Funktion des internen Auftraggebers. Es legt die Projektziele

---

[3] Vgl. JOCHEN PLATZ, HERMANN J. SCHMELZER: Projektmanagement in der industriellen Forschung und Entwicklung; Berlin/Heidelberg 1986

fest, d. h. die im Rahmen der Projekte zu erbringenden Leistungen und die angestrebten Projektergebnisse. Es überwacht die Termine und Kosten und entscheidet anhand von Zwischenergebnissen über die Weiterverfolgung.

Es bestimmt die Projektleiter, einigt sich mit ihnen über die Projektziele und überträgt ihnen die Vollmachten und die Verantwortung für die operative Ausführung.

Die Projektleiter berichten dem Lenkungsgremium in regelmäßigen Abständen über den Projektverlauf und sind verpflichtet, es bei gravierenden Planabweichungen einzuschalten.

Das Lenkungsgremium entscheidet über die Weiterführung oder den Abbruch von Projekten, über eventuelle Änderung der Projektzielsetzungen, über die Zuweisung von Ressourcen und über die Berufung der Projektleiter.

Durch Prioritätensetzung kann das Lenkungsgremium das Projektportfolio ständig den verfügbaren Ressourcen anpassen und umgekehrt. Im Lenkungsgremium müssen dazu Führungskräfte der verschiedenen beteiligten Fachdisziplinen und Funktionsbereiche vertreten sein, die hohe Entscheidungsbefugnis besitzen.

4.4 Projektleiter als Unternehmer

Eine der wichtigsten Entscheidungen für den Erfolg der Projektorganisation ist die Wahl der Projektleiter. Sie sind für alle Aufgaben der Projektabwicklung zuständig und tragen gegenüber dem Lenkungsausschuß die Ergebnisverantwortung für die Projekte.

Sie planen, überwachen und steuern die Projektarbeit. Zu definierten Entscheidungspunkten, sogenannten Meilenstein-Entscheidungen, und bei gravierenden Planabweichungen legen sie dem Lenkungsgremium einen Projektstatusbericht zur Entscheidung vor. Diese Vorgehensweise entspricht der üblichen Auftraggeber-/Auftragnehmer-Beziehung im Geschäftsleben. Der Auftraggeber stimmt die Zielsetzung und Randbedingungen mit dem Auftragnehmer ab und läßt sich Zwischenberichte über die Auftragsabwicklung geben, verantwortlich für den Ressourceneinsatz ist aber einzig der Auftragnehmer.

Damit kommt den Projektleitern in der Projektorganisation erhebliche Bedeutung zu. Sie sind „Unternehmer im Unternehmen". Um ihrer Rolle gerecht werden zu können, müssen sie mit klar definierten Befugnissen ausgestattet sein. In dieser Hinsicht weist das Projektmanagement vieler Unternehmen ernste Schwachstellen auf: Häufig werden die Projektleiter als Koordinatoren betrachtet, die gegenüber den Fachabteilungen keine Vollmachten besitzen und sich nicht durchsetzen können. Gleichzeitig aber tragen sie Projektverantwortung gegenüber dem Management.

Im Interesse eines funktionierenden Projektmanagements müssen die Projektleiter aus der Linienorganisation gelöst und direkt dem Lenkungsgremium unterstellt werden. Denkbar ist auch die Schaffung einer Abteilung „Projektmanagement", in der die Projektleiter angebunden sind. Nur durch die Herauslösung der Projektleiter aus der Linienfunktion ist es ihnen möglich, sich mit dem nötigen Einsatz der Projektarbeit zu widmen. Das Wiedereingliederungsproblem ist eher theoretischer Natur, denn in der Regel existieren in dem Unternehmen mehr Projekte als qualifizierte Projektleiter. Qualifizierte Projektleiter können ihre Karriere entweder darin sehen, immer bedeutendere Projekte zu leiten, oder sie können nach einer gewissen Zeit als Führungskraft in die Linienorganisation überwechseln.

Wesentlich für die adäquate Ausstattung des Projektleiters ist das Projektbudget. Die Erfahrung zeigt, daß erst ein mit Budget ausgestatteter Projektleiter von den Fachabteilungen als Verhandlungspartner ernst genommen wird.

Über den Mittelverbrauch müssen die Projektleiter über ein Abrechnungsverfahren Rechenschaft ablegen, bei dem der Personaleinsatz durch Abteilungsstundensätze oder Tagessätze und die laufenden Kosten wie Büromaterial, Reisekosten, Sachkosten und Abschreibungen direkt verrechnet wird. Die Zeitaufschreibung der Projektteammitglieder erfordert entsprechend einer kürzlich in der chemischen Industrie durchgeführten Studie nur 0,9 % ihrer Arbeitszeit.

Im Verhältnis zum Wert der Kostentransparenz und der Steuerungshilfe für die Projektleiter ist dieser Aufwand voll gerechtfertigt.

Ein weiteres wichtiges Hilfsmittel sind Stellenbeschreibungen für die Projektleiter, in denen ihre Pflichten und Rechte dokumentiert sind.

Die besten organisatorischen und formalen Voraussetzungen sind jedoch nutzlos, wenn die Projektleiter ihrer Rolle als „Geschäftsführer auf Zeit" nicht gewachsen sind. Sie müssen von ihrer Persönlichkeit und Kompetenz her in der Lage sein, ein Team von Spezialisten zu führen und als Mittler zwischen verschiedenen Interessengruppen zu agieren. Viele Unternehmen gehen dazu über, als förderungswürdig erkannte Mitarbeiter durch ein spezielles Schulungsprogramm zu Projektleitern heranzubilden. Die Aufnahme in den Projektleiter-Pool und die erfolgreiche Abwicklung von Projekten gilt dann als Voraussetzung für die weitere Karriere.

4.5 Interdisziplinäre Projektteams

Ein wesentliches Element der Projektorganisation ist die Bildung und Zusammenarbeit interdisziplinärer Projektteams. Die Unternehmen können heute ihre Probleme auch mit noch so qualifizierten Spezialistengruppen nicht mehr effizient bewältigen. Spezialisierung und festgefügte Organisationsstrukturen sind für Routinearbeit gut geeignet und optimierbar, aber sie hemmen die kreative Leistung und die Innovationsprozesse. Kreative Leistungen und hohe Innovationsfähigkeit können nur gesichert werden, wenn Spezialisten verschiedener Fachgebiete bei den Problemlösungen zusammenarbeiten.

Hier treten in der Einführungsphase häufig Probleme auf, die dadurch entstehen, daß die Spezialisten nur in unzureichendem Maße in der Lage sind, die fachspezifischen Gedankengänge der anderen Funktionsbereiche zu verstehen. Interdisziplinäre Teamarbeit erfordert deshalb ein Verständnis des Zusammenwirkens der verschiedenen Fachbereiche und eine hohe Lernbereitschaft, um die Zusammenhänge der Aufgabenstellung und des Lösungsansatzes zu erkennen.

Zentrale Aufgabenstellung bei der Einführung einer Projektorganisation ist es daher, die Rahmenbedingungen für eine fruchtbare, kreativitätsfördernde Zusammenarbeit zwischen den Fachabteilungen und Funktionsbereichen zu schaffen (siehe Abbbildung 4-7).

Professor Geyer forderte auf der Jahrestagung der Gesellschaft für Projektmanagement, daß sich die Unternehmen als Lernort zu verstehen haben, an dem nachgeholt werden muß, was Schulen und Universitäten versäumen und auch heute noch nicht vermitteln: Interdisziplinäre Zusammenarbeit zwischen den Berufspartnern aus den verschiedensten Fakultäten der klassischen natur- und geisteswissenschaftlichen Disziplinen[4].

Für die Zusammenarbeit in interdisziplinären Arbeitsgruppen plädiert auch die neuere Managementliteratur[5]. Der immer stärker propagierte Führungsstil, der die Mitarbeiter zur „Selbstorganisation" befähigen soll, entspricht auch dem Anforderungsprofil der Projektorganisation. Nach Balck besteht ein enger Zusammenhang zwischen diesem Führungsstil und der Stoßrichtung der derzeitigen wissenschaftsphilosophischen Diskussion[6].

Mit der Entdeckung von Selbstorganisationsprozessen in der Thermodynamik Anfang der sechziger Jahre begann eine Wissenschaftsrevolution, die inzwischen auf nahezu alle Disziplinen übergegriffen hat.

Capra, Prigogine und Haken vertreten sowohl für die Naturwissenschaften als auch für das gesellschaftliche Leben und das Zusammenspiel in Unternehmensorganisationen einen ganzheitlichen Ansatz, der sich gegen fachliche Begrenzung und Spe-

---

4 Vgl. E. GEYER: „Lernort Betrieb" und seine Bedeutung für interdisziplinäre Projektarbeit; GPM-Beiträge zur Jahrestagung 1986

5 Vgl. DIETMAR GOTTSCHALL: New Age; Management Wissen, 2/85

6 Vgl. H. BALCK: Problem- und Potentialorientierung – Prinzipien der Selbstorganisation in interdisziplinären Projekten; GPM-Beiträge zur Jahrestagung 1986

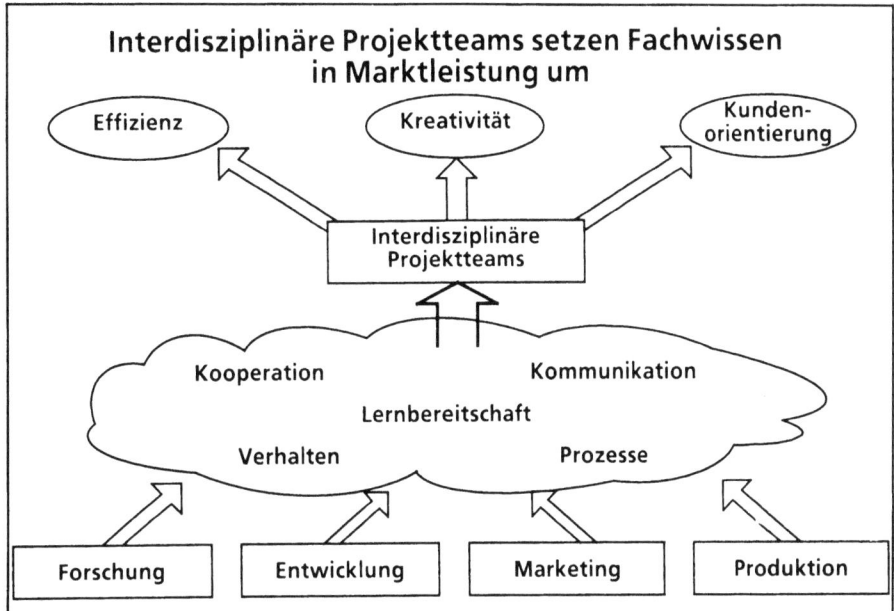

Abb. 4-7

zialistentum richtet und den Dialog zwischen den Disziplinen fordert[7, 8, 9].

Sie zeigen auf, daß das über zwei Jahrhunderte dominierende Prinzip des analytischen, zerlegenden Denkens in die Sackgasse geführt hat und immer stärker durch ganzheitliches Denken und Handeln ersetzt werden muß.

Der von Capra geforderte Wechsel zu neuen Denkweisen und -strukturen („Paradigma-Wechsel") hat auch für die Organisationsstrukturen der Unternehmen eine hohe Relevanz. Denn die Zusammenarbeit in interdisziplinären Projektteams ermöglicht das ganzheitliche Denken und Handeln auch im unternehmerischen Kontext und stellt damit eine wirkungsvolle Basis des „organizational learning" dar.

---

[7] Vgl. FRITJOF CAPRA: Wendezeit – Bausteine für ein neues Weltbild; Bern, München, Wien 1985
[8] Vgl. ILYA PRIGOGINE: Dialog mit der Natur; München 1981
[9] Vgl. HERMANN HAKEN: Erfolgsgeheimnisse der Natur-Synergetik: die Lehre vom Zusammenwirken; Stuttgart 1981

Schon bei der Zielfestlegung von Vorhaben muß der interdisziplinäre Ansatz greifen:

- Die Zieldefinition darf nicht einseitig dem technischen oder naturwissenschaftlichen Wunschdenken entspringen, es darf nicht um das technisch Machbare gehen, vielmehr müssen von Anfang an der Kundennutzen, die Marketing-Argumentation, die Produktionsmöglichkeiten und die strategischen Ziele des Unternehmens insgesamt berücksichtigt werden.
Denn häufig führt die unzureichende Beachtung der Anforderungen anderer Funktionsbereiche im Unternehmen und der Marktbedingungen dazu, daß Entwicklungsstufen neu durchlaufen werden müssen oder daß das Unternehmen am Markt scheitert. Die interdisziplinäre Abstimmung ist daher ein Gebot unternehmerischer Vernunft.
- Die frühzeitige Einbeziehung der Kunden ist heute immer wichtiger, um neue Entwicklungen und Angebote auf den schwer zu erfassenden Bedarf auszurichten. Daher müssen Marketing und Vertrieb vom ersten Tag an der Projektdefinition und -durchführung beteiligt werden.

Das Projekt-Controlling muß auf die Form des Projektmanagements abgestimmt sein

Organisatorische Komplexität \ Budgetrahmen	≤ 0,5 Mio DM	0,5-1,0 Mio DM	> 1,0 Mio DM
Bereichsübergreifend	- Kostenerfassung	- Genehmigungsprocedere A - Projektbewertung - Meilensteine - Projektbudget - Projektbericht - Kostenerfassung	- Genehmigungsprocedere A - Projektbewertung - Meilensteine - Projektbudget - Projektbericht - Kostenerfassung
Abteilungsübergreifend	- Kostenerfassung	- Genehmigungsprocedere B - Projektbewertung - Meilensteine - Projektbericht - Kostenerfassung	- Genehmigungsprocedere A - Projektbewertung - Meilensteine - Projektbudget - Projektbericht - Kostenerfassung
Abteilungsintern	- Kostenerfassung	- Genehmigungsprocedere B - Projektbewertung - Meilensteine - Projektbericht - Kostenerfassung	- Genehmigungsprocedere B - Projektbewertung - Meilensteine - Projektbericht - Kostenerfassung

Abb. 4-8

4.6 Projekt-Controlling als Basis der Leistungssteuerung

Die Aufgabe des Projekt-Controlling geht weit über die Erfolgskontrolle hinaus: Es dient der umfassenden Projekt- und Programmplanung und bezieht die Bewertung von Zwischenergebnissen und die Abstimmung mit der Unternehmensstrategie mit ein. Es muß auf die jeweils angewandte Form des Projektmanagements abgestimmt sein (siehe Abbildung 4-8).

Nach Gaiser, Horváth, Mattern und Servatius besteht das F&E-Controlling aus drei wesentlichen Bausteinen[10]

– der Selektion und Effizienzanalyse von F&E-Projekten,
– der Vernetzung der Funktionsbereiche,
– der Integration von Einzelprojekten zu einem strategischen Programm.

Dazu muß das Projekt-Controlling die Linien- und Projektmanager und die Mitglieder des Lenkungsgremiums mit entscheidungsorientierten Informationen versorgen. Die strategische Aussagekraft und Interpretierbarkeit der Informationen ist dabei das Kriterium, an dem die Leistung des Controlling gemessen werden kann (siehe Abbildung 4-9).

Basis der strategischen Projekt- und Programmsteuerung müssen die Zielbestimmung und die Planung sein, denn nur wenn das Ziel und der Weg zu diesem Ziel definiert sind, lassen sich Abweichungen identifizieren und Korrekturmaßnahmen einleiten. Das Controlling muß daher die Systematik der Projektplanung und -steuerung vorgeben.

Die Projekt- und Programmpläne müssen gemeinsam mit den Projektleitern und in Abstimmung mit den Fachabteilungen erstellt werden und die terminliche Planung der einzelnen Aktivitäten und Meilensteine, die benötigten Ressourcen sowie den erwarteten Kostenverlauf beinhalten, so daß sie in abteilungsbezogene Planungen und Kostenstellenbudgets umgesetzt und für ständige Soll-Ist-Vergleiche benutzt werden können.

Die Zusammenfassung der einzelnen Projektpläne zu einem F&E-Projektportfolio des Unternehmens erlaubt es dann, Entscheidungen über ein-

---

10 Vgl. BERND GAISER, PÉTER HORVÁTH, KLAUS MATTERN, HANS-G. SERVATIUS: Wirkungsvolles F+E-Controlling stärkt die Innovationskraft; Harvard Manager, 3, 1989

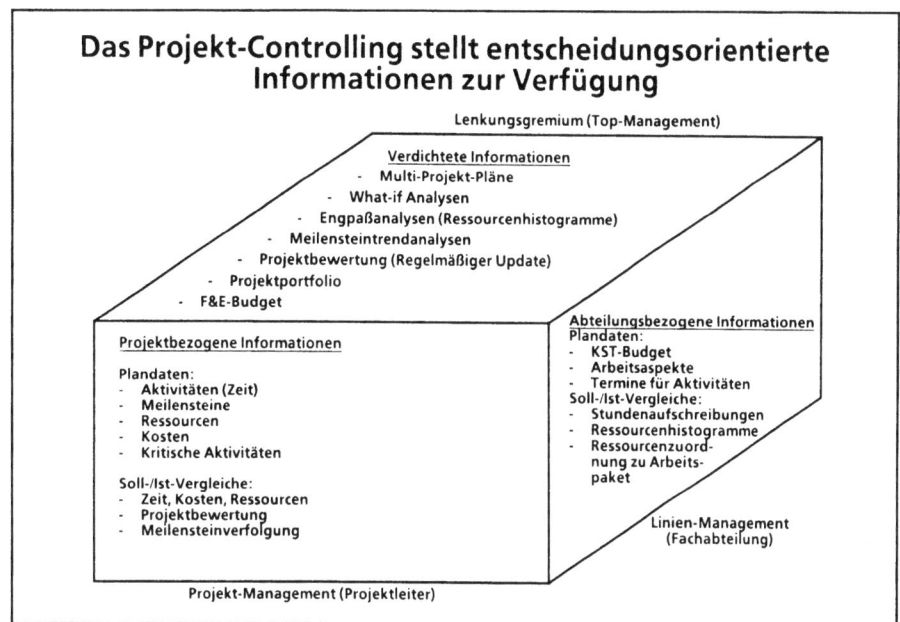

Abb. 4-9

zelne Projekte im Gesamtzusammenhang zu fällen. Häufig klagen Projektleiter und Fachabteilungen darüber, daß die Unternehmensleitung ständig die Prioritäten ändert. Im Rahmen einer transparenten F&E-Portfolioplanung können die Auswirkungen von Prioritätenänderungen unmittelbar erkannt und damit Kapazitätsengpässe vermieden werden. Das Projekt-Controlling muß aufzeigen, welche Konsequenzen Terminverschiebungen und Änderungen des Projektportfolios auf die Ressourcen und damit auf alle anderen Projekte haben.

Das Management muß und kann dann strategisch entscheiden, welche Bedeutung die einzelnen Projekte im Verhältnis zueinander haben, wie die vorhandenen Ressourcen zugeordnet werden können, um die Entwicklungsziele zu erreichen, ob zusätzliche Ressourcen eingesetzt werden müssen oder ob einzelne Vorhaben nach außen vergeben werden sollen.

Die Steuerung von F&E-Projektportfolios mit Hilfe der Projektmanagement-Systematik erfordert von den meisten Unternehmen einen beträchtlichen Lernprozeß, der nicht unterschätzt werden darf. Besondere Anforderungen stellt dieses Vorgehen, wenn das Unternehmen mehrere F&E-Standorte betreibt, weil es eine internationale Strategie verfolgen will. Im folgenden wollen wir daher diese Anforde-

rungen näher beleuchten, weil im Zuge der Globalisierung und der Entstehung des europäischen Binnenmarktes internationale F&E-Fähigkeiten rapide an Bedeutung gewinnen werden.

4.7 Projektmanagement in Unternehmen mit internationalen F&E-Standorten

Unternehmensstrategien sind nur in dem Maß international, in dem sie über die operationale Präsenz in internationalen Märkten hinaus ein intensives Eingehen auf die unterschiedlichen sozio-kulturellen Bedingungen und die spezifischen Potentiale der verschiedenen Regionen beinhalten.

Es klingt fast anachronistisch, das im Zeitalter der Globalisierung zu formulieren. Aber das Weltauto ist Nonsens! Das für den deutschen Markt optimierte Auto ist für den amerikanischen Markt zu schnell und zu teuer, für den japanischen und südostasiatischen zu groß – das für amerikanische Verhältnisse optimierte Auto ist außerhalb der USA ein Unikum. Daraus Weltautos machen zu wollen, hieße es keinem recht zu machen.

Die Japaner haben die Bedeutung unterschiedlicher sozio-kultureller Bedingungen für internationale Strategien erkannt – sie schaffen Design- und Entwicklungszentren in Europa und in den USA, um ihre Autos gezielt für die Anforderungen einzelner Regionen zu entwickeln.

Auch eine Reihe europäischer Unternehmen erkennen zunehmend, daß erfolgreiche Präsenz in wichtigen internationalen Märkten ein Ohr an den besonderen Bedingungen und Anforderungen dieser Märkte erfordert und daß diese Besonderheiten auch in Zukunft über die lokalen Marketing- und Vertriebsbedingungen hinausgehen.

Der Innovationswettbewerb, der heute die meisten Branchen zunehmend charakterisiert, setzt eine enge und schnelle Interaktion zwischen Marketing, Vertrieb und Entwicklung voraus. Der Entwickler in Stuttgart ist aber zu langsam und verständnislos, wenn es um die Produktbelange in den USA geht.

Die Siemens AG schaffte den Durchbruch im amerikanischen Telekommunikationsmarkt, als sie in Bocca Raton ein eigenes Entwicklungszentrum mit amerikanischen Entwicklern aufbaute. Die Bayer AG versah ihre amerikanische Tochter Mobay von vornherein mit einer hochkarätigen Entwicklungskapazität, die Hoechst AG erwarb mit der Celanese Corp. nicht zuletzt ein wertvolles Entwicklungspotential, und die BASF AG baute ihre biotechnologische Forschung und Entwicklung nach gründlicher Standortwahl bei Boston auf.

Die Unternehmensziele bei der Schaffung oder beim Erwerb internationaler F&E-Standorte sind vielfältig:

– Zugang zu spezifischem Entwicklungs- und Technologie-Know-how, das besser in dem besonderen Umfeld eines gegebenen Standorts gedeiht (z. B. Mikroelektronik in Silicon Valley),
– Nutzung besonderer Fähigkeitspotentiale und Leistungsschwerpunkte anderer sozio-kultureller Umfelder (z. B. englischer Erfindergeist, japanischer Pragmatismus),
– Nähe der Entwicklungsleistung zu Marktgebieten mit besonderen Produkt- und Technologieanforderungen (z. B. spezifische Telekommunikationsmärkte, Märkte für Pharmazeutika),
– Aufgliederung der Entwicklungsressourcen, um große F&E-Bürokratien zu vermeiden (z. B.

F&E-Regionalzentren von IBM oder Hewlett-Packard),
– F&E-Standortwahl nach Forschungsgebieten, um Behinderungen der Wahl der Arbeitsgebiete zu vermeiden (z. B. gentechnische Forschung nicht in der Bundesrepublik Deutschland, sondern in den USA).

Internationale Unternehmensstrategien machen es zunehmend erforderlich, auch internationale F&E-Standorte zu schaffen. Diese Tendenz dürfte sich durch die Weiterentwicklung des europäischen Binnenmarktes eher verstärken. Außer bei Commodity-Produkten ohne Differenzierungspotentiale werden die Unternehmen im europäischen Markt auf Dauer die höchste Akzeptanz finden, die die europäischen Kunden nicht über einen Kamm zu scheren versuchen. Französische Patienten werden eben auch in Zukunft lieber Zäpfchen benutzen, wo deutsche Patienten eher Tabletten schlucken.

4.7.1 Probleme des F&E-Managements bei internationalen F&E-Standorten

So sinnvoll es aus entwicklungs- und unternehmensstrategischen Gesichtspunkten auch sein mag, F&E-Standorte im internationalen Marktgebiet zu dezentralisieren, so kontraproduktiv können die damit verbundenen Probleme sein.

Zunächst einmal scheinen die Größendegressionseffekte gegen eine geographische Fragmentierung der Entwicklungsressourcen zu sprechen: eine Konzentration an einem Standort verspricht Kosteneinsparungen bei der Infrastruktur und höhere Synergien durch Ressourcen- und Know-how-Austausch. Dezentralisierung kann dagegen zu einer Duplizierung von Ausrüstungen und Know-how führen.

Darüber hinaus gehörte die Entwicklungsfunktion traditionsgemäß zum „Kopf" des Unternehmens, machte seine Identität mit aus und war Bestandteil seiner nationalen Zugehörigkeit. Ein „deutsches" Unternehmen ist im Bewußtsein vieler heute noch deutsch, weil in der Entwicklung deutsche Qualität und deutsches technisches Know-how gesichert werden.

Diese beiden Faktoren haben dazu geführt, daß die F&E-Funktion bei vielen international tätigen Unternehmen, auch solchen mit zahlreichen Produktionsstandorten, zu den am stärksten zentralisierten gehört.

Unternehmen, die dagegen strategisch gewollt oder historisch bedingt mehrere F&E-Standorte aufweisen, haben die Erfahrung gemacht, daß der Nachteil höherer Infrastrukturkosten mehr als aufgewogen wird durch die stärkere Identifikation der Entwickler mit den unternehmerischen Belangen „ihres" Profit Centers. Sie profitieren auch spürbar von den Impulsen und Denkansätzen, die Entwickler aus anderen sozio-kulturellen Umfeldern einbringen. Aber sie haben in der Mehrzahl der Fälle mit ganz anders gearteten Problemen zu kämpfen:

– Schwierigkeiten bei der wirkungsvollen Abgrenzung der Arbeitsgebiete zwischen den F&E-Standorten, um Überlappungen der Entwicklungsvorhaben zu vermeiden,
– Barrieren des Erfahrungsaustauschs aufgrund von Verhaltensweisen des „Not invented here", des standortbezogenen internen Wettbewerbs und unterschiedlicher technischer Auffassungen,
– Verzögerungen und Meinungsverschiedenheiten bei der Übergabe von F&E-Ergebnissen von einem Standort zum anderen,
– Unzulänglichkeiten der Steuerung des unternehmensweiten F&E-Programms und der Bewertung und Lenkung einzelner F&E-Vorhaben,
– Schwierigkeiten bei der effizienten internationalen Marktumsetzung von Neuentwicklungen.

Die F&E-Verantwortlichen an den einzelnen Standorten sind typischerweise in das Profit Center integriert, in dessen Zuständigkeitsbereich sie angesiedelt sind. Häufig gehören sie selber zum Profit-Center-Management und sind daher einem Konflikt ausgesetzt:

– im Rahmen des jeweiligen Profit Centers sind sie motiviert, ihr F&E-Programm thematisch und kostenmäßig an den lokalen Bedürfnissen und Anforderungen auszurichten,

– als Mitglieder einer internationalen F&E-Organisation wird von ihnen verlangt, die Gesamtinteressen des Unternehmens zu berücksichtigen und damit ihre F&E-Vorhaben auch entsprechend den Bedürfnissen und Anforderungen anderer Profit Centers auszurichten.

Je stärker sie das letztere tun, um so weniger berechtigt ist es, die standortbezogenen F&E-Kosten dem entsprechenden Profit Center zuzuordnen. Je höher der Ertragsdruck auf die Profit Centers ist, um so stärker ist auch der Druck, die F&E-Aufwendungen am Standort den finanziellen Möglichkeiten des einzelnen Profit Centers unterzuordnen.

Auch die unternehmensweite F&E-Steuerung erweist sich in der Regel als problematisch. Wenn der F&E-Verantwortliche auf Gesamtunternehmensebene in die F&E-Aktivitäten an den einzelnen Standorten „hineinregiert", so stößt er auf den Widerstand der Profit Centers. Wenn er gemeinsame F&E-Interessen durch eine zentrale F&E-Einrichtung zu bewältigen versucht, so gerät er in Gefahr, hohe zentrale F&E-Kosten zu verursachen und Widerstände beim Transfer in die Profit Centers zu wecken.

So haben in den letzten Jahren viele Unternehmen mit einer zentralen Forschung und Entwicklung und mehreren internationalen F&E-Standorten festgestellt, daß

– ihre F&E-Kosten insgesamt überproportional gestiegen sind, während die Ergebnisse, die aus der „F&E-Pipeline" kommen, immer unbefriedigender sind und immer länger auf sich warten lassen,
– die Einflußnahme auf das unternehmensweite F&E-Programm immer fragmentierter und kontroverser geworden ist, wobei die Profit Centers der Zentrale inkompetente Reglementierung vorwerfen und die Zentrale über die Partikularinteressen der einzelnen F&E-Standorte klagt,
– der Zusammenhang zwischen den Unternehmensstrategien auf der Ebene des Gesamtunternehmens und der der einzelnen Profit Centers mit den F&E-Aktivitäten immer weniger gesichert ist.

Gleichzeitig geraten diese Unternehmen aber unter zunehmenden Innovationsdruck durch andere Wettbewerber, die die F&E-Steuerung wesentlich besser im Griff zu haben scheinen, die Zeitvorsprünge bei der marktgerechten Einführung neuer Produkte und Technologien herausholen und damit deutlich Marktanteile im internationalen Markt gewinnen.

Es stellt sich daher immer stärker die Frage, wie auf der einen Seite die Unternehmensziele bei der Schaffung internationaler F&E-Standorte wirkungsvoll verfolgt und auf der anderen Seite die internationalen F&E-Aktivitäten erfolgreicher gesteuert werden können, um die Verfolgung der Gesamtinteressen des Unternehmens durch einen F&E-Verbund zu sichern.

4.7.2 Lösungsansätze für eine integrierte Führung und ein gesamtheitliches Controlling internationaler F&E-Aktivitäten

Es zeigt sich immer wieder, daß eine starke zentrale Führung internationaler F&E-Standorte nicht die Lösung ist. Die dazu erforderliche zentrale Fachkompetenz und Kenntnis der verschiedenen lokalen Gegebenheiten kann nur mit hohem Ressourcenaufwand und rigiden Formalismen etabliert werden. Je höher die zentrale Kompetenz und Einflußnahme aber ist, um so stärker wird das eigentliche Ziel einer Dezentralisierung der F&E-Standorte beeinträchtigt: die Eigenmotivation der dezentralen F&E-Standorte und Profit Centers schwindet, die Reibereien zwischen Zentrale und Profit Centers nehmen zu und Kontrolle anstelle von Steuerung wird die Regel.

Es gibt genügend Fälle, wo die Profit Centers mit ihren F&E-Aktivitäten die zentrale Kontrolle bewußt unterlaufen – und zwar im festen Bewußtsein, damit dem Gesamtunternehmen zu nützen. Das Paradebeispiel hierfür ist die Entwicklung des weltweit erfolgreichsten Pharmazeutika, Tagamet, das im englischen Welwyn Research Institute entgegen den Anweisungen der Zentrale der amerikanischen Muttergesellschaft Smith Kline & French Laboratories durchgeboxt wurde[11]. Auch Polypropylen wurde im Ferrara Research Center weitab vom Hauptsitz des Unternehmens Montedison und entgegen den Richtlinien der Zentrale entwickelt[12].

Es scheint geradezu eine Grundregel des F&E-Managements zu sein, daß sich Forschungs- und Entwicklungsleistung nur mit eskalierendem Aufwand zentral erzwingen läßt. Um so erschreckender ist es, daß dieser Versuch dennoch auch heute noch immer wieder unternommen wird. Wer zentrale Verantwortung für international strukturierte F&E-Aktivitäten erlangt, ist versucht, dazu selber die fachliche Kompetenz aufzubauen – gerade Naturwissenschaftler und Techniker unterliegen dieser Versuchung. Der Preis an unternehmensinternen Spannungen und an Kontrollaufwand, den sie dafür bezahlen müssen, ist hoch.

Welcher Lösungsansatz ist der bessere? Arthur D. Little International hat ein Führungskonzept für einen Verbund aus internationalen F&E-Standorten entwickelt und in einer Reihe von Unternehmen implementiert, das auf der Einbeziehung der F&E- und Marketingverantwortlichen der verschiedenen internationalen Standorte in die gesamtheitliche Steuerung beruht.

Der grundlegende Ansatz besteht darin, daß

— in einem dezentralisierten Unternehmen mit internationalen F&E-Standorten dennoch eine einheitliche weltweite F&E-Strategie verfolgt werden muß, um Innovationserfolge so zügig wie möglich im gesamten Marktgebiet zu nutzen und um die gesamten F&E-Aufwendungen zu optimieren,

— eine einheitliche weltweite F&E-Strategie aber nur entstehen kann, wenn alle F&E-Verantwortlichen aus eigener Überzeugung darauf „eingeschworen" sind und entsprechend miteinander kooperieren,

— die „Einschwörung" und Kooperationsbereitschaft über die verschiedenen internationalen F&E-Standorte hinweg nur dadurch zustande gebracht werden kann, daß die F&E-Verant-

---

11 Vgl. JOHN M. KETTERINGHAM, RANGANATH P. NAYAK: Senkrechtstarter; Düsseldorf, Wien, New York 1987
12 Vgl. JOHN M. KETTERINGHAM, RANGANATH P. NAYAK: Breakthroughs; New York 1986

wortlichen zusammen mit den Marketingverantwortlichen gemeinsam die weltweite F&E-Strategie erarbeiten und steuern und ihre Rollen definieren,
- die Akzeptanz der F&E-Strategie und der Rollen der einzelnen F&E-Standorte durch die betroffenen Profit Centers nur dadurch gewährleistet werden kann, daß das Profit-Center-Management gemeinsam aus der Unternehmensstrategie und den daraus abgeleiteten Profit-Center-Strategien den Rahmen für die F&E-Strategie vorgibt und die Durchsetzung der weltweiten F&E-Strategie auch lokal unterstützt.

Diese Form der integrierten Führung wird durch die Bildung eines unternehmensweiten F&E-Steering-Committees ermöglicht, im dem der F&E- und der Marketingverantwortliche auf Unternehmensebene zusammen mit den F&E- und Marketingverantwortlichen auf Profit-Center-Ebene die Schwerpunkte festlegen, in Projekte umsetzen, die den einzelnen Standorten je nach Befähigung und Ressourcen zugeordnet werden.

Auf diese Weise kann es sich ergeben, daß an einem der F&E-Standorte überproportionale Aufwendungen entstehen, so daß das betroffene Profit Center prozentual zum Umsatz einen höheren F&E-Anteil zu tragen hat, während andere Profit Centers eventuell von F&E-Kosten entlastet werden.

Um diese Konsequenzen auch mit der Unternehmensführung und den Profit-Center-Verantwortlichen abzustimmen, erfordert diese Form der integrierten Führung ein weiteres Gremium, Forum genannt, in dem die Profit-Center-Verantwortlichen und die Unternehmensführung den Abgleich zwischen Unternehmens- und F&E-Strategie vornehmen. Der F&E- und der Marketingverantwortliche auf Unternehmensebene sind sowohl im F&E-Steering-Committee als auch im Forum vertreten und stellen auf diese Weise die Verbindung zwischen beiden dar.

Um die internationale F&E-Strategie zu optimieren, muß eine hohe Flexibilität bei der Ressourcenzuteilung für F&E-Vorhaben bestehen, d. h. es kann nicht mehr von den Profit Centers erwartet werden, daß sie dieselbe Ertragsmarge erwirtschaften. Im Zusammenhang mit der Zuordnung von F&E-Vorhaben müssen daher auch unterschiedliche Ertragsziele für die einzelnen Standorte definiert werden. Sie verwandeln sich dadurch von selbstbestimmenden Profit Centers in **Strategy Centers**[13], deren Mission aus einer Kombination von lokalen Geschäftszielen und unternehmensweiten Aufgaben besteht.

Das F&E-Steering-Committee fungiert für die definierten F&E-Projekte als Steuerungs- und Entscheidungsinstanz. Um die gesamtheitliche Controlling-Aufgabe wahrnehmen zu können, benötigt das F&E-Steering-Committee einen ständigen Überblick über das unternehmensweite Portfolio von F&E-Projekten und über den Status jedes strategischen F&E-Projekts. Dabei werden F&E-Projekte als strategische angesehen, wenn sie für mehr als ein Strategy Center von Bedeutung sind.

Das F&E-Projektportfolio und der Projektstatus müssen zu diesem Zweck nach bestimmten Kriterien beschrieben und bewertet werden. Wesentlich sind dabei der Ressourcen- und Zeitbedarf, das Differenzierungs- und Ertragspotential und das Risiko für das Unternehmen[14]. Die Verantwortung für die Projektdurchführung und für die Berichterstattung an das F&E-Steering-Committee müssen Projektleiter übernehmen, die zwar jeweils an einem der F&E-Standorte angesiedelt sind und disziplinarisch dem dortigen F&E-Verantwortlichen unterstehen, die aber bezüglich der eingesetzten Ressourcen und der erzielten Ergebnisse unmittelbar dem F&E-Steering-Committee gegenüber Rechenschaft schuldig sind.

Dieses strategische Projektmanagement ist die entscheidende Voraussetzung einer funktionierenden integrierten F&E-Führung und eines gesamtheitlichen Entwicklungs-Controlling.

---

13 Vgl. ARTHUR D. LITTLE INTERNATIONAL: Neue Führungsanforderungen in der chemischen und pharmazeutischen Industrie; Wiesbadener Unternehmergespräch 1987
14 Vgl. CLAUS TIBY: Die Basis der unternehmerischen Initiative: Systematisch neue Produkte und Leistungen entwickeln, in: Arthur D. Little (Hrsg.): Management des geordneten Wandels; Wiesbaden 1988

4.7.3 Realisierungsvoraussetzung: Strategisches Projektmanagement

Die unternehmerische Wirksamkeit des integrierten F&E-Managements in einem Unternehmen mit internationalen F&E-Standorten hängt direkt von den Vollmachten und Verantwortungen der Projektmanager ab.

Sie dürfen keine machtlosen Koordinatoren sein, sondern sie müssen vom F&E-Steering-Committee mit einem klaren Auftrag, einem Projektteam und einem Budget ausgestattet werden. Um diesen Auftrag zu erlangen, müssen sie zunächst nach einem vorgegebenen Format einen Projektvorschlag vorlegen, in dem das angestrebte Ziel und die benötigten Ressourcen definiert und zueinander in Relation gesetzt sind. Daraus müssen sich die beim jeweiligen Wissensstand abschätzbare Attraktivität und das Risiko des Projekts ableiten lassen. Das F&E-Steering-Committee kann so ständig eine Portfolio-Optimierung durchführen und bei Überschreitung des Ressourcenrahmens eine unternehmerisch sinnvolle Selektion vornehmen. Der Projektplan muß die Leistungsziele und die angestrebten Spezifikationen enthalten, den Zeitbedarf darstellen und den geschätzten Kostenverlauf aufzeigen.

Auf diese Weise wird der Projektmanager zum Unternehmer, der in gewissen Abständen mit seinem Projektteam Rechenschaft über den Projektstatus, die Terminsituation und das Budget ablegen muß.

Es ist klar, daß für diese Vorgehensweise qualifizierte Projektleiter benötigt werden, die im Projektmanagement geschult sein müssen. Nur sie sind in der Lage, die ihnen zugeordneten Ressourcen effizient und im Interesse des Gesamtunternehmens zu steuern und dabei Partikularinteressen zu überwinden. Ihr Führungsgremium ist das F&E-Steering-Committee, das ihnen die Vollmacht zur Nutzung von Ressourcen aus unterschiedlichen Strategy Centers überträgt.

Das Projektmanagement überbrückt dadurch die Zuständigkeitsbegrenzungen einzelner F&E-Standorte und ermöglicht es, die Unternehmensziele bei der Schaffung internationaler F&E-Standorte zu realisieren:

- Nutzung spezifischen Entwicklungs- und Technologie-Know-hows einzelner F&E-Standorte und besonderer Fähigkeitspotentiale unterschiedlicher sozio-kultureller Umfelder,
- Nähe der Entwicklungsleistung zum Markt und Vermeiden von F&E-Bürokratie,
- Sicherung des Erfahrungsaustauschs zwischen den F&E-Standorten und einer zügigen Übergabe der F&E-Ergebnisse.

Mit der Einführung des strategischen Projektmanagements muß im gesamten Unternehmen eine neue Unternehmenskultur Platz ergreifen, die wir als „Alle für eine gemeinsame Sache" bezeichnen[15].

Es ist immer wieder überraschend, wie schwer es den Mitarbeitern eines Unternehmens fällt, in dem Augenblick, in dem die durch die Profit-Center-Zwänge heraufbeschworenen Egoismen nicht mehr erforderlich sind, die Gesamtinteressen des Unternehmens zu verfolgen.

Hier muß das Entwicklungs-Controlling ansetzen: die Propagierung und ständige Verdeutlichung der gemeinsamen Unternehmensstrategie ist Voraussetzung, um die Verhaltensweisen und Prioritäten auf eine *integrative* Orientierung hinzulenken.

4.7.4 Internationales Entwicklungs-Controlling

Entwicklungs-Controlling in einem Unternehmen mit internationalen F&E-Standorten hat drei Ziele:

- ständige Optimierung des Portfolios von F&E-Projekten aller Standorte nach Attraktivitäts- und Risikogesichtspunkten innerhalb eines strategisch zu bestimmenden gesamtunternehmerischen Ressourcenrahmens,
- ständige Abstimmung der lokalen F&E-Aktivitäten mit der gesamtheitlichen Unternehmensstrategie,
- ständige Einflußnahme auf die Verhaltensweis-

---

15 Vgl. TOM SOMMERLATTE: Veränderung der Unternehmenskultur, in: Arthur D. Little International (Hrsg.): Management des geordneten Wandels; Wiesbaden 1988

sen der Verantwortlichen für Teilbereiche, um Suboptimierungen auf der Basis von Partikularinteressen oder Bereichsdenken zu vermeiden.

Die Schwierigkeit, aber auch die Auswirkung auf den strategischen Erfolg nimmt in der angegebenen Reihenfolge zu. Das Ziel der Optimierung eines Portfolios von F&E-Projekten kann durch entsprechende rationale Analysen und Gesamtdarstellungen noch am ehesten erreicht werden. Die Aktivitäten des F&E-Steering-Committees sowie die Spielregeln des strategischen Projektmanagements reichen dazu aus. In der Regel kann eine dem F&E-Steering-Committee zugeordnete Stabsstelle die von den Projektmanagern gelieferten Informationen so aufbereiten, daß die Steuerungsentscheidungen des F&E-Steering-Committees allen Beteiligten offensichtlich werden.

Die Verbindung zur Unternehmensstrategie ist dagegen in den meisten Fällen ein schwierigerer Prozeß, weil die Unternehmensstrategie kaum artikuliert ist und weil die explizite Abstimmung zwischen Unternehmensstrategie und F&E-Programmen noch ungewohnt ist.

Dabei ist unter Unternehmensstrategie nicht ein detaillierter Analyse- und Planungsprozeß zu verstehen, sondern in erster Linie die begründete und verbindliche Formulierung von Unternehmenszielen und von Maßnahmenschwerpunkten, um diese Ziele zu erreichen.

In den einzelnen funktionalen Bereichen können erst auf dieser Basis abgestimmte Teilstrategien entwickelt und verfolgt werden. Im F&E-Bereich haben die Teilstrategien mit Produkt-Markt-Segmenten zu tun, auf die sich das Unternehmen konzentrieren will und für die es innovative, differenzierungsfähige Neuentwicklungen benötigt, und zwar mit einem bestimmten Timing.

Darüber Konsensus herbeizuführen – zwischen den einzelnen F&E-Standorten und zwischen der F&E-Funktion und der Unternehmensführung – ist die wichtigste Aufgabe des Forum. Erfahrungsgemäß spielt sich die Zusammenarbeit in diesem Gremium viel langsamer ein als im F&E-Steering-Committee. Sie ist aber wesentlich für die gesamte Orientierung des Unternehmens.

Controlling hat hier zunehmend mit Verhalten und Interessen zu tun. Häufig verhalten sich die Führungskräfte an den einzelnen Standorten suboptimal und antagonistisch, weil sie ihre unternehmerische Abhängigkeit von einander nicht erkennen. Controlling besonders im Entwicklungsbereich muß verdeutlichen, welchen Anteil die einzelnen Standorte am Zukunftsrisiko des Gesamtunternehmens haben. Gerade Unternehmen mit internationalen F&E-Standorten müssen in der Lage sein, einzelne Vorhaben auf der Basis von Zwischenergebnissen, Umfeldveränderungen oder Zielkorrekturen zu stoppen oder zu reorientieren – zugunsten anderer Vorhaben oder um das Risiko insgesamt zu reduzieren.

Da die Fähigkeit kriegsentscheidend wird, F&E-Ergebnisse schnell im gesamten internationalen Marktgebiet umzusetzen, um den größtmöglichen Innovationsvorsprung zu erzielen, und dabei die lokalen Produktanforderungen so sensibel wie möglich zu erkennen und zu erfüllen („Weltprodukte" herstellen kann jeder!), haben Unternehmen mit internationalen F&E-Standorten einen zunehmenden Wettbewerbsvorteil, vorausgesetzt, daß sie ihr gesamtheitliches Entwicklungs-Controlling in den Griff bekommen.

Fünftes Kapitel

Key-Account-Management –
die Hingabe zum Kunden

Dr. Werner A. Knetsch

In jüngster Zeit wird die Marketing- und Vertriebsleistung vieler Unternehmen kritisch betrachtet. Das Thema Key-Account-Management wird dabei häufig wie eine Neuentdeckung in die Diskussion geworfen. Das überrascht zunächst, weil das Marketing-Management in der Investitionsgüterindustrie schon seit langem Züge eines Key-Account-Managements aufweist. Auch viele Hersteller von Konsumgütern und Markenartikeln haben das Key-Account-Management als Instrument erkannt, um sich auf die Konzentration der Abnehmer einzustellen[1].

Warum also die neu aufflammende Auseinandersetzung mit einem bekannten Thema?

Viele Unternehmen müssen erkennen, daß ihre Umsatzabhängigkeit von wenigen Kunden ein besorgniserregendes Ausmaß angenommen hat (siehe Abbildung 5-1).

---

[1] Vgl. KARL-HEINZ STROTHMANN: Großkundenmanagement: Historische Entwicklung im Konsumgütermarketing und aktuelle Tendenzen in der Investitionsgüterindustrie, Vortrag auf der Konferenz über Großkundenmanagement des Instituts für International Research; Düsseldorf, 5./6. Juni 1989

Insbesondere Unternehmen mit einem breiten Produkt- und Leistungsspektrum sehen darüber hinaus, daß die Vertriebsbeauftragten des einen Produktbereichs nichts von den Bemühungen ihrer Kollegen aus den anderen Produktbereichen im selben Kundenunternehmen wissen und daß dadurch Möglichkeiten der Kopplung und Abstimmung nicht erkannt werden. Umsatzpotentiale bleiben, so befürchten die Unternehmen, ungenutzt, weil die rechte Hand nicht weiß, was die linke tut. Es findet schon in der Vertriebsfunkion kein „organizational learning" statt. Besonders gravierend ist dies, wenn die einzelnen Produktbereiche unter verschiedenen Eigennamen vermarktet werden und der Kunde nicht erkennen kann, daß dahinter derselbe Lieferant steht.

Andere Unternehmen stellen fest, daß ihre derzeitige Vertriebsorganisation insgesamt nicht mehr auf die veränderten Vertriebsanforderungen vorbereitet ist (siehe Abbildung 5-2).

Bei einem Hersteller von Elektronik-Komponenten traten z. B. folgende Fragestellungen auf:

– Wie kann eine effizientere Vertriebsbetreuung gegenüber den strategisch wichtigsten Kunden organisiert werden?

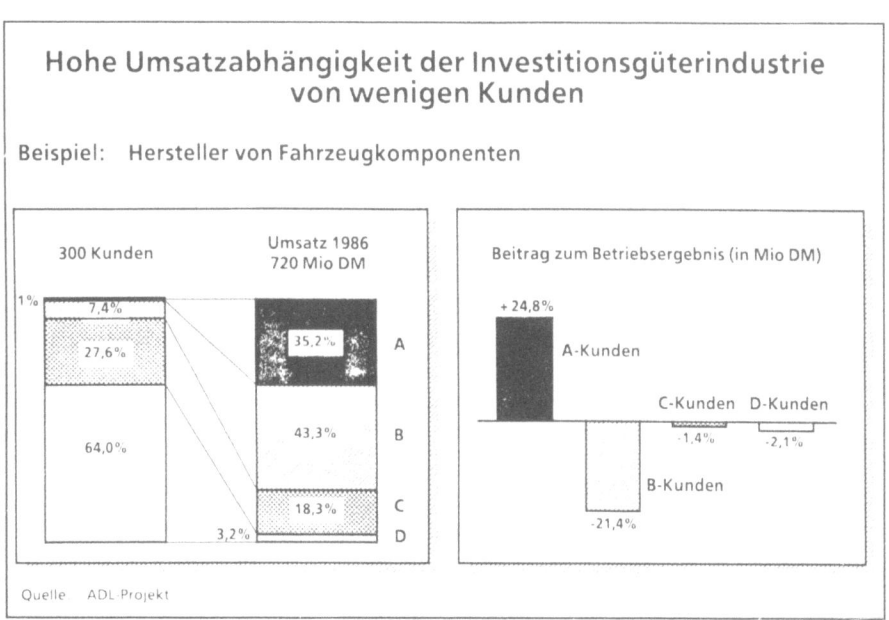

Abb. 5-1

> **Die Vertriebsschwerpunkte der Zukunft führen zu veränderten Vertriebsanforderungen**
>
> Beispiel: Hersteller von elektronischen Komponenten
>
> | Vertriebsschwerpunkte der Zukunft | Veränderte Vertriebsanforderungen |
> |---|---|
> | o Stärkere Ausrichtung auf interessante Bedarfsträger
o Konzentration auf „Schlüssel"-Kunden (Customer Penetration Strategy)
o Zunehmende Bedeutung von applikations- und kundenspezifischen Produkten
o Mitgestaltung und Unterstützung des Entwicklungsprozesses beim Kunden
o Wirkungsvolle Ansteuerung der Produktbereiche mit Innovationsprojekten durch Vertriebsfunktion
o Stärkere Betonung des Initiative Sellings (60% Erfolgswahrscheinlichkeit) versus dem Reactive Selling (30% Erfolgswahrscheinlichkeit) | o Zunehmende Bedeutung von internationalen Accounts
o Intensivere Betreuung der Entwicklungs- und Forschungsabteilungen
o "Time to Market" wird zunehmend kritischere Erfolgsgröße
o Zunehmende Bedeutung von Anwendungs- und Kundenwissen
o Erkennen und Nutzen von Design-Fenstern:
  - Wann mit wem reden? (Entscheider)
  - Wann für welche Produkte? (Projekte)
o Informationskette und Problemtransfer Kunde - Fabrik möglichst kurz |
>
> Quelle: ADL-Projekt

Abb. 5-2

- Welche Steuerung erfordert die technische Kundenbetreuung bei anwendungs- und kundenspezifischen Produkten?
- Wie kann sichergestellt werden, daß alle Anwendungsgebiete eines Großkunden wirkungsvoll bearbeitet und daß dabei Synergien zwischen den Produktbereichen genutzt werden?
- Wie kann die Zusammenarbeit zwischen den Produktbereichen und den regionalen Vertriebsniederlassungen verbessert werden?
- Wie kann sichergestellt werden, daß kritische Bedarfsphasen beim Kunden rechtzeitig erkannt und mit möglichst kurzfristiger Entwicklungsleistung abgedeckt werden?
- Wie können Kunden- und Anwendungsprobleme durch den Vertrieb schnell und überzeugend in den Entwicklungs- und Produktionsbereich weitergeleitet werden, damit die Entwicklungsfunktion ständig auf die neuen Marktbedürfnisse ausgerichtet ist?

Unternehmen der Investitionsgüterindustrie wie Komponenten-, Computer- und Werkzeugmaschinenhersteller, Zulieferer der Automobilindustrie und selbst Chemieunternehmen müssen ihr Leistungs- und Produktangebot, um wettbewerbsfähig zu sein, immer kundespezifischer ausrichten.

Denn die Kunden verlangen in zunehmendem Maße Entwicklungen, die ihren spezifischen Bedürfnissen gerecht werden. Von kundenspezifischen integrierten Schaltungen bis hin zu Spezial-Kunststoffverarbeitungsmaschinen wird die enge Verbindung des Entwicklungs- und Kunden-Knowhows daher immer stärker zum entscheidenden Erfolgsfaktor.

In immer mehr Produktbereichen kommt es darauf an, bestehende Lösungskonzepte kundenspezifisch anzupassen. Ob das anwendungsspezifische Chips oder maßgeschneiderte Werkzeugmaschinen sind, die Entwicklung und Konstruktion werden zu marketingrelevanten Ressourcen.

Zunehmend erwarten die Kunden darüber hinaus komplette Problemlösungen, bei denen neben der Hardware auch die systemtechnische Integration in der Anwendungsumgebung sichergestellt ist.

Viele Geschäfte werden daher zu Systemgeschäften, die einen ganzen Kranz von Dienstleistungen erfordern, von der Beratung, über die Nutzerschulung bis hin zum Wartungsservice.

Diese Trends werden sich in Zukunft weiter verstärken und die Abhängigkeiten zwischen Kunden und Lieferanten erhöhen.

Das Key-Account-Management ist ein Weg, um die Effektivität und Effizienz der Leistung gegenüber den Kunden zu steigern und die Leistungsprozesse im Unternehmen auf die wirkungsvolle Kundenbearbeitung hin zu fokussieren.

Die Einbindung des Key-Account-Managements in die bestehende Vertriebsorganisation, die Kompetenzregelung zwischen Product- und Account-Managern und die Gestaltung der Zusammenarbeit der Account-Manager mit den verschiedenen Unternehmensbereichen stellen hohe Anforderungen an das „organizational learning", denn das Key-Account-Management verändert Strukturen und Verhaltensweisen, die häufig über Jahrzehnte hinweg gewachsen sind.

Key-Account-Management erfordert, um erfolgreich zu sein, daß das Wissen und die Erkenntnisse über die Schlüsselkunden zwischen allen beteiligten Organisationsmitgliedern ausgetauscht werden, daß ein Konsens über eine kundenorientierte Bearbeitungsstrategie erreicht wird, aus der ein abgestimmtes und koordiniertes Verhalten aller Funktionsbereiche abgeleitet werden kann.

Key-Account-Management ist damit eine Antwort auf den zunehmenden Innovations- und Produktivitätswettbewerb und zielt darauf ab, das Unternehmen in seinem Verhältnis zu seinen strategisch bedeutenden Kunden zu einer Hochleistungsorganisation zu machen.

5.1 Wie funktioniert Key-Account-Management?

Key-Account-Management, d. h. die Betreuung und Bearbeitung von Schlüsselkunden (oder Großkunden) ist nicht in erster Linie eine Vertriebsfunktion. Vielmehr stellt Key-Account-Management eine umfassende Managementaufgabe dar, die Analyse-, Planungs-, Verhandlungs-, Steuerungs- und Koordinationsfunktionen umfaßt[2] (siehe Abbildung 5-3).

Die Wahrnehmung dieser Funktionen durch den Key-Account-Manager erfolgt mit der Zielsetzung:

- alle Leistungsprozesse des Unternehmens auf die Schlüsselkunden auszurichten,
- die Position des eigenen Unternehmens gegenüber den Schlüsselkunden durch Abstimmung aller Leistungen zu stärken,
- langfristig angelegte Geschäftsbeziehungen mit den Schlüsselkunden aufzubauen und zu pflegen.

Diese Zielsetzung geht weit über die klassische Vertriebstätigkeit hinaus. Das Qualifikationsprofil des Key-Account-Managers muß daher neben dem vertrieblichen Talent wichtige weitere Elemente umfassen[3]:

- Er muß die Leistungsstrukturen des eigenen Unternehmens in allen seinen Funktionsbereichen kennen und die strategischen Ziele des Unternehmens unterstützen.
- Er muß das Produkt- und Leistungsspektrum des Unternehmens gegenüber den Schlüsselkunden auf allen Ebenen umfassend präsentieren können.
- Er muß in der Lage sein, die Unternehmensziele und Strategien des Schlüsselkunden zu analysieren und so in das eigene Unternehmen zu kommunizieren, daß sie bei dessen Strategie und Leistungserbringung berücksichtigt werden.
- Er muß nicht zuletzt über die Kommunikations- und Überzeugungsfähigkeiten verfügen, um die Mitglieder der eigenen Organisation vom Nutzen des Key-Account-Managements zu überzeugen und sich deren Mitarbeit zu versichern.

Nur wenn die Key-Account-Manager dieses Anforderungsprofil erfüllen, können sie die Vielfalt und Komplexität der Analyse- und Beratungsaufgaben bewältigen, die sie sowohl ihren Schlüsselkunden als auch dem eigenen Unternehmen gegenüber erbringen müssen.

Die Rolle der Key-Account-Manager (siehe Abbildung 5-4) besteht zunächst einmal darin, das Produkt- und Leistungsspektrum des eigenen Unternehmens gesamtheitlich zu präsentieren und

---

[2] Vgl. J. EBERT, H. LAUER: Key-Account-Management; Bamberg 1988
[3] Vgl. WERNER THOMAS: Vom Verkäufer zum „Manager des Direktverkaufs"; Absatzwirtschaft, 10, 1987

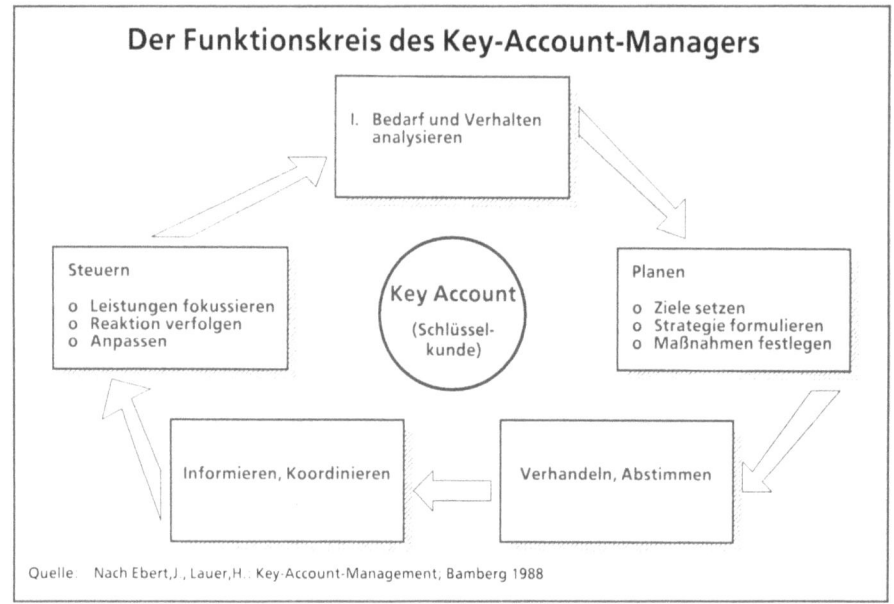

Quelle: Nach Ebert, J., Lauer, H.: Key-Account-Management, Bamberg 1988

Abb. 5-3

Rolle der Key-Account-Manager gegenüber den Schlüsselkunden

- Gesamtheitliche Darstellung des Produkt- und Leistungsspektrums des eigenen Unternehmens
- Analyse der Aufbauorganisation und Entscheidungsstrukturen der Schlüsselkunden
- Erfassung der Strategien (F&E, Produkte, Geschäftsfelder) der Schlüsselkunden
- Analyse der Kundenprobleme zur Bestimmung des Bedarfsprofils
- Identifizierung und Spezifizierung neuer Kunden-Projekte
- Beratung im Bereich der System- und Anwendungstechnik

Abb. 5-4

überzeugend zu vertreten, um den Schlüsselkunden eine hohe Transparenz über das Angebotsprofil und die Problemlösungskompetenz des eigenen Unternehmens zu vermitteln und bisher ungenutzte Absatzchancen durch „Cross-Selling", d. h. das Erkennen von Querbeziehungen, zu nutzen.

Dazu gehört es, die Aufbauorganisation und die Entscheidungsstrukturen der Schlüsselkunden zu analysieren, denn ohne eine klare Vorstellung darüber, wo die Entscheider in der Kundenorganisation sitzen, verliert die Kommunikation mit dem Kundenunternehmen an Wirkung oder schlägt fehl. Das Beispiel eines Fördergurt-Herstellers, der lange Zeit vergeblich bemüht war, an Schlüsselkunden im

Bergbau zu liefern, verdeutlicht dies. Die Ursache seines vergeblichen Bemühens war, daß seine Vertriebsmitarbeiter statt der technischen Abteilung, die die Spezifikationen für die einzusetzenden Fördergurte festlegte, die Einkaufsabteilung als Entscheidungszentrum ansahen. Es stellte sich jedoch heraus, daß die Einkaufsabteilung nur Fördergurte einkaufen konnte, die von der technischen Abteilung eine interne Zulassung erhalten hatten.

Eine der zentralen Aufgaben der Key-Account-Manager ist es, durch eine ständige Analyse der Kundenprobleme die Anforderungen an die eigenen Produkte und Leistungen zu erkennen und daraus eine Strategie der Geschäftsentwicklung abzuleiten. Dazu sind quantitative und qualitative Informationen erforderlich. Die geschäftliche Situation der Schlüsselkunden kann durch Verfolgung der Umsatzentwicklung nach Geschäfts- und Produktbereichen, der Gewinnsituation, der Wertschöpfung in den einzelnen Produktbereichen und der resultierenden Beschaffungsvolumina charakterisiert werden. Davon abgeleitet kann dann der Nutzen der Produkte und Leistungen des eigenen Unternehmens für das Geschäft der Kunden herausgearbeitet werden, wobei die Nutzenkategorien die Auswirkungen auf die Kostenposition und die Produktivität, auf die Wettbewerbsfähigkeit der Produkte und auf die Erfüllung der für die Schlüsselkunden relevanten Erfolgsfaktoren darstellen können.

Die Analyse der von den Schlüsselkunden verfolgten Strategien in der Forschung und Entwicklung sowie in einzelnen Produktbereichen und Geschäftsfeldern ermöglicht es, Absatzchancen zu erkennen, bevor die Kunden ihren Bedarf artikulieren. Damit werden Ansatzpunkte für Marketing- und Vertriebsaktivitäten aufgedeckt, mit denen das Unternehmen gegenüber seinen Schlüsselkunden die Initiative ergreift (initiative selling). Diese Art von Marketing- und Vertriebsinitiativen weisen erfahrungsgemäß eine höhere Erfolgswahrscheinlichkeit auf als die Reaktion auf Anfragen oder Ausschreibungen (reactive selling).

Bei der Analyse der von den Schlüsselkunden verfolgten Strategien stoßen die Key-Account-Manager insbesondere auf neue Kundenprojekte, wie z. B. den Bau einer neuen Fertigungsstätte oder die Einführung eines neuen Systems zur Informationsverarbeitung. Bei frühzeitiger Kenntnis dieser Projekte können die Key-Account-Manager durch eine kompetente Beratung in der System- oder Anwendungs-

---

Rolle des Key-Account-Managers gegenüber dem eigenen Unternehmen

⇒ Entwicklung einer Kundenbearbeitungs-Strategie

⇒ Kommunikation dieser Strategie nach innen und Abstimmung mit Vertrieb, Produkt-Marketing, Produktion und F&E

⇒ Planung, Steuerung und teamgestützte Umsetzung der Key-Account-Strategie

⇒ Kontrolle des Erfolges und der Wirksamkeit verschiedener Aktionen bei einzelnen Schlüsselkunden

Abb. 5-5

entwicklung die Spezifikationen für die Beschaffung in der Regel zugunsten ihres Unternehmens beeinflussen.

Die bei den Schlüsselkunden gewonnenen Informationen müssen dann zur Steuerung des Leistungserstellungsapparates des eigenen Unternehmens benutzt werden (siehe Abbildung 5-5).

Zu dieser Rolle der Key-Account-Manager gegenüber dem eigenen Unternehmen gehört die Entwicklung einer auf den Schlüsselkunden ausgerichteten Bearbeitungsstrategie, die aus vier Ebenen besteht:

- Darstellung der derzeitigen Position des eigenen Unternehmens in den relevanten Produkt- und Leistungsbereichen relativ zu anderen Wettbewerbern.
- Analyse der Stärken und Schwächen in den Leistungsprozessen, die zu dieser Position führen.
- Definition der angestrebten Position und Vorgabe von quantitativen und qualitativen Zielen pro Schlüsselkunde.
- Entwicklung eines Aktions- und Maßnahmenplans aus Kontaktgesprächen, Jahresgesprächen, regelmäßiger Informationsversorgung, Präsentationen, Projektbesprechungen usw. zur Umsetzung der Schlüsselkunden-Strategie.

Diese Bearbeitungsstrategie pro Schlüsselkunden muß mit allen Beteiligten aus dem Vertrieb, dem Produkt-Marketing, der Produktion und der F&E abgestimmt werden, um Einverständnis über die Ziele und das weitere Vorgehen zu erlangen und um die Beteiligung der Funktions- und Unternehmensbereiche an der Strategieumsetzung festzulegen.

Die Key-Account-Manager müssen dann die laufende Erfolgskontrolle der Maßnahmen durchführen und, wenn erforderlich, Korrekturen oder Schwerpunktverschiebungen durchsetzen.

Die Key-Account-Manager sind damit die Schnittstelle zwischen dem Unternehmen und seinen strategisch wichtigen Kunden: Sie sind das nach außen gerichtete Ohr des Unternehmens, das es über die Strategien, die Entscheidungsprozesse, die Bedarfsprofile, das Beschaffungsverhalten, die kaufentscheidenden Faktoren und auftretende Probleme der Schlüsselkunden umfassend informiert.

Die Schlüsselkunden sind aufgrund der bestehenden gegenseitigen Abhängigkeiten in der Regel bereit, „ihren" Key-Account-Managern gegenüber ihren Bedarf frühzeitig und offen zu spezifizieren. Gleichzeitig sind die Key-Account-Manager das Sprachrohr des Unternehmens nach außen, über das es sein gesamtes Leistungsspektrum und seine Kompetenz den Schlüsselkunden gegenüber gebündelt darstellen kann.

5.2 Wie wird Key-Account-Management organisiert?

Ohne eine vertrauensvolle und enge Zusammenarbeit mit den anderen Funktionsbereichen des Unternehmens kann der Key-Account-Manager seine Verantwortung und Funktion als Mittler und Koordinator von Kundeninteressen nicht wahrnehmen. Erfahrungen in Unternehmen, die ein Key-Account-Management eingeführt haben, zeigen, daß es im wesentlichen drei Problem- oder Konfliktfelder sind, die in der Praxis die Wirksamkeit und den Nutzen dieses Ansatzes beeinträchtigen:

- Organisatorische Widerstände,
- Interessenkonflikte,
- Koordinations- und Kompetenzprobleme.

Die Ursachen sind immer wieder die gleichen:

- Mangelhafte Argumentation für die Einführung des Key-Account-Managements und daher unklare Vorstellungen über die zu erwartenden Vorteile.
- Befürchtungen des Vertriebs über Kompetenzverlust, Aufgabeneinengung und der „Wegnahme" von Umsatzpotentialen bei Schlüsselkunden.
- Steigende Anforderungen an ablauforganisatorische Vorgänge bei der Koordination der Vertriebsaktivitäten.

Unsere Erfahrungen bei der Einführung des Key-Account-Managements zeigen jedoch, daß diese Probleme und Konflikte vermieden werden können.

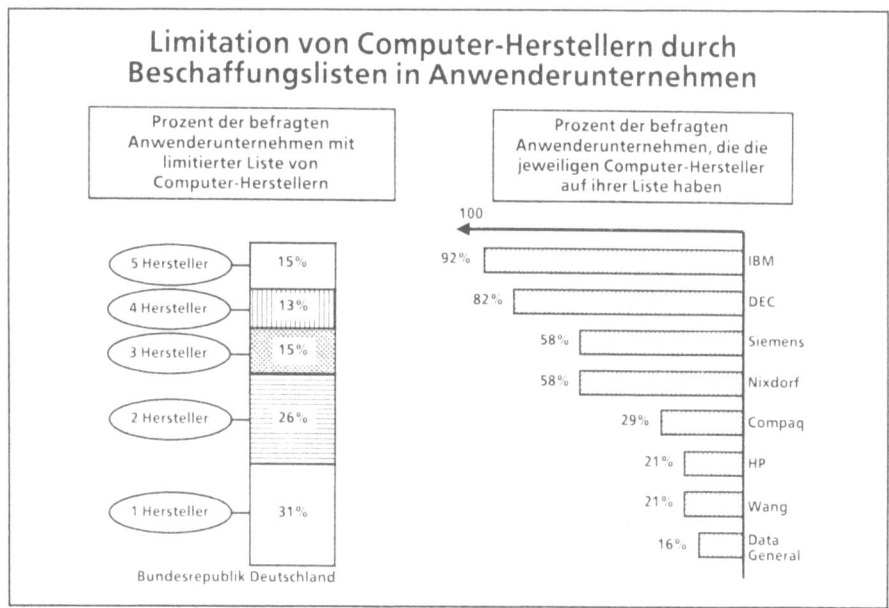

Abb. 5-6

Die Schaffung eines Key-Account-Managements erfordert zunächst ein klares Mandat durch die Unternehmensleitung. Die bestehende Vertriebsorganisation muß auf dieser Basis an der Organisationsentwicklung mitwirken. Ein von der Unternehmensleitung initiiertes Projekt kann zunächst dazu dienen, die zu erwartenden Vorteile zu spezifizieren und Akzeptanzbarrieren bei den Vertriebsmitarbeitern abzubauen.

In dieser Phase muß eine exakte Definition erarbeitet werden, welche Kunden als Schlüsselkunden anzusehen sind. Die häufig angewandte ABC-Analyse zur Bestimmung der Kunden, mit denen der größte Umsatz realisiert wird, ist erfahrungsgemäß unzureichend. Vielmehr sind die Schlüsselkunden vor allem auch unter Berücksichtigung von ihrer Beschaffungspolitik und ihrer geographischen Struktur zu bestimmen[4].

Ein von Arthur D. Little International durchgeführtes Projekt zum Einsatz- und Anwendungsstand von Büroautomationssystemen ergab beispielsweise, daß die meisten Unternehmen für die Beschaffung von Systemen der Informationsverarbeitung interne Herstellerlisten festgelegt haben (siehe Abbildung 5-6). Viele Anwender von Informationssystemen gehen dazu über, für ihre Unternehmensbereiche und Tochtergesellschaften Systemarchitekturen festzulegen und Ausbaupläne zu entwickeln, die auf spezifische Systemhersteller zugeschnitten sind. Ein Computer-Hersteller, der nicht auf der „Short List" steht, hat daher bei diesen Unternehmen über Jahre hinweg kaum eine Chance, auch nur einen Computer zu verkaufen. Aufgabe des Key-Account-Managements ist es in diesem Fall, die Anwenderunternehmen in der Phase zu betreuen, in der sie ihre Informationssysteme für die nächsten Jahre oder sogar Jahrzehnte planen, um auf die „Short List" zu gelangen.

Große Kunden wie die Daimler Benz AG oder die Robert Bosch GmbH verfügen über geographisch weit verstreute Unternehmenseinheiten, so daß eine koordinierte Kundenbearbeitung durch die regionale Vertriebsorganisation nicht möglich ist, da sich die Kundenstandorte in verschiedenen Vertriebsregionen befinden. Während die einzelnen Unternehmenseinheiten in der Vergangenheit eine weitgehend autonome Einkaufs- und Beschaffungspolitik verfolgten, koordinieren die Unternehmen heute

---

[4] Vgl. STEVEN JULIUS: Key account versus field sales: resolving the conflict; Industrial Marketing Digest, 4, 1986

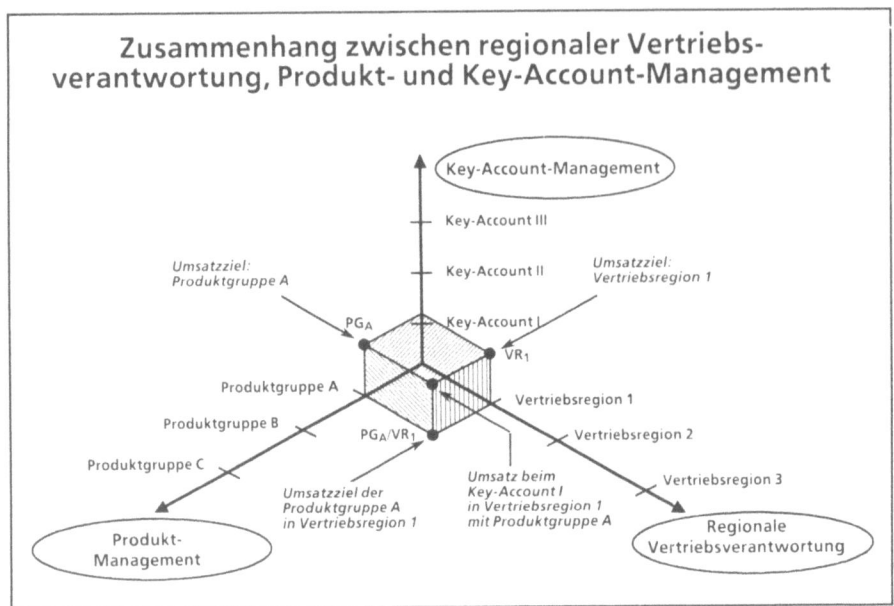

Abb. 5-7

vielfach die Einkaufs- und Beschaffungspolitik zentral und erarbeiten Rahmenvorgaben für ihre Unternehmenseinheiten.

Der Key-Account-Manager ist in diesem Fall der zentrale Gesprächs- und Verhandlungspartner des Schlüsselkunden, der die eigene regionale Vertriebsorganisation bei der Bearbeitung der verstreuten Kundenniederlassungen steuern muß. Um Interessenkonflikte und Demotivation der regionalen Vertriebsorganisation zu vermeiden, sind klare Zielvereinbarungen und Aufgabenregelungen zwischen den Key-Account-Managern und den regionalen Vertriebsmitarbeitern zu treffen.

Dazu gehören insbesondere die Umsatzziele und die erfolgabhängige Komponente der Vergütung. Aufgrund der eher strategisch und langfristig angelegten Vertriebsaufgabe der Key-Account-Manager ist es wenig sinnvoll, ihre Vergütung in gleichem Umfang provisionsorientiert und damit in Abhängigkeit vom Umsatzerfolg zu gestalten. Der Erfolg der Key-Account-Manager sollte vielmehr in regelmäßigen kritischen Reviews durch die Unternehmensleitung bewertet werden. Zu diesen Reviews sollten auch Vertreter der Vertriebsorganisation herangezogen werden, die aufgrund ihrer Produkt- oder Regionalverantwortung Aussagen über die Wirksamkeit der Key-Account-Manager bei einzelnen Schlüsselkunden machen können. Kriterien sollten dabei die Entwicklung und Umsetzung der Strategie gegenüber den Schlüsselkunden sein.

Regelungen, die den Erfolg der Key-Account-Manager und der Vertriebsmitarbeiter von einem abgestimmten und kooperativen Vorgehen abhängig machen, schaffen Anreize für eine wirkungsvolle Zusammenarbeit bei den Schlüsselkunden.

In der praktischen Umsetzung ist dazu eine gemeinsame Berichtspflicht vorzusehen. Damit ist die aufbauorganisatorische Eingliederung des Key-Account-Managements in die bestehende Vertriebsorganisation angesprochen. Das Key-Account-Management fügt den zwei Verantwortungsdimensionen Regionalvertrieb und Produktmanagement eine dritte hinzu (siehe Abbildung 5-7), so daß Umsatzziele nach den Dimensionen Produkt, Region und Schlüsselkunde festgelegt werden müssen.

In der Praxis wurden eine Reihe verschiedener Organisationsmodelle des Key-Account-Managements erprobt, wobei zum Teil eine stufenweise Inte-

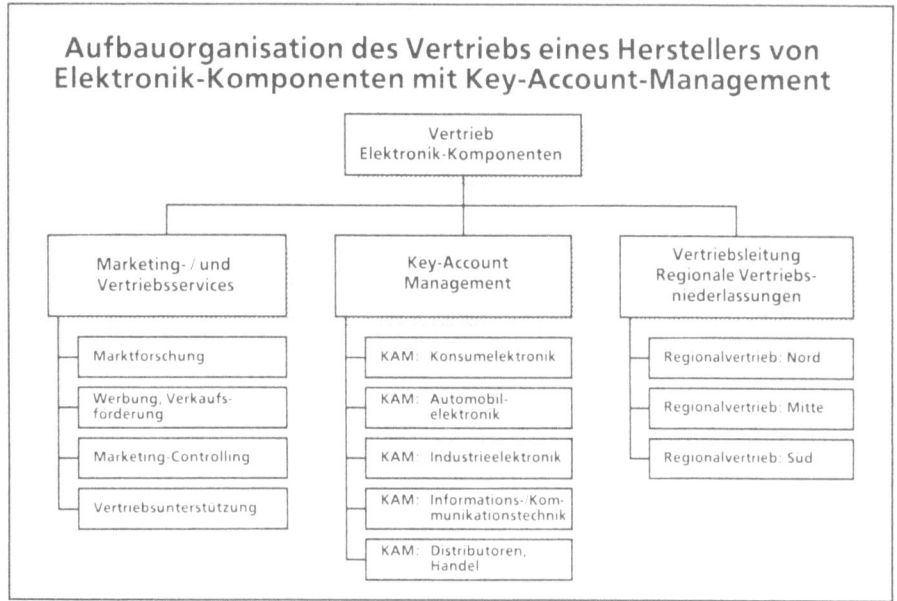

Abb. 5-8

weise Integration der Key-Account-Manager versucht wurde[5].

Diese alternativen Organisationsmodelle sehen z. B. die Schaffung einer Abteilung Marketing- und Vertriebs-Services oder einer Stabsfunktion Key-Account-Management vor, leiden aber darunter, daß kein klares Verhältnis der Key-Account-Manager zur bestehenden Vertriebsorganisation entsteht.

Wenn das Management von Schlüsselkunden gegenüber der produkt- oder regional-orientierten Vertriebsfunktion durchsetzungsfähig sein soll, dann müssen die Key-Account-Manager direkt beim zentralen Vertriebsmanagement angebunden werden.

Im Falle des zuvor schon erwähnten Herstellers von Elektronik-Komponenten ergab sich daraus die in Abbildung 5-8 dargestellte Vertriebsorganisation.

Die Key-Account-Manager berichten direkt an den Vertriebsleiter. Durch eine Zuordnung der Schlüsselkunden zu verschiedenen Anwendungssegmenten wie Konsum-, Automobil- und Industrieelektronik sowie Informations- und Kommunikationstechnik wird der Erfordernis Rechnung getragen, daß neben dem Know-how über den Schlüsselkunden spezielles Anwendungs-Know-how aufzubauen ist. Denn die Key-Account-Manager, die sich auf Schlüsselkunden eines der Industriesegmente konzentrieren, müssen in der Lage sein, industriespezifische Anwendungstrends zu erfassen und in die Kundenbearbeitung einfließen zu lassen.

Die Unternehmen, die ein Key-Account-Management einführen wollen, fordern ihre Lernfähigkeit als Organisation und diejenige ihrer Mitarbeiter heraus. Sie erreichen damit aber, daß die organisatorische Zersplitterung des Vertriebs und die Isolation von anderen vertriebsrelevanten Funktionen abgebaut und eine auf die spezifischen Bedürfnisse der Schlüsselkunden zugeschnittene Leistung ermöglicht wird.

---

5 Vgl. FRIEDERICH-HOLGER WOLTER: Großkunden-Management – Durch kundenspezifische Verkaufsorganisation zu mehr Umsatz; Landsberg 1985

5.3 Worin liegt der Nutzen?

Das Key-Account-Management ist die Reaktion auf Strukturveränderungen am Markt und Ausdruck einer konsequenten Orientierung auf strategisch wichtige Schlüsselkunden.

Die stärkere Kundenorientierung bringt zusätzliche Umsatzerfolge. Die größere Kundennähe führt dazu, daß Veränderungen im Nachfrageverhalten wesentlich früher erfaßt werden und dem eigenen Unternehmen eine längere Reaktionszeit bleibt. Kundennähe ist die wichtigste Voraussetzung, um Kundenprobleme frühzeitig zu erkennen und die Innovationsleistung des eigenen Unternehmens darauf auszurichten. Durch die stärkere Markt- und Bedarfsorientierung der eigenen Forschungs- und Entwicklungsarbeit wird auch das Vermarktungsrisiko reduziert.

Das Key-Account-Management erlaubt es den Unternehmen, sich gegenüber dem Wettbewerb wesentlich wirksamer darzustellen und zu profilieren. Durch die Pflege eines gegenseitigen Vertrauensverhältnisses wird eine stärkere langfristige Bindung der Schlüsselkunden an das Unternehmen erreicht.

Unsere Erfahrungen bei der Einführung des Key-Account-Managements in vielen Unternehmen der Investitionsgüter-Industrie zeigen, daß der strategische und wirtschaftliche Nutzen die erforderlichen Investitionen und die Umstellungsbemühungen mehr als lohnen.

Es ist allerdings erforderlich, daß das Management und die Mitarbeiter die Bereitschaft und den Willen zu einem organisatorischen Lernprozeß beweisen, der auf ein von allen getragenes Ziel ausgerichtet sein muß: Hochleistung gegenüber den strategisch wichtigen Schlüsselkunden.

Sechstes Kapitel

Umweltbewußtsein – nicht als Kostenfaktor, sondern als Zukunftsleistung

Dr. Frank Annighöfer

Die Industrie steht heute ebenso wie die Gesellschaft insgesamt vor einem Dilemma: Wenn sie ihre Aktivitäten wie bisher nach besten Kräften entfaltet, um Wirtschaftswachstum und Wohlstand zu sichern, dann sind zunehmend die Umweltbedingungen gefährdet, unter denen Wohlstand überhaupt noch genießbar ist. Wenn sie es dagegen zu ihrer obersten Priorität macht, die Umweltbedingungen nicht weiter zu beeinträchtigen, dann stehen die internationale Wettbewerbsfähigkeit und das erreichte Bruttosozialprodukt in Gefahr.

Weder das eine noch das andere Extrem liegt im Interesse der beteiligten Gruppen: der Kapitalseite, der Führungskräfte, der Arbeitnehmer oder der Gesellschaft.

Hochleistungsorganisationen schaffen es jedoch, durch unternehmerische Initiative den Zwängen und Kosten zunehmender Umweltschutzauflagen zu entgehen und Wettbewerbsvorteile durch offensive Nutzung neuer Marktmöglichkeiten für umweltorientierte Produkte und Leistungen zu erringen.

6.1 Umweltschutzkosten durch unternehmerische Initiative in den Griff bekommen

Im Jahre 1987 gab die deutsche Industrie 2,5 % des Bruttosozialprodukts – rund 45 Milliarden DM – für den Betrieb von und weitere Investitionen in Umweltschutzeinrichtungen aus. Zwei Jahre zuvor hatte der Anteil erst bei 1,5 % gelegen. Die Umweltschutzausgaben steigen also deutlich stärker als die Wertschöpfung der Wirtschaft insgesamt. Ein ähnlicher Trend ist in anderen Industrieländern zu beobachten, wenn auch der Anteil der Umweltschutzaufwendungen am Bruttosozialprodukt dort bisher noch niedriger liegt.

Für die Energiewirtschaft stieg der Anteil der Umweltschutzausgaben als Prozent des Sektorbeitrags zum Bruttosozialprodukt von 3,6 % im Jahr 1980 auf 11,7 % im Jahr 1985. Auslösendes Moment hierfür war die TA Luft, die zu einem beträchtlichen Investitionsschub führte. Am zweitstärksten betroffen war die chemische Industrie, bei der im gleichen Zeitraum ein Anstieg der Umweltschutzausgaben von 6,8 auf 8,7 % zu verzeichnen war. Mit großem Abstand folgen der Bergbau, die Metallerzeugung und die übrigen Branchen.

Während die Energiewirtschaft infolge der nun getätigten Investitionen mit rückläufigen Kosten rechnen kann, muß sich die chemische Industrie auf weitere Kostensteigerungen gefaßt machen. Denn anstehende Gesetze zur Eingrenzung der Schadstoffemissionen, zur aufwendigeren Entsorgung sowie zur Kontrolle und Koordination der Umweltschutzaktivitäten werden weitere hohe Investitionen und Aufwendungen erfordern. Darüber hinaus muß die chemische Industrie durch Öffentlichkeitsarbeit ihr angekratztes Image wieder ins rechte Licht rücken.

Beträchtliche Kostensteigerungen kommen auch auf die Industrien zu, die bislang noch relativ wenig betroffen waren: die Metallverarbeitung und die Nahrungsmittelindustrie.

Was können die Unternehmen tun, um aus der Defensive herauszukommen, um ihr Produktivitäts- und Leistungsniveau trotz zunehmender Umweltschutzauflagen zu halten, oder um den Umweltschutz als neues Geschäftspotential zu nutzen?

Was in Gang kommen muß, ist ein gewaltiger Umstrukturierungsprozeß: Die Umsatz- und Ertragsverluste durch Abbau umweltgefährdender Produkte und Verfahren müssen durch Zugewinne in umweltverträglichen Bereichen kompensiert werden, und steigende Umweltschutzkosten müssen am Markt zurückverdient werden.

Daß es möglich ist, mit einer umweltorientierten Unternehmenspolitik, die das veränderte Verbraucherbewußtsein ernst nimmt, die Umweltschutzkosten zu senken und neue Geschäftspotentiale zu erschließen, haben eine Reihe von Unternehmen gezeigt, die unternehmerische Verantwortung mit betriebswirtschaftlichem Kalkül verbinden. Unternehmen wie beispielsweise IBM, ICI, 3M, die Robert Bosch GmbH und die Bayer AG erklärten hohe Umweltschutzstandards zum wichtigen Unternehmensziel und sind damit erfolgreich.

6.2 Umweltschutz als Chance begreifen

Voraussetzung für den Erfolg ist „organizational learning": Die Unternehmen müssen Umweltschutzbewußtsein zu einem integralen Bestandteil ihrer Strategie machen und in der gesamten Organisation einen Lern- und Umstellungsprozeß in Gang setzen.

Dazu benötigen sie Leitlinien, eine effektive interne Umweltschutzkoordination und eine umweltorientierte Innovationsstrategie. Ziel muß es sein, das Schadens- und Haftungspotential auf ein Minimum zu senken und die Marktchancen so umfassend wie möglich zu nutzen. Auf dieser Grundlage ist es möglich, die Umweltschutzmotivation der Mitarbeiter zu erhöhen, das umweltfreundliche Image des Unternehmens und seiner Produkte zu steigern, Chancen zu nutzen, die sich für neue, umweltorientierte Produkte und Dienstleistungen auftun, und neue Geschäftsfelder in der Umwelttechnik zu erschließen.

6.3 Leitlinien zum Umweltschutz

Umweltschutzleitlinien, Ausgangspunkt einer umweltbewußten Unternehmenspolitik, haben Hochkonjunktur. Wenn sich immer mehr Vorstände offen zum Umweltschutz bekennen, so weil sie zu der Ansicht gelangt sind, daß explizite Umweltschutzleitlinien eine besonders effiziente Durchsetzung der geforderten Umweltschutzstandards erlauben (siehe Abbildung 6-1).

Sie sollen den Mitarbeitern als Richtlinie für eine umweltbewußte Arbeit dienen und den Kunden signalisieren, daß das Unternehmen in Sachen Umweltschutz zuverlässig und verantwortungsbewußt ist.

Den Behörden gegenüber soll der gute Wille demonstriert werden, und Versicherungen senken häufig aufgrund des verringerten Risikos ihre Prämien. Nicht zuletzt sollen die Anstrengungen des Unternehmens, Umweltschutzprobleme zu vermeiden, am Kapitalmarkt gewürdigt werden.

6.3.1 Gutes Image nützt

Welche Wirkung Umweltschutzleitlinien haben können, zeigt das Beispiel eines Chemie-Unternehmens, das Spezialitäten auf der Basis anorganischer Salze herstellt. Seit Jahren war es in seiner Region als Verursacher von Umweltverschmutzung eingeordnet und hatte es zunehmend schwer, qualifizierte Arbeitskräfte zu gewinnen. Die Mitarbeiter scheuten sich, im Bekanntenkreis zu erzählen, wo sie arbeiteten. Als die Überdüngung der Gewässer in der Umgebung durch Phosphate und Nitrate

Abb. 6-1

auch noch dem Unternehmen angelastet wurde, obwohl dieser Vorwurf unberechtigt schien, entschloß sich die Unternehmensleitung, systematisch die Umweltgefahren zu ermitteln, die tatsächlich von den Verfahren und Produkten des Unternehmens ausgingen. In einem Sofortprogramm wurde die Behebung schwerwiegender Problembereiche unmittelbar in Angriff genommen und besonders umweltgefährdende Produkte aus dem Sortiment entfernt. Die Unternehmensleitung veröffentlichte Umweltschutzleitlinien und ein Handbuch mit Umsetzungsanweisungen für die Mitarbeiter. Nach der internen Verkündung des neuen Kurses wurde auch die Öffentlichkeit angesprochen. Die Mitarbeiter des Unternehmens begannen, den neuen Kurs auch nach außen zu vertreten, und durch Broschüren und einen Tag der offenen Tür wurde die breite Bevölkerung aufgeklärt und den Behörden der Stadt bis hin zum Bürgermeister Gelegenheit gegeben, die Bemühungen des Unternehmens um Umweltverträglichkeit kennenzulernen.

Nach drei Jahren lag das Geschäftsergebnis des Unternehmens deutlich über dem Branchendurchschnitt. Zukunftsträchtige Geschäfte waren erschlossen worden und das Unternehmen galt wieder als attraktiver Arbeitgeber. Den Behörden dient das Unternehmen heute als Vorzeigeobjekt. Sie schicken Vertreter anderer Unternehmen mit dem Auftrag hin: „Seht Euch an, was die im Umweltschutz erreicht haben!"

Ein Unternehmen, das in der Kosmetikbranche eine gute Marktposition innehatte, wurde aus heiterem Himmel wegen gefährlicher Inhaltsstoffe in einer der Produktgruppen angeklagt. Die Auswirkungen auf den Umsatz waren dramatisch. Obwohl das Produktprogramm sofort überarbeitet und alle möglicherweise gefährlichen Inhaltsstoffe eliminiert wurden, honorierte der Markt die Bemühungen bisher nur zögernd. Nur mit einem umfassenden Konzept, das das gesamte Unternehmen einbezieht, kann hier die Wende gelingen.

6.3.2 Wirkung nicht nur nach außen

Auch die interne kosteneffiziente Durchsetzung von Umweltschutzstandards kann in den meisten Unternehmen erheblich verbessert werden.

Ein international tätiger Automobilzulieferant zum Beispiel war sich bewußt, daß er im betrieblichen Umweltschutz erhebliche Schwachstellen aufwies. Die Angst vor einem größeren Umweltschadensfall hing wie ein Damoklesschwert über der Geschäftsführung, aber sie befürchtete auch die Kosten erhöhter Umweltschutzstandards. Daher hatte sich das Unternehmen längere Zeit darauf beschränkt, nur das Notwendigste zu tun. Schließlich wurde aber ein Projekt ins Leben gerufen, um ein umfassendes Umweltschutzkonzept zu erarbeiten. Und siehe da – höhere Umweltschutzstandards konnten ohne wesenliche zusätzliche Kosten eingeführt werden, das Risikopotential konnte dagegen erheblich reduziert werden.

Ein günstiges Nutzen-/Kosten-Verhältnis konnte in allen uns bekannten Beispielen denn auch am nachhaltigsten mit einem übergreifenden Umweltschutzkonzept erreicht werden. Denn eine langfristige Verbesserung der Mitarbeitermotivation und des Images des Unternehmens ist nur erreichbar, wenn die Umweltschutzleitlinien konsequent in allen Unternehmensbereichen umgesetzt werden. Dazu gehört das sichtbare Engagement der Unternehmensführung ebenso wie die Schaffung eines umweltorientierten Klimas und Steuerungssystems.

6.3.3 Spezifisch für jedes Unternehmen

Erfolgreiche Umweltschutzleitlinien zeichnen sich durch einen engen Bezug zum Unternehmen aus. Sie versprechen nicht das Blaue vom Himmel, das dargestellte Umweltschutzziel wird vielmehr von den Mitarbeitern und von Außenstehenden als erreichbar anerkannt. Die Umsetzungsanweisungen müssen einen realistischen Weg zu diesem Ziel aufzeigen.

Die Umweltschutzleitlinien müssen dazu die spezifischen Risiken des Unternehmens, seine bestehende Struktur, seine Unternehmenskultur und die bereits vorhandenen Kontrollmechanismen berücksichtigen.

Das Umweltrisiko und der Kontrollbedarf hängen beispielsweise davon ab, welche Produkte hergestellt werden, welche Hilfsprodukte dabei verwendet werden, welche Abfallstoffe entstehen und wie alt die Anlagen sind. Die Umweltschutzleitlinien müssen besonders detailliert für Unternehmen formuliert werden, die mit großen Mengen gefährlicher Stoffe umgehen, in hohem Maße vom Markennamen ihrer Produkte abhängen und damit ein hohes inhärentes Image-Risiko aufweisen.

Stark zentralisierte Unternehmen müssen neben den Umweltschutzleitlinien auch präzise Umsetzungsanweisungen herausgeben. Bei dezentral organisierten Unternehmen muß die Verantwortung für die Umsetzung der Umweltschutzleitlinien dagegen den einzelnen Gesellschaften übertragen werden.

Unternehmen, die mit ihren Produkten eine innovative Vorwärtsstrategie verfolgen, können auch im Umweltschutz glaubhaft eine führende Stellung anstreben. Stark hierarchisch geführte Unternehmen wählen auch beim Umweltschutz einen reinen Topdown-Ansatz. Bei teamorientierten Unternehmen ist eine effektive Umsetzung des Umweltschutzgedankens dagegen auch gewährleistet, wenn in den Leitlinien nicht jedes Detail ausformuliert ist.

Die Umweltschutzleitlinien müssen ferner den schon erreichten Status der Umweltvorsorge berücksichtigen. Wenn sie im groben Gegensatz zur weithin sichtbaren Praxis stehen, bewirken sie eher das Gegenteil. Wenn das Ziel zu unerreichbar erscheint, sind die Mitarbeiter eher frustriert. Auch ist dann der Reiz für Außenstehende groß, die Fassade zu Fall zu bringen.

Langfristig kann es sich kein Unternehmen mehr erlauben, ohne Umweltschutzleitlinien auszukommen. Denn Unternehmen werden sich in Zukunft nicht mehr danach unterscheiden lassen, wer mehr oder weniger für den Umweltschutz tut, sondern danach, wer bei gegebenem Aufwand die höchste Wirkung erzielt.

6.4 Umweltverträglichkeit: Chancen mit verbesserten Produkten und Verfahren

Das steigende Unmweltschutzbewußtsein der Kunden verändert die Märkte für viele bestehende Produkte und Dienstleistungen. Während viele Anbieter noch von der Dynamik des Umweltschutztrends überfordert sind und eine Verteidigungsstrategie verfolgen, gehen andere in die Offensive über. Sie nutzen frühzeitig das strategische Potential, das ein Umschwenken auf umweltfreundliche Produkte und Verfahren bietet.

Denn wer umweltgefährdende Produkte und Verfahren durch umweltfreundliche ersetzt, spart nicht nur die Kosten der Entsorgung, er kann seine Kunden durch offensives Marketing von der Umweltverträglichkeit seiner Produkte überzeugen und sich dadurch klare Vorteile im Wettbewerb verschaffen. Bei umweltfreundlichen Produkten gibt es denn auch beachtliche Entwicklungen. Um mehr als 40% stieg in den letzten drei Jahren der Produktionswert von Zeolithen für phosphatfreie Waschmittel, der Markt von heute nahezu 200 Millionen DM dürfte auf Jahre hinaus mit Raten von 20% wachsen. Mit umweltfreundlichen Wasserlacken und Dispersionen, durch die organische Lösungsmittel vermieden werden, werden heute schon mehr als 300 Millionen DM pro Jahr umgesetzt, der Markt für lösungsmittelfreie Pulverlacke expandiert mit 20% pro Jahr. Während das Wachstum bei Klebstoffen im Mittel 6,2% beträgt, wächst der Markt für Kleber auf Wasserbasis um die 12%.

Einige Klebstoffhersteller stellen ihre Produkte von lösungsmittelhaltigen Klebstoffen auf Schmelzkleber um, weil sie dadurch selber bei der Abluftreinigung und in der Logistik Geld sparen und weil ihre Kunden das „saubere" Image an die Endverbraucher weitergeben und in der eigenen Fertigung und Entsorgung Geld sparen können.

Umweltfreundliche Produkte haben sich einen gehörigen Marktanteil erkämpft. Die Umweltfreundlichkeit entsteht meistens durch das Vermeiden von Lösungsmitteln, Schwermetallen, Asbest, Fluorchlorkohlenwasserstoffen, Dioxan, Weichmachern und anderen Inhaltsstoffen, die im Ruf stehen, die Umwelt zu schädigen. Zunächst boten sich Chancen hauptsächlich für Unternehmen, die den Endverbraucher zum Kunden haben wie Kosmetikunternehmen, Putzmittel- und Lebensmittelhersteller. Inzwischen sind aber auch Investitionsgüterhersteller dazu übergegangen, beispielsweise Lacke ohne Cadmiumpigmente und Lösungsmittel, Bremsbeläge ohne Asbest oder wasserlösliche Konservierungsmittel einzusetzen. Hier geht es darum, beispielsweise die Kosten für die Lösungsmittelrückgewinnung oder die Entsorgung zu sparen und Marktvorteile durch Umweltfreundlichkeit zu erzielen – Kosten- und Marktvorteile gehen dabei oft Hand in Hand.

Eine zunehmende Zahl von Unternehmen bietet seinen Kunden darüber hinaus Entsorgungsdienstleistungen an und erschließt sich damit neue Wertschöpfungsmöglichkeiten.

Umweltfreundliche Produktionsverfahren zielen hauptsächlich darauf ab, den Ausstoß von Schadstoffen zu verringern. Denn Emissionen, die nicht entstehen, erfordern keine teuren Filteranlagen, durch weniger Schadstoffe im Abwasser werden die Abwassergebühren vermindert, Produktionstechnologien, die mit ungefährlichen Hilfsstoffen auskommen und zur Entstehung von weniger Nebenprodukten führen, unterliegen weniger scharfen Bestimmungen.

Beispiele für umweltfreundlichere und zugleich kostengünstigere Prozesse gibt es zur Genüge. Ein frappierender Fall aus der chemischen Industrie ist Titandioxid, bei dessen Produktion bisher riesige Mengen von Dünnsäure anfielen, die auf See „verklappt" wurde. Nach der gesetzlichen Einschränkung der Verklappung auf See mußte die Dünnsäure zunächst mit hohem Aufwand aufbereitet werden; bis ein neues Verfahren entwickelt wurde, bei dem überhaupt keine Dünnsäure mehr entsteht. Der Produzent, der als erster auf dieses Verfahren umstellt, wird in Zukunft einen rasant zunehmenden Kostenvorteil haben.

Ein anderer Fall in der metallverarbeitenden Industrie sind chlorierende Lösungsmittel für die Entfettung von Metallteilen. Die Entsorgung der Lösungsmittel kostet bis zu 4.000 DM pro Tonne und damit weit mehr als der Einkauf. Die Reduktion des Einsatzes oder das Recycling der Lösungsmittel sollte daher eine hohe Priorität haben. Die Robert Bosch GmbH beispielsweise senkte ihren Verbrauch um 300 Tonnen pro Jahr und sparte dadurch rund eine Million DM an Entsorgungskosten.

Ein weiterer wichtiger Ansatzpunkt von Verfahrensänderungen sind die Abwassergebühren. Da diese Gebühren sich nach der Abwassermenge und der enthaltenen Schmutzfracht richten, bedeutet eine Verminderung beider eine direkte Kostenersparnis. Die Papierindustrie, die Textilindustrie, die Brauereien und eine Reihe anderer Industrien sitzen hier auf hohen Einsparungspotentialen.

Und nicht nur in Deutschland wachsen die Chancen für neue, umweltfreundliche Produkte. Das übrige Europa zieht nach. Selbst in Großbritannien, wo im Umweltschutz noch weniger strenge Maßstäbe angelegt werden, verkaufen sich seit Anfang des Jahres umweltfreundliche Babywindeln besser, bei denen weniger Chlor für die Zellstoffbleiche verwendet wird und weniger Dioxin im Abwasser anfällt. Der Marktführer im englischen Babywindelgeschäft wechselte darauf den Zellstofflieferanten. Wann werden andere Zellstoffprodukte betroffen sein?

6.5 Umwelttechnik: Erschließung neuer Geschäftsfelder

Deutsche Unternehmen erzielten 1988 mit Umweltschutzgütern und -dienstleistungen einen Umsatz von 25 Milliarden DM. Mit einer halben Million Arbeitsplätzen stellt der Umweltschutz heute schon einen wesentlichen Beschäftigungsfaktor dar. Bis zur Jahrtausendwende wird die Zahl der Arbeitsplätze im Umweltschutzbereich die Millionenmarke deutlich überschreiten. Im Jahre 1987 waren rund 1.000 Unternehmen auf dem Gebiet des Umweltschutzes tätig, 1988 waren es bereits 1.300. Produkte und Leistungen zur Sanierung von Luft, Wasser und Boden und Gebiete wie Abgasreinigung und Entsorgung erleben einen Boom. Mit einem Wachstum von über 10 % zählt die junge Branche der Umwelttechnik zu den expansivsten Wirtschaftszweigen.

Allein 1,8 Milliarden DM gingen 1988 in die auf Umweltschutz gerichtete Forschung und Entwicklung. Der Staat förderte über 4.000 Einzelprojekte.

Neuentwicklungen auf den Gebieten Katalyse, Biotechnologie und Sensorik sorgen für eine hohe Dynamik. Von den Einsendungen zum Innovationspreis der deutschen Wirtschaft beschäftigten sich über 20 % mit Fragen des Umweltschutzes. Damit wurde selbst die Mikroelektronik übertroffen.

Im internationalen Vergleich haben die deutschen Unternehmen denn auch eine günstige Ausgangsposition inne: Der Chemieanlagen- und Maschinenbau hat einen hohen Standard erreicht, der Mittelstand besitzt eingehende Exporterfahrung, und der Heimmarkt bietet einen zeitlichen Vorlauf, um Produkte, die heute in der Bundesrepublik Deutschland verkauft werden, morgen erfolgreich in anderen Ländern zu positionieren. Diese Entwicklung wird sich im Zuge der Harmonisierung Europas noch beschleunigen.

Der Markt für Umwelttechnik lockt Unternehmen verschiedenster Herkunft und Größe an: Konzerne des deutschen Großanlagenbaus buchten 1988 Aufträge von über 4 Milliarden DM für Anlagen der Abgasreinigung, Abwasserbehandlung und Müllverbrennung, Bauunternehmen sind auf den Gebieten Deponiesicherung, Bodensanierung, Kläranlagen und Lärmschutz tätig, die klassische Müllabfuhr erlebt durch Sonderabfall-Entsorgung und Recycling eine Renaissance. Kunststoffverbraucher diversifizieren in das Kunststoffrecycling, und Elektrizitätswerke vermarkten Gips aus der Giftgas-Entschwefelung. Die chemische Industrie bietet die Lösung der eigenen Umweltschutzprobleme Dritten an. Mittelständische Unternehmen schließlich setzen auf ihre Spezialkenntnisse: Ihre Produkte reichen vom Füllstandmesser zum Phosphatsensor, vom Mineralöladditiv zum Dieselkatalysator und zum Biofilter.

So ergibt sich das typische Bild eines dynamischen Entstehungsmarktes: Alle wollen dabei sein. Für Geschäfte in der Umwelttechnik gilt jedoch das gleiche wie für andere Geschäfte: Nicht jedes Unternehmen, das in der Entstehungsphase des Marktes einsteigt, ist erfolgreich. Nur wenn es eindeutige technische Stärken und besondere Marktkenntnisse aufweist, kann es bleibende Wettbewerbsvorsprünge erringen. Sich ohne eine solide Basis in neue Gebiete vorzuwagen, bedeutet ein hohes Risiko. Unternehmen jedoch, die die Markttrends, die eigenen Stärken und die Konkurrenzsituation berücksichtigen, können in der Umwelttechnik äußerst profitable Geschäfte aufbauen.

Eine zuverlässige Methode, um neue Geschäftsfelder in der Umwelttechnik zu erschließen und die eigenen Geschäftschancen abzuschätzen, ist die Suchfeldanalyse. Mit diesem Instrument können in einem vierstufigen Prozeß das Unternehmenspotential mit den Anforderungen neuer Geschäftsfelder der Umwelttechnik verglichen, die für das Unternehmen attraktivsten Bereiche ausgewählt, Markteintrittsoptionen abgewogen und der Markteintritt vorbereitet werden.

Ein international tätiges Unternehmen des Maschinen- und Anlagenbaus wollte beispielsweise, um die Abhängigkeit von seinem bisherigen Stammgeschäft zu verringern, in die Biotechnologie diversifizieren und damit ein zweites Bein in der Umweltschutztechnik entwickeln. Da es Erfahrungen auf dem Gebiet der klassischen biotechnologischen Prozesse besaß, schien diese Stoßrichtung sehr plausibel.

Die Analyse des Kompetenzprofils ergab aber, daß die moderne Biotechnologie wenig Erfolg versprach. Kurze Produktzyklen, hoher F&E-Aufwand und hohe Anforderungen an Präzisionsmechanik, wie sie bei den angedachten biotechnologischen Verfahren auftraten, entsprachen nämlich nicht den Stärken des Unternehmens. Auf der anderen Seite boten sich schnell wachsende Möglichkeiten in der biologischen Sondermüllbehandlung und Altlastensanierung, die das Unternehmen dank seiner verfahrenstechnischen Kenntnisse erfolgreich nutzen konnte. Es ging daher von seinem ursprünglich geplanten Vorhaben in der Biotechnologie ab und startete stattdessen auf der Basis eines Kooperationsvertrags mit einer in der Altlastensanierung erfahrenen amerikanischen Firma ein neues Geschäft. Mittlerweile erwägt das Unternehmen eine finanzielle Beteiligung an seinem amerikanischen Partner: Der Einstieg in ein lukratives Servicegeschäft ist gelungen.

Wie funktioniert die Suchfeldanalyse? Sie geht zunächst einmal von einer systematischen Analyse der Stärken und Schwächen in der Produktion, in Marketing und Vertrieb sowie in F&E aus (siehe Abbildung 6-2). Das identifizierte und bewertete Know-how wird in Markt- und Technologieportfolien zusammengestellt. Gleichzeitig wird klar und explizit formuliert, welche Anforderungen das Unternehmen an Umsatz, Wachstum und Return on Investment stellt.

Die in Frage kommenden Geschäftsfelder der Umwelttechnik werden diesen Anforderungen bezüglich ihres Marktpotentials und ihrer Wachstumsaussichten gegenübergestellt, wobei die zu er-

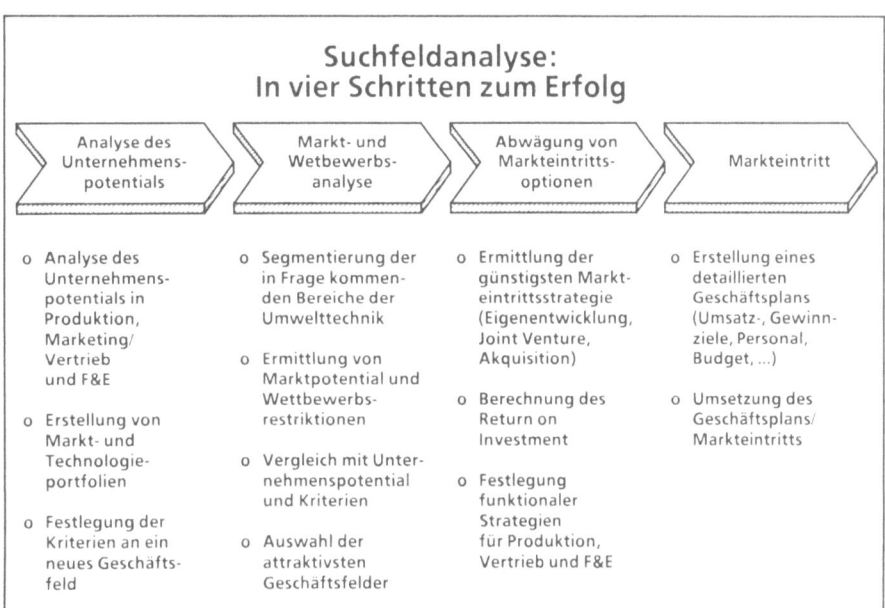

Abb. 6-2

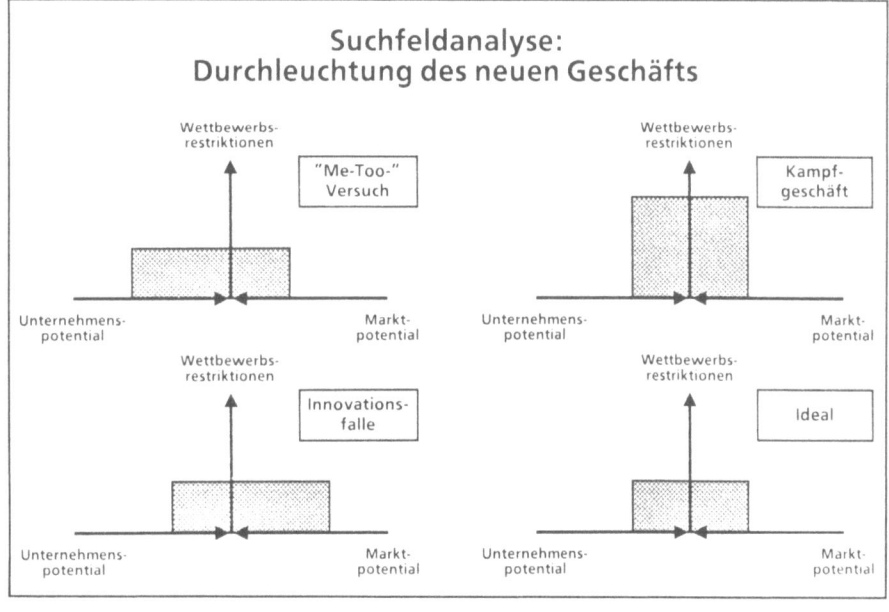

Abb. 6-3

wartende Wettbewerbssituation, insbesondere die Reaktion der bereits etablierten Wettbewerber auf den Markteintritt eines Neuen, abgeschätzt wird.

Anhand des festgestellten Know-how-Potentials des Unternehmens, des Marktpotentials und der Wettbewerbsrestriktionen läßt sich die Attraktivität der einzelnen Geschäftsfelder der Umwelttechnik für das diversifikationsfreudige Unternehmen charakterisieren (siehe Abbildung 6-3).

Ein hohes Marktpotential, aber ein schwaches eigenes Know-how-Potential sind beispielsweise die häufig anzutreffende Konstellation einer „Me-too"-Strategie, die meistens zum Scheitern verurteilt ist. Das Gegenteil − gute Know-how-Voraus-

113

des eigenen Unternehmens bei geringem Marktpotential – ist als „Innovationsfalle" bekannt: Hier investieren Unternehmen in noch nicht existierende Geschäfte. Der Idealfall eines ausgeprägten Knowhow-Potentials des eigenen Unternehmens bei hohem Marktpotential ist selten.

Die Wettbewerbsrestriktionen liefern darüber hinaus ein Maß für die Markteintrittskosten und die zu erwartende Profitabilität. Hohe Wettbewerbsrestriktionen erschweren zwar den Einstieg, aber niedrige Wettbewerbsrestriktionen locken nach dem eigenen Einstieg in der Regel immer weitere Unternehmen an, so daß eine hohe Wettbewerbsintensität entsteht.

Nach der Auswahl der für das Unternehmen attraktivsten Geschäftsfelder in der Umwelttechnik kann dann die günstigste Markteintrittsstrategie bestimmt werden.

6.6 Der unternehmerische Vorteil muß stimmen

Nicht alles, was umweltfreundlich ist, zahlt sich aus. Daher ist es wichtig, das strategische Potential umweltfreundlicher Produkte und Verfahren genau zu analysieren. Es reicht nicht, für Umweltschutz Geld auszugeben, wenn die Investitionen keinen unternehmerischen Vorteil versprechen.

Dabei sind drei Aspekte zu berücksichtigen:

– Gibt es Gesetze oder sind Gesetze zu erwarten, die Umweltschutzmaßnahmen des Unternehmens ohnehin erzwingen?
– Ist das Unternehmen technisch und finanziell in der Lage, Umweltschutzmaßnahmen zu realisieren?
– Kann das Unternehmen durch Umweltschutzmaßnahmen einen Wettbewerbsvorteil erzielen?

Die gesetzliche Lage läßt sich relativ einfach bestimmen. Auch ihre Entwicklung kann in der Regel einigermaßen zuverlässig vorgesehen werden. Schwierigkeiten bereitet allenfalls die Beurteilung im Ausland.

Zur Beurteilung der technischen und finanziellen Realisierbarkeit von Umweltschutzmaßnahmen gibt es in jedem Unternehmen Kriterien und Richtlinien, wie sie bei jeder Investitionsentscheidung angewendet werden. In der Mehrzahl der Fälle erweist sich das Return on Investment aber als wenig attraktiv, so daß Umweltschutzinvestitionen, wenn sie nicht durch Gesetze und Auflagen erzwungen werden, durch Markt- oder Wettbewerbsvorteile gerechtfertigt werden müssen.

Die Quantifizierung von Wettbewerbsvorteilen bereitet jedoch häufig Schwierigkeiten. Um einen langfristigen Wettbewerbsvorteil durch umweltfreundliche Produkte oder Verfahren zu erzielen, müssen drei Bedingungen erfüllt sein:

– Nutzen für die Umwelt,
– Nutzen für die Kunden,
– Vorsprung gegenüber den Mitbewerbern.

6.6.1 Nutzen für die Umwelt verdeutlichen

Das Aufklärungsniveau der Öffentlichkeit in Umweltschutzfragen ist inzwischen sehr hoch. Trotzdem ist der einzelne Bürger überfordert, die Relevanz einzelner Umweltprobleme richtig einzuordnen. Aus Sicht der Industrie müssen dabei zwei Aspekte unterschieden werden: Die Höhe der wirklichen Umweltgefahr, z. B. das tatsächliche Ausmaß der Ozonschädigung durch Fluorchlorkohlenwasserstoffe und die Sensitivität der Öffentlichkeit, d. h. wie das Problem in der öffentlichen Diskussion behandelt wird.

Das wirkliche Ausmaß eines Umweltproblems und die öffentliche Auffassung darüber sind zwar häufig unterschiedlich, aber alle echten Umweltprobleme gelangen über kurz oder lang massiv in die Medien. Die Unternehmen müssen daher die Umweltprobleme möglichst frühzeitig selber erkennen, Lösungen finden, die Öffentlichkeit aufklären und von der Substitution durch umweltfreundliche Produkte oder Verfahren profitieren, indem sie den Nutzen herausstellen. Öffentlichkeitsarbeit ist hierbei besonders wichtig. Ein bedeutender Abfüller von Spraydosen wechselte schon 1976 von Fluorchlorkohlenwasserstoffen auf nicht ozonschädigende Treibmittel, versäumte aber das begleitende Marketing. Als Fluorchlorkohlenwasserstoffe wenig später unter Druck gerieten, straften die Käufer die umweltfreundlichen Produkte dieses Herstellers genauso mit Kaufzurückhaltung wie die fluorchlorkohlenwasserstoff-haltigen Produkte.

6.6.2 Den Nutzen an die Kunden kommunizieren

Kundennutzen kann praktischer und idealler Natur sein. Praktischer Nutzen entspringt der Leistung eines Produktes: der Waschwirkung eines Shampoo beispielsweise oder der Haftwirkung eines Klebstoffs. Bei Konsumartikeln jedoch macht der ideelle Nutzen weit mehr als die Hälfte der Kaufentscheidung aus. Das Image, das die Käufer beispielsweise mit einer Shampoomarke verbinden, kann mit Status, Abenteuer oder aber heiler Umwelt zu tun haben.

Bei Industriekunden spielt der ideelle Nutzen immer dann eine Rolle, wenn eine Verbindung mit der Unternehmenskultur gesehen wird.

Ein Unternehmen, das seine Produkte umweltfreundlicher machen will, muß daher bewerten, welche Nutzenfaktoren die Kaufentscheidungen seiner Kunden beeinflussen. Ob es äußerer Druck ist, das Preis-/Leistungs-Verhältnis der Produkte oder ein ideeller Nutzen – Erfolg ist dem umweltfreundlicheren Produkt immer dann beschieden, wenn der Anbieter gezielt die für den Käufer dominante Nutzenkategorie ansprechen und belegen kann.

6.6.3 Vorsprung gegenüber den Mitbewerbern

Wenn die Analyse des Kundennutzens ein ausreichendes Substitutionspotential aufzeigt, gilt es abzuschätzen, ob ein zeitlicher Vorsprung gegenüber den Mitbewerbern möglich ist und gehalten werden kann. Denn wenn ein solcher Vorsprung erzielt werden kann, so stellt er in der Mehrzahl der Fälle die entscheidende unternehmerische Rechtfertigung von Umweltschutzmaßnahmen dar.

Eine umweltorientierte Strategie zu verfolgen, hilft Umweltbewußtsein nicht als Kostenfaktor zu verstehen, sondern in erster Linie als Zukunftsleistung. Dieser Umstellungs- und Umdenkprozeß im Unternehmen bedarf jedoch gründlicher Vorarbeit. Denn reaktives Verhalten und oberflächliche defensive Maßnahmen reichen immer weniger aus, sie bewirken eher das Gegenteil, nämlich zusätzlichen Druck der Öffentlichkeit. Ein zukunftsorientiertes Konzept muß das ganze Unternehmen umfassen und zu einem echten Verhaltenswandel führen.

Umweltorientiertes Verhalten auch ohne akuten äußeren Zwang läßt dem Unternehmen Handlungsspielraum und hilft ihm, sich innovativ und geordnet auf zukünftige Anforderungen und Chancen auszurichten. Dadurch, daß es die Initiative selber ergreift, bleibt seine Leistung eine unternehmerisch umsetzbare – in Markt- und Wettbewerbsvorteile, in Motivation nach innen und Profilierung nach außen.

Siebtes Kapitel

Total Quality Management –
das organisierte Bewußtsein

Michael Mollenhauer und Thomas Ring

7.1 Qualität ist etwas anderes als „gute Qualität"

Hohe Qualität, hohe Preise – so lautet oft die Antwort, wenn Unternehmer gefragt werden, welches die Marktsegmente sind, die sie verfolgen.

Immer nur Mercedes, Tissot und Rolex? Ist das der einzige Spielraum für Qualität? Oder ist dieser Qualitätsbegriff einseitig, ja sogar irreführend?

Daß Qualität auch etwas anderes sein kann als die Spitze der Preisskala, beweisen Beispiele wie Swatch, Benetton und Ford.

Denn eine Swatch-Uhr verkörpert ebenso Qualität wie eine Uhr von Rolex – beide Produkte bedienen nur unterschiedliche, ganz spezifische Markt- und Konsumentenbedürfnisse.

Sowohl Tissot als auch die Swatch-Uhr sind das Ergebnis von komplexen Wertschöpfungsprozessen. Qualität oder Nicht-Qualität, darüber wird in jeder einzelnen Stufe dieser komplexen Prozesse entschieden. Jeder Fehler, sei es in der Planung, der Ausführung oder der Steuerung, beeinträchtigt die Qualität und kostet Geld.

7.1.1 Das magische Dreieck Qualität, Kosten, Zeit

Qualität, Kosten und Zeit stehen in einer engen Wechselbeziehung. Doch was hat Priorität? Kann ein Primat der Kosten sinnvoll sein?

Ist es denkbar, „Schneller werden" so zu verstehen, daß das Unternehmen in jedem Fall mit seinen Produkten als erstes am Markt sein sollte? Oder umgekehrt: Kann Qualitätsmanagement heißen, daß jeder Kundenwunsch erfüllt werden muß, um im Wettbewerb zu bestehen?

Hochleistungsorganisationen haben ein anderes Qualitätsverständnis entwickelt. Für sie heißt Qualitätsmanagement die richtigen Dinge zu tun und die Dinge richtig zu tun – und zwar gleich beim ersten Mal.

Marktgerechte Produkte zu entwickeln – gleich beim ersten Mal – ist nicht nur Zeichen einer hohen Leistungsqualität, es führt zugleich auch zu deutlichen Kosteneinsparungen und Zeitvorteilen.

Qualität bedingt kostengünstige und zeiteffiziente Leistung. Hochleistungsorganisationen verfügen über ein funktionierendes Total Quality Management.

7.1.2 Ein umfassendes Konzept

Bei Unternehmen wie 3M, IBM und Ford laufen unternehmensweite Programme, um ein allumfassendes und ganzheitliches Qualitätsverständnis in allen Unternehmensbereichen und auf allen Hierarchieebenen zu wecken. Sie demonstrieren, daß es Vorgehensweisen gibt, um die Organisation in einer gut orchestrierten Aktion auf Höchstleistung zu bringen. Was ist die Motivation dafür, daß sie und viele andere Unternehmen wie die Unilever-Tochter Elida Gibbs, Benetton, Marks & Spencer und Johnson & Johnson diesen Ansatz verfolgen? Was sind die Bestandteile eines Total Quality Managements? Wie kann man es im eigenen Unternehmen einführen, und was bringt es? Diese Fragen wollen wir im folgenden beantworten.

7.2 Total Quality Management – warum?

7.2.1 Gründe für Total Quality Management

Es gibt vier Gründe, Total Quality Management als Führungsphilosophie im Unternehmen einzuführen:
- Kunden wollen Qualität,
- Qualität ist ein Wettbewerbsfaktor,
- Qualität ist Bestandteil der Corporate Identity,
- Qualität bringt mehr Gewinn.

7.2.2 Kunden wollen Qualität

Jeder Unternehmer weiß, daß die Gewinnung von neuen Kunden aufwendiger ist als die Pflege des bestehenden Kundenstamms. Hohe Kundentreue ist damit einer der Faktoren, die ein Geschäft profitabel machen. Untersuchungen des Strategic Planning Institute haben gezeigt, daß Kundentreue und die von den Kunden empfundene Qualität in enger Beziehung zueinander stehen. Das bedeutet, daß das Unternehmen mit seinen Produkten und mit seinen Leistungen unablässig den Qualitätserwartungen seiner Kunden gerecht werden muß. Kundentreue auf einem hohen Niveau zu halten, ist eine ständige Herausforderung, denn sie läßt sofort nach, wenn der Kunde zum gleichen Preis bei einem Wettbewerber qualitativ höherwertige Leistung angeboten bekommt.

Wird die Qualität der Unternehmensleistung von einigen Kunden als nicht mehr wettbewerbsgerecht empfunden, so hat das eine erhebliche Sogwirkung, die in ihrem Ausmaß häufig viel zu spät erkannt wird.

Nur ein Bruchteil (etwa 10 %) der Kunden, die von der Qualität nicht mehr überzeugt sind, bleiben dem Lieferanten gegenüber zunächst loyal.

Die wenigsten der enttäuschten Kunden (etwa 4 %) teilen ihrem Lieferanten mit, daß sie mit der Qualität seiner Leistungen unzufrieden sind.

Und jeder unzufriedene Kunde ist eine Quelle für negative Werbung mit einem hohen Multiplikatoreffekt.

7.2.3 Qualität ist ein Wettbewerbsfaktor

Unter den kritischen Erfolgsfaktoren steht „Qualität" in den meisten Geschäftsfeldern an oberster Stelle. Qualität der Unternehmensleistung im umfassenden Sinn ist in fast allen Märkten als kaufentscheidender Faktor wichtiger als der Preis.

Ein Unternehmen kann sich gegenüber seinen Wettbewerbern durch Preis, Werbung, Kundenservice, Produkt und Sortiment, besonders aber durch Qualität unterscheiden. Jeder der Differenzierungsfaktoren kann in unterschiedlichem Maß von den Wettbewerbern nachvollzogen werden. So können die Wettbewerber ihre Preise senken oder ihre Werbebudgets erhöhen. Am schwierigsten ist es jedoch, Qualität nachzuahmen. Hohe Qualität auf allen Stufen der Wertschöpfung sicherzustellen und eine Unternehmenskultur zu entwickeln, die auf ständige Verbesserung und Innovation ausgerichtet ist, läßt sich nicht von heute auf morgen imitieren, sondern erfordert Jahre. Qualität ist damit ein äußerst wirkungsvoller Differenzierungsfaktor.

7.2.4 Qualität ist Bestandteil der Corporate Identity

Unternehmen suchen nach handlungsleitenden Werten, die gemeinsam von allen Führungskräften und Mitarbeitern getragen werden können. Diese Werte sollten eine Klammer zwischen den Kunden und dem Unternehmen bilden. Viele der häufig vorgebrachten Unternehmensziele wie „Marktführerschaft" oder „Kostenführerschaft" werden jedoch dieser Anforderung der Kundenorientierung nicht gerecht. Die Ausrichtung aller Leistungsbereiche auf ständige Verbesserung und Innovation und auf die Erfüllung der Kundenbedürfnisse ist dagegen ein Ziel, das die Kriterien Kundenorientierung, Steigerung der Leistungsbereitschaft, bereichsübergreifende Prozeßorientierung und Identifikation mit dem Unternehmen erfüllt.

So hat beispielsweise die Nestlé AG bereits vor einigen Jahren ihre Qualitätsgrundsätze, die sie gegenüber ihren Kunden und Mitarbeitern kommuniziert, zu der Aussage „Qualität ist unsere Natur" zusammengefaßt.

Das Unternehmen Oetker drückt mit seiner Aussage „Qualität ist das beste Rezept" die Erfahrung der gesamten Unternehmensgeschichte aus.

7.2.5 Qualität bringt mehr Gewinn

Strategisch und operativ die richtigen Dinge in Angriff zu nehmen und die dazu erforderlichen Aktivitäten und Abläufe richtig und fehlerfrei durchzuführen – darauf zielt Total Quality Management ab. Bei der internen Leistungserstellung führt das rechtzeitige Erkennen von Fehlerquellen zu enormen Kosteneinsparungen. Nach außen hin wirkt sich die gesteigerte Kundenzufriedenheit positiv auf die Entwicklung von Umsatz und Marktanteilen aus.

Das Beispiel Hewlett-Packard zeigt, daß sich eine Kultur des Total Quality Managements bezahlt macht. Die Bemühungen von Hewlett-Packard um Total Quality resultierten in

– einer Produktivitätssteigerung um bis zu 120 %,
– einer Gewinnsteigerung um 200 % und mehr,

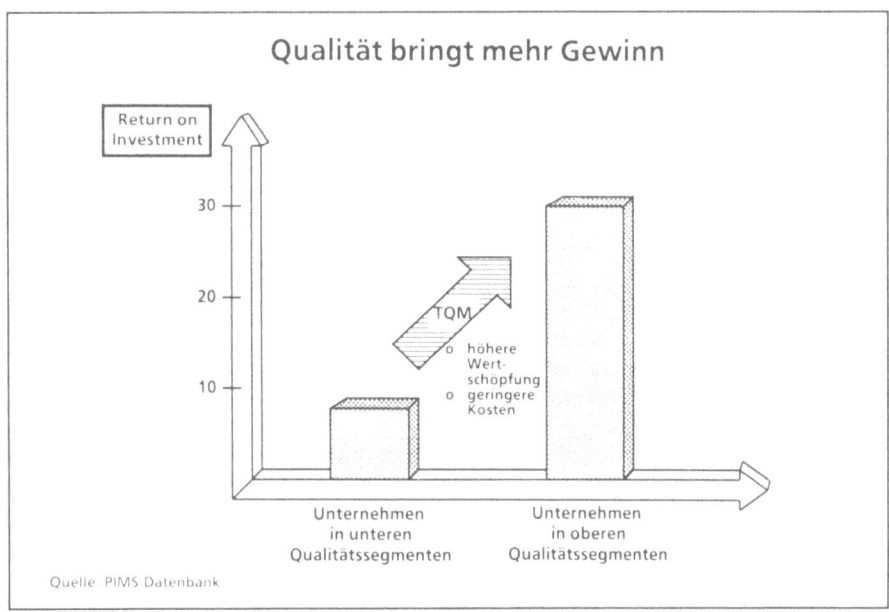

Abb. 7-1

— einer Verdreifachung der Marktanteile in wichtigen Marktsegmenten.

Aber auch die interne Effizienz konnte beträchtlich gesteigert werden:

— Ausschuß und Materialverlust wurden um ein Drittel reduziert,
— die Herstellkosten wurden in Teilbereichen um fast die Hälfte gesenkt,
— die Lagerbestände wurden um über 30 % abgebaut,
— die Durchlaufzeiten in der Forschung und Entwicklung bis zur marktreifen Bereitstellung neuer Produktgenerationen wurden um durchschnittlich 40 – 50 % verkürzt.

Zwischen Qualität und Rentabilität besteht nach den PIMS-Daten ein deutlicher Zusammenhang: Unternehmen mit Produkten und Leistungen, die aus Kundensicht hohe Qualität repräsentieren, sind in der Regel deutlich profitabler als Unternehmen mit geringerer Qualitätsorientierung (siehe Abbildung 7-1).

7.3 Total Quality Management als Führungsphilosophie

7.3.1. Die tragenden Säulen

Die Bestandteile des Total Quality Managements, die von erfolgreichen Unternehmen kultiviert werden, sind (siehe Abbildung 7-2):

— Kundenorientierung: Jeder Mitarbeiter versteht, wie wichtig seine Leistung für den Kundennutzen ist.
— Prozeßorientierung: Jede Stufe der ADL-Prozesse wird als Chance für Verbesserungen angesehen.
— Management-Überzeugung: Jede Führungskraft lebt ständig ihre Überzeugung von der Bedeutung des Total Quality Managements vor.

7.3.2 Kundenorientierung

Man hört oft: „Kundenorientierung ist für unser Unternehmen doch selbstverständlich!" Aber ist sie

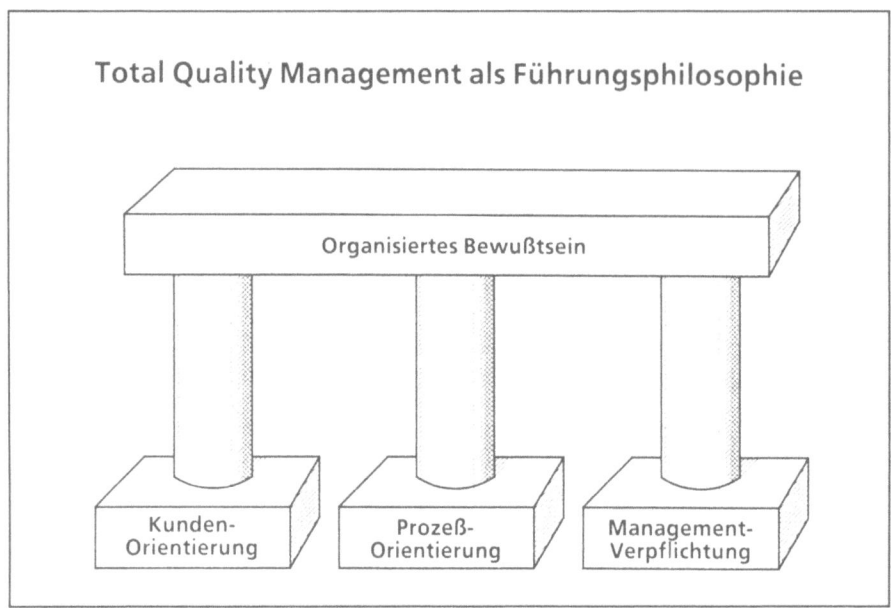

Abb. 7-2

das wirklich? Wird nicht vielfach der Kundenkontakt ausschließlich als die Aufgabe des Vertriebs angesehen? Wie häufig erhalten Mitarbeiter aus der Fertigung oder der Forschung und Entwicklung die Möglichkeit, selbst im direkten Kontakt zu erfahren, welches die Bedürfnisse der Kunden sind?

Japanische Unternehmen beschreiten häufig viel effektivere Wege, um die Unternehmensleistung auf die Kundenbedürfnisse auszurichten. So ist schon die japanische Art der Marktforschung völlig anders als die in den westlichen Industrieländern. Während bei uns die Entwicklung von Marktanteilen mit großer Zahlengläubigkeit verfolgt wird, verwenden die Manager führender japanischer Unternehmen einen großen Teil ihrer Zeit dafür, das Bewußtsein für die Kundenbedürfnisse durch unmittelbare Interaktion mit den Kunden zu schärfen und in das Unternehmen hineinzutragen. Für viele japanische Unternehmen war es schon immer üblich, Mitarbeiter aus dem Produktionsbereich, aus der Forschung und Entwicklung und auch aus den administrativen Bereichen herauszulösen und sie mit Aufgaben in der Marktforschung, im Außendienst oder in ausländischen Vertriebsniederlassungen zu betrauen. Dort lernen sie für eine gewisse Zeit, Kundenbedürfnisse in ihrer Vielfältigkeit zu begreifen.

Dieser Aufwand macht sich später bezahlt, wenn diese Mitarbeiter in ihre eigentlichen Funktionen zurückkehren und ihre Erfahrungen dazu verwenden, ihre Aufgaben „richtig" zu erfüllen.

Es sind aber mittlerweile nicht nur japanische Unternehmen, die Kundenorientierung in diesem umfassenden Sinne praktizieren.

So verbringen zum Beispiel die Manager des Autovermieters Avis mehrere Wochen des Jahres hinter den Schaltern, um aktuelle Eindrücke über die Kundenbedürfnisse zu sammeln.

Hewlett-Packard hat im Rahmen seines Total Quality Managements ein Programm „Richtig zuhören lernen" organisiert, um die Interaktion mit Kunden noch effektiver zu gestalten.

Die Robert Bosch GmbH und andere Unternehmen veranstalten gemeinsame Produktbesprechungen, an denen die Entwicklung, der Vertrieb und ausgewählte Kunden teilnehmen.

Dabei geht Total Quality Management von einem sehr umfassenden Kundenbegriff aus (siehe Abbildung 7-3).

„Kunden" sind aus dieser Sicht alle externen Empfänger von Unternehmensleistungen wie Konsumenten, Absatzpartner und Nichtkunden, alle externen Ersteller von Vorleistungen wie Lieferanten,

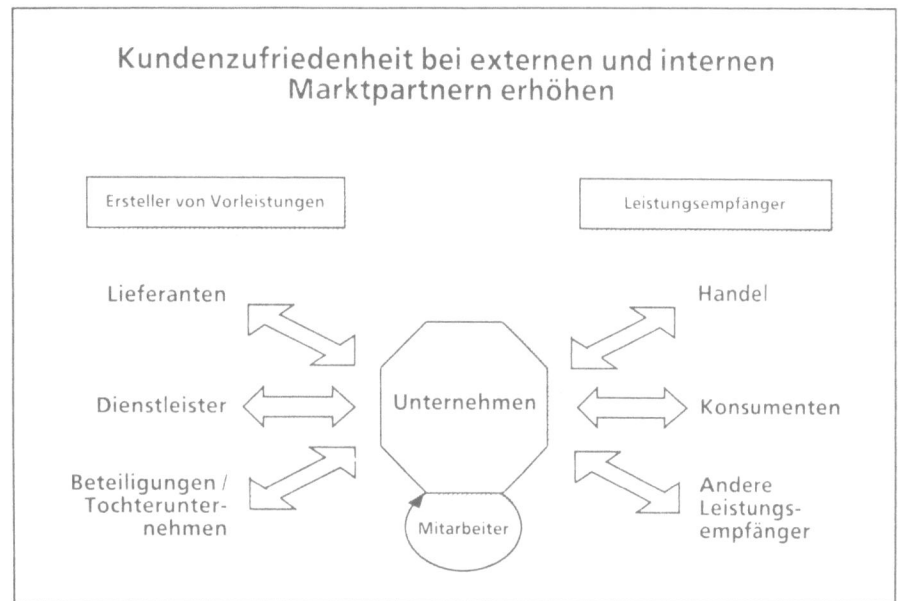

Abb. 7-3

Dienstleister und Agenturen und Tochterunternehmen sowie alle internen Empfänger von Leistungen wie die anderen Funktionsbereiche, die Mitarbeiter und die Vorgesetzten.

Die internen Empfänger von Leistungen als Kunden einzustufen, bringt auch denjenigen Mitarbeitern den Gedanken der Kundenorientierung nahe, die keinen unmittelbaren Kontakt zu externen Kunden haben.

Der Grad der Zufriedenheit der externen und internen Kunden muß regelmäßig gemessen werden, um die Aufmerksamkeit der Mitarbeiter gegenüber den externen und internen Kunden zu erhöhen, Fortschritte in bezug auf die Kundenorientierung festzustellen, die Kunden erkennen zu lassen, wie sehr sie im Mittelpunkt des Interesses stehen, und Potentiale für weitere Verbesserungen zu erkennen.

Total Quality Management zielt darauf ab, den Kunden nicht nur der Qualität des Produkts, das er gerade gekauft hat, zu versichern, sondern ihm auch zu signalisieren, daß er sicher sein kann, beim nächsten Kauf die gleiche Qualität zu erhalten. Diese Sicherheit kann am wirkungsvollsten vermittelt werden, wenn den Kunden in einfacher Form die Elemente der Qualitätssicherung dargelegt werden.

Der Hemden- und Blusen-Hersteller van Laack legt seinen Produkten zu diesem Zweck beispielsweise eine Beschreibung der wichtigsten Qualitätsmaßnahmen bei, die während des Fertigungsprozesses ergriffen werden. Dadurch wird für den Verbraucher erkennbar, welche Anstrengungen das Unternehmen unternimmt, um die Qualität seiner Produkte zu sichern.

Audi benennt für jedes ausgelieferte Exemplar seines Flaggschiffs Audi V8 ein Vorstandsmitglied, das für die Qualität des Fahrzeugs bürgt und dem Käufer im Falle von Reklamationen persönlich zur Verfügung steht.

7.3.3 Prozeßorientierung: ADL-Prozesse beherrschen lernen

Hochleistungsorganisationen zeichnen sich dadurch aus, daß alle Mitarbeiter und Führungskräfte stark prozeßorientiert denken und handeln. Dabei wird Prozeßorientierung nicht als reines Ablaufmanagement betrachtet, vielmehr werden die ADL-Prozesse als Instrumente der Kundenorientierung verstanden.

Da an den ADL-Prozessen in der Praxis verschiedene Organisationseinheiten in unterschiedlicher Intensität beteiligt sind, müssen eine Reihe von Anforderungen erfüllt sein, wenn Total Quality Management gesichert werden soll:

- Alle von den ADL-Prozessen betroffenen Organisationseinheiten müssen auf die Gestaltung der Prozesse Einfluß nehmen können.
- Die Organisation braucht ein Instrumentarium, um die Bearbeitung der ADL-Prozesse gesamtheitlich zu steuern.
- Alle beteiligten Mitarbeiter müssen in die Lage versetzt werden, das Verhältnis von Qualität, Zeit und Kosten marktgerecht zu beeinflussen.

Um diesen Anforderungen gerecht zu werden, müssen sich alle Mitarbeiter der Organisation der Regeln bewußt sein, nach denen sie agieren. Folgende Fragen helfen, das Qualitätsbewußtsein zu wecken:

- Für welchen Kunden arbeite ich?
- Was will der Kunde von mir?
- Was muß ich tun, um die Kundenbedürfnisse zu erfüllen?
- Wie kann ich fehlerfrei arbeiten?
- Ist der Kunde mit meiner Arbeit zufrieden? Hätte ich meine Aufgabe besser erfüllen können?
- Wie kann ich besser werden?
- Was habe ich aus dieser Aufgabe gelernt?
- Wissen meine Kollegen, was ich gelernt habe?
- Bin ich persönlich zufrieden, wenn der Kunde zufrieden ist?

Mitarbeiter, die mit solchen Fragen an die ADL-Prozesse herangehen, sind sehr stark motiviert, die Leistungsprozesse zu durchdenken und ständig Verbesserungen einzubringen. Ihre Arbeitsweise ist auf Qualität fokussiert, denn sie fühlen sich für den Markterfolg des Unternehmens verantwortlich.

Die Qualität der Produkte und Leistungen ist daher das Ergebnis von ADL-Prozessen, zu denen viele Mitarbeiter einen Beitrag leisten.

Den Einfluß der ADL-Prozesse auf die Qualität zu erkennen und Fehler zu vermeiden, muß das Anliegen aller beteiligten Stellen sein.

7.3.4 Management-Überzeugung: Vorbild als Erfolgsfaktor

Die erfolgreiche Einführung des Total Quality Managements als Bestandteil der Unternehmenskultur erfordert vor allen Dingen Sichtbarkeit:

- Führen durch Vorbild, durch Vermitteln von positiven Beispielen und durch Verdeutlichung von Visionen,
- Sichtbarmachen der persönlichen Leistungen von Mitarbeitern,
- sichtbares Bereitstellen von Zeit und Mitteln für die ständige Verbesserung der Unternehmensleistung.

Viele Veränderungen im Unternehmen, wie Kostensenkungsmaßnahmen oder die Einführung von „Just-in-time", können auf unterschiedlichen Hierarchieebenen ansetzen. Nicht so bei Total Quality Management. Seine erfolgreiche Einführung bedarf einer sichtbaren Beteiligung des Top-Managements. Die Veränderung des Bewußtseins muß „top-down" erfolgen. Der ständigen Verbesserung von Qualität den Vorrang vor Kostensenkungszielen und Zeitzwängen zu geben, ist eine große Herausforderung, der nur wirkliche Hochleistungsorganisationen gewachsen sind.

Bei der Bewältigung dieser Herausforderung ist es hilfreich, sich anhand positiver Beispiele vor Augen zu führen, daß Total Quality Management machbar ist.

Einige der Unternehmen, die Total Quality Management zu implementieren versuchen, lassen daher ihre Mitarbeiter andere erfolgreiche Unternehmen besuchen, um von deren positiven Erfahrungen zu lernen. So hat beispielsweise die Personal Products Division der Unilever-Tochter Elida Gibbs vor der Einführung des Total Quality Managements in Europa einen Erfahrungsaustausch mit mehreren führenden amerikanischen Unternehmen organisiert.

Der einmal initiierte Prozeß braucht Unterstützung, bis er eine Eigendynamik entfaltet hat. Dazu ist es außerordentlich wichtig, Erfolge, die eine Organisationseinheit errungen hat, sichtbar anzuerkennen und zu honorieren. Denn dadurch werden

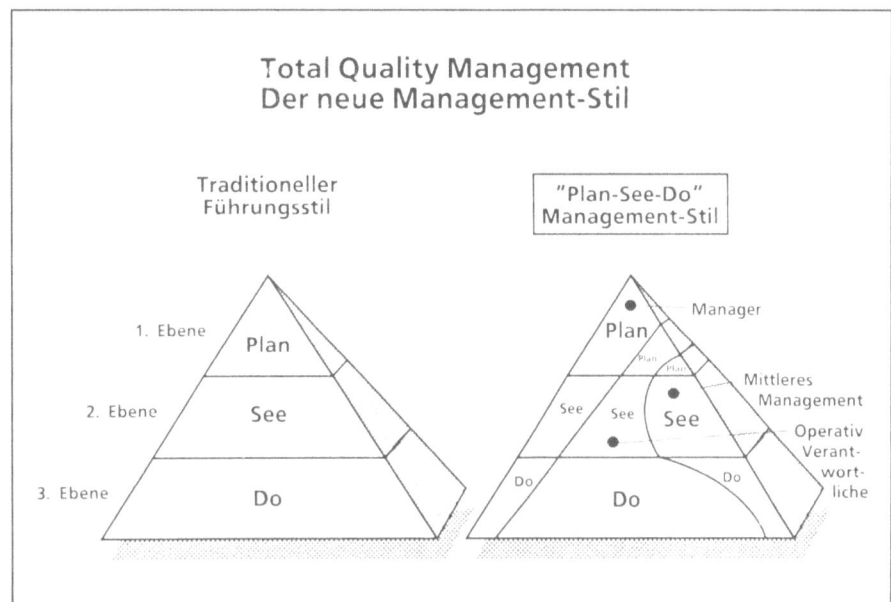

Abb. 7-4

positive Motivationsschübe für weitere Verbesserungen ausgelöst.

Das glaubwürdigste Beispiel ist dabei jeder einzelne Manager selbst. Hierzu benötigen viele Führungskräfte einen neuen Managementstil (siehe Abbildung 7-4).

Der traditionelle Managementstil basiert auf einem einseitig verstandenen Prinzip der Delegation. Der obersten Hierarchieebene sind hierbei die Zielsetzung und die Vorgaben vorbehalten, die nächste Ebene ist für die Kontrolle der Aufgabenerfüllung verantwortlich, den tieferen Ebenen obliegt ausschließlich die Ausführung. Der beim Total Quality Management geforderte Managementstil „Plan – do – see" sieht demgegenüber eine wesentlich größere Durchlässigkeit der Hierarchieebenen vor: So wie bei Avis immer wieder die Manager für eine bestimmte Zeit hinter dem Kundenschalter stehen, um selber mehr über Kundenbedürfnisse zu erfahren, so müssen Führungskräfte ihre Mitarbeiter als interne „Kunden" begreifen. Denn die Mitarbeiter „empfangen" Führung als interne Leistung. Deshalb versteht sich das Top-Management von Hochleistungsorganisationen als aktives Glied der Leistungsprozesse, um unmittelbaren Kontakt mit der Basis zu haben.

Die Verteilung der drei Aufgaben Planen („Plan"), Steuern („See") und Ausführen („Do") auf alle hierarchischen Ebenen des Unternehmens führt dazu, daß der Überblick über die einzelnen Leistungsprozesse verbessert wird, mehr Verständnis für die Probleme und Sachzwänge zwischen den Ebenen entsteht und die unterschiedlichen Sichtweisen in die Bearbeitung der Leistungsprozesse eingebracht werden, so daß insgesamt eine höhere Leistungsqualität entsteht.

Gleichzeitig werden alle Hierarchieebenen ermutigt, mehr Eigenverantwortung und Initiative zu übernehmen.

Ein Team durch eine Vision zu begeistern, das ganze Unternehmen auf eine Strategie einzuschwören, Veränderungen in Gang zu setzen, der Eigendynamik zu vertrauen und den Mitarbeitern den Erfolg zu überlassen – das sind die entscheidenden Führungsqualitäten beim Total Quality Management.

Die Einführung des Total Quality Managements als Führungskonzept ist keine Aktion, die am grünen Tisch realisiert werden kann. Sie erfordert vielmehr intensive (aber auch erfolgversprechende und somit motivierende) Arbeit und die Einbeziehung aller Mitarbeiter des Unternehmens.

Abb. 7-5

Erfolgreiche Unternehmen beteiligen ihre Mitarbeiter je nach Eignung und Interesse an den Aufgaben des Total Quality Managements. Die Prozeßorganisation besteht dabei aus sechs Elementen:

- Einem Total Quality Committee, das mit Führungskräften aus den verschiedenen Unternehmensbereichen besetzt ist und den gesamten Prozeß entwirft und steuert.
- Bereichsbezogenen Quality-Teams, die aus Mitarbeitern der Funktionsbereiche wie Fertigung, Verkauf oder Logistik zusammengesetzt sind. Die Teilnahme an den Arbeitssitzungen dieser bereichsbezogenen Quality-Teams ist für die benannten Mitglieder Pflicht. Die von den Teams selbst zu definierenden Aufgaben beziehen sich auf den jeweiligen Funktionsbereich.
- Quality Circles sind ebenfalls mit den Mitarbeitern eines Funktionsbereichs besetzt, aber die Teilnahme ist freiwillig.
- Quality-Teams für die ADL-Prozesse müssen bereichsübergreifend besetzt sein. Alle Abteilungen, die von den zu verbessernden ADL-Prozessen betroffen sind, müssen in diesen Teams vertreten sein.
- Task Forces für bestimmte größere Aufgabenstellungen werden von der Unternehmensleitung eingesetzt.
- Total Quality Manager pro Standort werden mit der Gesamtverantwortung für das Total Quality Management betraut. Sie berichten direkt an die Unternehmensleitung und sorgen für die Koordination zwischen den einzelnen Gruppen.

Hochleistungsorganisationen zeichnen sich dadurch aus, daß ihre Mitarbeiter entsprechend ihren persönlichen Fähigkeiten eingesetzt und in ihrer Weiterentwicklung sorgfältig unterstützt werden. Die Mitarbeiter dürfen sich nicht als Einzelkämpfer empfinden, sondern als Mitglieder einer Mannschaft (siehe Abbildung 7-5).

Diese Einstellung erfordert von allen, daß sie überdurchschnittliche Leistungen zu erbringen bereit sind, aber den Erfolg nicht nur auf sich selbst beziehen, sondern ihn mit allen anderen Organisationsmitgliedern teilen.

Eine besondere Aufgabe des Managements besteht darin, Prioritäten für Total Quality Projekte zu setzen, denn häufig muß zu Gunsten von Total Quality Projekten auf andere Vorhaben verzichtet werden.

Zeit ist heute für die meisten Unternehmen ein knappes Gut. Die erfolgreiche Einführung von Total Quality Management kann daran scheitern, daß unter dem Druck des Tagesgeschäfts für die Total Quality Projekte nicht ausreichend Zeit zur Verfügung gestellt wird.

Denn Zeitdauer und Aufwand bis zu dem Punkt, an dem das Total Quality Management bei den Mitarbeitern etabliert ist, werden meistens unterschätzt.

So setzen in vielen Unternehmen die Mitglieder der Qualitäts-Teams bis zu 30 % ihrer Zeit für die Total Quality Projekte ein. Trotzdem ist es nicht ungewöhnlich, daß ein signifikanter Wandel im Verhalten der Mitarbeiter erst nach zwei Jahren zu bemerken ist. Die Auswirkungen auf die Wettbewerbsfähigkeit werden in ihrem vollen Ausmaß häufig auch erst nach dieser Zeitspanne sichtbar.

Die Einführung des Total Quality Managements kann aber relativ schnell eine positive Auswirkung auf die Investitionen und Kosten haben. Viele Unternehmen, die in den letzten Jahren Total Quality Management einführten, stellten schon zu Beginn fest, daß sie viel Geld für schlechte Qualität und vermeidbare Verluste ausgaben und zu wenig für Präventiv-Maßnahmen taten.

Durch die Total Quality Projekte werden Ressourcen und Investitionen stärker auf die Bereiche gelenkt, bei denen eine höhere Kosteneffizienz durch qualitätsbewußtes Arbeiten erreicht werden kann.

7.4 Total Quality Management als Programm

Die Einführung des Total Quality Managements gelingt am besten, wenn es als sichtbares Programm aus einer Reihe von Projekten organisiert wird, an denen möglichst viele Mitarbeiter des Unternehmens beteiligt sind. Um dieses Programm zu definieren, sollten vier Schritte durchlaufen werden:

- Ein Audit der Schwachstellen im Qualitätsmanagement, die durch Organisationsmängel bedingt sind,
- eine Sensibilisierungs-Kampagne, um alle Organisationsmitglieder von der Notwendigkeit des Total Quality Programms zu überzeugen,
- die Ernennung eines Total Quality Management Committees,
- die Beauftragung und Steuerung von Quality-Teams für gezielte Projekte.

Schritt 1: Audit

Zu Beginn des Total Quality Management Programms sollte ein Audit durchgeführt werden, um den Status quo der Organisation in bezug auf Qualitätsbewußtsein und Qualitätsniveau aufzuzeigen. Die Bewertung der Qualitätsstandards kann durch Vergleich mit den Industriestandards und mit gemeinsam erarbeiteten Zielen erfolgen.

Im Rahmen des Audits ist eine Befragung der Mitarbeiter des Unternehmens und der externen Geschäftspartner, z.B der Zulieferer, der Handelspartner und der Endverbraucher durchzuführen.

Die Ergebnisse dieses Audits öffnen den Mitarbeitern erfahrungsgemäß überhaupt erst einmal die Augen für die vielfältigen Qualitätsprobleme, die sie durch ihr eigenes Verhalten und durch seit langer Zeit nicht mehr in Frage gestellte Gewohnheiten verursachen.

Schritt 2: Sensibilisierung

Die Beteiligten müssen durch Workshops und vielfältige Gespräche von den Ergebnissen des Audits unterrichtet und mit den Stärken und Schwächen des Unternehmens im Qualitätsmanagement konfrontiert werden. Daraus muß die Bereitschaft entspringen, Qualität zum obersten Leistungsziel zu machen.

Schritt 3: Willenserklärung des Managements

Zur Beseitigung der Schwächen ist eine eindeutige Willenserklärung des Managements erforderlich. Diese Willenserklärung muß in die Ernennung eines Total Quality Committees münden, das mit der gezielten Bearbeitung der festgestellten Schwächen beauftragt wird.

Schritt 4: Quality-Teams

Das Total Quality Committee muß sicherstellen, daß die sensibilisierten Mitarbeiter und das Management gemeinsam in Quality-Teams zusammenarbeiten.

Diesen Quality-Teams müssen vom Total Quality Committee konkrete Aufgaben für die Projektarbeit gestellt werden. Die Art und Weise, wie die Teams ihre Aufgaben bearbeiten, sollte ihnen überlassen bleiben. Ein Sponsor aus der Unternehmensleitung sollte je ein Team unterstützen und dafür sorgen, daß dem Team die erforderlichen Ressourcen zur Verfügung gestellt werden, daß ein Konzept der Qualitätssteigerung erarbeitet und mit dem Total Quality Committee abgestimmt wird und daß darauf aufbauend ein akzeptierter Umsetzungsplan vorgelegt wird.

Die Quality-Teams müssen dazu zunächst einmal die Ursachen der festgestellten Qualitätsprobleme analysieren und eine Liste von Verbesserungsansätzen erarbeiten. Die Verbesserungsansätze sollten dann in ausgewählten Pilot-Bereichen umgesetzt werden.

Wenn die Pilot-Bereiche positive Ergebnisse und hohe Akzeptanz zeigen, dann sollten vom Total Quality Committee die erforderlichen Maßnahmen für organisatorische Änderungen, Schulungen und Anreizsysteme beschlossen werden.

In der Umsetzungsphase ist es Aufgabe der Quality-Teams, die Linienverantwortlichen zu unterstützen.

Im Rahmen der Quality-Projekte sind möglichst viele Review-Meetings vorzusehen, in denen gemeinsam analysiert wird, welche Erfahrungen gewonnen wurden. Diese Erfahrungen sollten dokumentiert und allen Quality-Teams unterbreitet werden.

Zur Motivation der Quality-Teams ist es besonders wichtig, daß das Management zügig über die vorgeschlagenen organisatorischen Änderungen und anderen Maßnahmen entscheidet und damit seine Entschlossenheit demonstriert, Qualität zum obersten Ziel der gesamten Leistungserbringung zu machen.

Es gibt nur wenige Vorhaben, die so umfassend auf Veränderungen in allen Unternehmensbereichen und auf allen Hierarchieebenen abzielen und die Unternehmenskultur so nachhaltig beeinflussen, wie das Total Quality Programm.

Daher ist der Aufbau eines Total Quality Managements ein überaus geeigneter Ansatz, um im Unternehmen die Fähigkeit des „organizational learning" zu verstärken, um den Sinn für die ADL-Prozesse zu schärfen und um klare Ziele für die marktorientierte Leistungserbringung zu setzen. In diesem Sinn ist das Total Quality Management synonym mit dem Management von Hochleistungsorganisationen.

Achtes Kapitel

Die neue Führungspersönlichkeit –
Leistung durch Integration

Dr. Holger Karsten

8.1 Die Verhaltensdimension von Organisationen

Die sorgfältigste und klügste Gestaltung von Strukturen und Abläufen einer Organisation nützt nichts, wenn der Einfluß der „intervenierenden Variablen" und die Bedürfnisse und Verhaltensweisen der Mitarbeiter „übersehen" werden[1]. Denn erst das Zusammenspiel von Organisation und Organisationsmitgliedern in einem positiven Klima und mit dem Bewußtsein einer Corporate Identity sichert den Erfolg (siehe Abbildung 8-1).

Die Berücksichtigung der Verhaltensdimension steckt in der „klassischen" Betriebswirtschaftslehre allerdings immer noch in den Anfängen. Aber ohne die Verhaltensdimension läßt sich die Wechselbeziehung zwischen Organisationsstruktur, Kapitaleinsatz, Leistung und Zeiteffizienz nicht hinreichend erklären. Ohne sie können keine weiterhelfenden Aussagen über die Gründe von Erfolg oder Mißerfolg von Maßnahmen getroffen werden. Unternehmensführer sind daher gefordert, explizit die Wechselbeziehung zwischen der Leistung der einzelnen Mitarbeiter und der Organisation insgesamt zu steuern. Sehen wir uns diese Aufgabenstellung aus dem Blickwinkel einer Hochleistungsorganisation einmal näher an.

8.2 Aufgabenstellung für Führungspersönlichkeiten

Wie beschrieben und von den meisten Führungskräften empfunden, ist die Arena, in der sich die Unternehmen heute behaupten müssen, in Bewegung geraten. Alte Marktabgrenzungen gelten nicht mehr, Anpassungs- und Veränderungsprozesse vollziehen sich mit hoher Geschwindigkeit, und Zeit ist ein eigenständiger Produktionsfaktor geworden. Insgesamt ist das einzig „Sichere" an der Zukunft die Unsicherheit. Das gilt für die Entwicklung von Währungen ebenso wie für die von neuen Technologien und des Nachfrageverhaltens.

In diesem Umfeld müssen Führungskräfte zwei wesentliche verhaltensorientierte Leistungen vollbringen: Sie müssen in der Vielfalt von Einflüssen, Veränderungen, Gefahren und Chancen einen vielversprechenden Weg für ihr Unternehmen ausma-

---
[1] Vgl. ERICH FRESE: Grundlagen der Organisation; Wiesbaden 1988

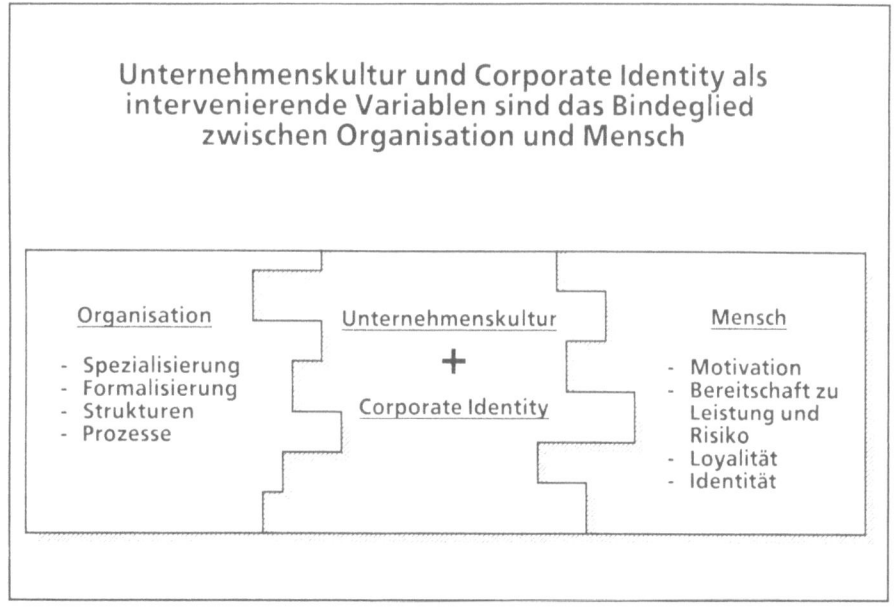

Abb. 8-1

chen und als Vision in das Unternehmen hinein kommunizieren, und sie müssen die Menschen in den Unternehmen dazu bewegen, im Interesse der Verwirklichung der Vision zusammenzuarbeiten.

Maßstab für die Leistung der Führungskräfte ist dabei der Unternehmenswert: Nur wenn der Wert des Unternehmens Jahr für Jahr gesteigert wird und wenn der Wertzuwachs größer als die Kosten des Kapitaleinsatzes ist, haben sie ihre Aufgabe erfüllt.

Dieser Maßstab wird in Zukunft immer konsequenter und offener angelegt werden. Denn zusätzlich zum Wettbewerb in den Märkten entspinnt sich jetzt ein Wettbewerb um die „Corporate Control", in dem Firmen wie Kohlberg, Kravis, Roberts (KKR), Merrill Lynch Capital Partners und Morgan Stanley Mitspieler sind. Das Bestehen in diesem Wettbewerb gehört heute auch zu den Aufgaben der Führungskräfte. Manchen von ihnen wird diese Dimension erst bewußt, wenn sie durch ein Übernahmeangebot unerwartet die Kontrolle über ihr Unternehmen verloren haben.

Um den neuen Anforderungen gerecht zu werden, müssen die Führungskräfte eine neue Führungspersönlichkeit entfalten, müssen sie weit über das Tagesgeschäft hinaus die Wegstrecke im Auge haben, die zwischen dem heutigen Zustand ihrer Organisation mit allen ihren Aktivitäten, Ressourcen und Strukturen und dem „Fernziel" liegt, das sie als Vision zur Ausrichtung der Planungen und Ressourcen formulieren und kommunizieren müssen.

Vision ist deswegen so wichtig, weil Unternehmen mit Vision eine größere Chance haben, neue Werte, Prozesse und Produkte zu schaffen und zu Hochleistungsorganisationen zu werden.

Vision bedeutet Abkehr vom Altgewohnten und Sichern und muß daher von der Unternehmensspitze gewollt und gestaltet werden, wenn eine integrierende Wirkung entstehen soll. Die Unternehmensleistung muß zunehmend durch Integration entstehen und kann immer weniger das Ergebnis von Hochleistung in isolierten Teilbereichen sein.

Neben den eher kurzfristigen Aufgaben des Managements, wie die Steuerung und Kontrolle des laufenden Geschäfts, müssen stärker die mittel- bis langfristigen treten. Die strategische und verhaltensmäßige Ausrichtung der Unternehmen, die sie befähigt, ihre Vision umzusetzen, wird neben dem Tagesgeschäft einen immer größeren Anteil der Zeit der Führungskräfte beanspruchen und die Führungskräfte wieder zu abgerundeten Unternehmern machen.

Die Gestaltung des Weges, auf dem das Fernziel erreicht werden kann, hat in immer stärkerem Maß mit Menschen, Unternehmenskulturen und Verhaltensweisen zu tun (siehe Abbildung 8-2).

An vorderster Stelle steht dabei die Aufgabe, die Organisation und alle ihre Mitglieder zum „organizational learning" zu befähigen und zu motivieren und damit einen gemeinsamen Prozeß zu steuern, durch den das Unternehmen auf die Verwirklichung der Vision vorbereitet wird[2].

Die Fähigkeit des „organizational learning" dürfte in know-how-intensiven Industrien in Zukunft zum einzigen nachhaltigen Wettbewerbsvorteil werden[3].

Die Bedeutung des „organizational learning" für die Unternehmensentwicklung haben bisher nur wenige deutsche Unternehmen erkannt. Die Bayer AG gehört zu den wenigen, denn Hermann Strenger, ihr Vorstandsvorsitzender, widmet den Lernprozessen im Unternehmen größte Aufmerksamkeit.

Reinhard Mohn, Inhaber und Aufsichtsratsvorsitzender der Bertelsmann AG, mißt den lernorientierten Führungsprozessen einen derartigen Stellenwert bei, daß er sie als Produktionsfaktor neben Kapital und Arbeit einordnet[4].

Auch Louis R. Hughes, der neue Vorstandsvorsitzende der Adam Opel AG, hat die Bedeutung des „organizational learning" erkannt: „Der Schlüssel zum Erfolg liegt nicht in modernen Fabriken, sondern in der Teilnahme der Organisationsmitglieder an wichtigen Entscheidungen"[5].

Das Know-how des „organizational learning" zu erwerben, auszubauen und für weiteres Wachstum

---

2 Vgl. ARTHUR D. LITTLE INTERNATIONAL: Innovation als Führungsaufgabe; Frankfurt 1988
3 Vgl. RAY STATA: Organizational Learning – The Key to Management Innovation; Sloan Management Review, Spring 1988
4 Vgl. REINHARD MOHN: Kann das Kapital noch führen?; Gütersloh 1988
5 Vgl. „Opel: Revolution in Rüsselsheim"; Manager Magazin, 7/1989

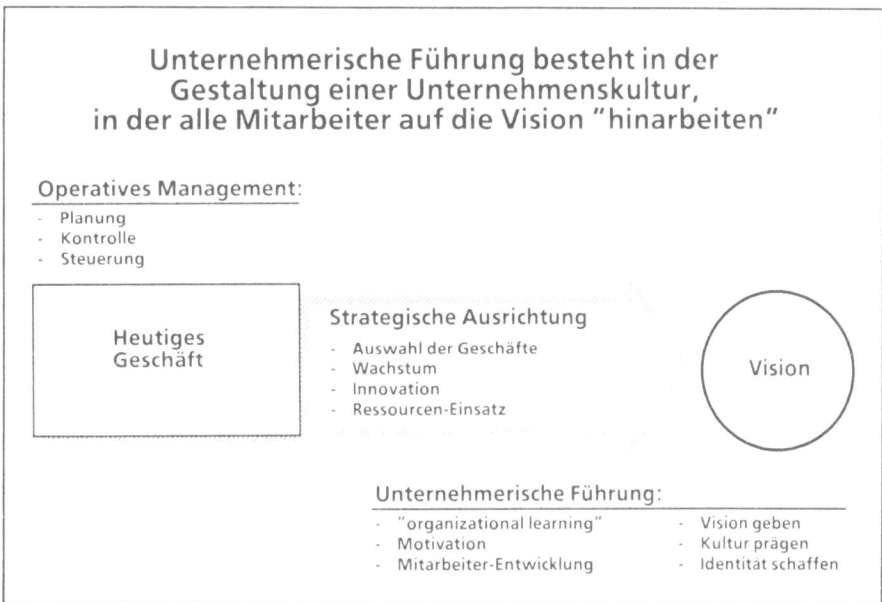

Abb. 8-2

in den Kerngeschäften oder in benachbarten Geschäften zu nutzen, wird damit zu einem der entscheidenden Erfolgsfaktoren in nahezu allen Branchen.

Um den gemeinsamen Lernprozeß zu aktivieren und zu steuern, müssen die Führungskräfte in ein systematisches Management Development Programm involviert werden und eine neue Personal Identity entfalten.

8.3 Personal Identity als Voraussetzung der Corporate Identity

Die neue Führungspersönlichkeit lebt Veränderungen und Neuerungen selbst vor und zeigt durch ihr eigenes Verhalten, worum es geht. So erreichte es Jack Welsh, Vorstandsvorsitzender von General Electric, durch sein persönliches Tempo, das gesamte Unternehmen in einen Zustand von Dynamik zu versetzen und in weniger als zehn Jahren den Umsatz und Gewinn zu verdoppeln. Er verkaufte mit beispielhafter Entschlossenheit Unternehmensteile und erwarb neue, besser passende Unternehmen dazu.

Der Appell eines Vorstandsvorsitzenden zur drastischen Kostensenkung wird dagegen unglaubwürdig, wenn derselbe Vorstandsvorsitzende kurz darauf in den Hubschrauber steigt und für alle hörbar davonfliegt.

Umgekehrt kann ein Vorstandsvorsitzender durch offene Kommunikation mit den Mitarbeitern eine Unternehmenskultur des „Alle für eine gemeinsame Sache" prägen, in der Konflikte konstruktiv ausgetragen werden können und eine integrierende Wirkung haben.

Konflikte sind für Lernprozesse von größter Wichtigkeit. Die neue Führungspersönlichkeit geht daher Konflikten nicht aus dem Weg, sondern bringt ihren „positiven Sinn" als Instrument der Identitätsfindung und der Überwindung von unterschwelligen Kommunikationsbarrieren zur Geltung.

Atmosphäre und Kultur eines Unternehmens werden wesentlich dadurch bestimmt, inwieweit die Unternehmensleitung Konflikte zuläßt, sich dabei als Vermittler oder aber „oberste Macht" einbringt und „Vernichtungsprozesse" zuläßt oder vermeiden hilft. In Asien ist oberstes Ziel der Konfliktaustragung, daß niemand durch einen Konflikt „sein Gesicht verlieren" darf. Ob im Ringen um den richtigen Weg immer wieder Mitarbeiter ihr Gesicht verlieren und dadurch letztlich dem Unternehmen verloren gehen oder nicht, hängt vom Verhalten der Unternehmensführung ab.

Persönliches Verhalten wird stark von dem Rollenbewußtsein der Führungspersönlichkeiten bedingt. In Hochleistungsorganisationen hat die Unternehmensspitze längst den Anspruch aufgegeben, alles zu wissen und alles allein zu entscheiden. Die neue Führungspersönlichkeit schafft es, sich in Gruppendiskussionen einzuordnen und anzuerkennen, daß andere die Entwicklung von Technologien oder des Marktes unter Umständen „richtiger" beurteilen können. Damit fördert die Führungspersönlichkeit insbesondere bereichsübergreifendes Denken und Handeln, das nicht per Anordnung oder Formalismus erreicht werden, sondern nur aus eigenem Antrieb entstehen kann. Zu lange wurden Führungskräfte für die Verteidigung ihrer Funktions- oder Bereichsinteressen belohnt und im Machtgerangel zwischen den Bereichen von „oben" unterstützt.

Integratives Denken und Handeln muß ebenso vorgelebt werden wie die Abkehr von alten Wegen und Prozessen, die in der Vergangenheit erfolgreich waren, für die Zukunft aber nicht mehr adäquat sind.

Die neue Führungspersönlichkeit lebt deswegen vor, wie wichtig ihr Kommunikationsprozesse zur Erreichung von Konsens und Überzeugung sind.

Ihre Kommunikation besteht zu 50% aus Zuhören.

Denn Überzeugungsprozesse mit den verschiedenen Interessensgruppen im Unternehmen laufen nicht mehr in den tradierten Strukturen ab, die Unternehmensführung muß sowohl die sachlichen als auch die emotionalen Bedürfnisse der Gesprächspartner berücksichtigen und einen gemeinsam begehbaren Weg herausarbeiten können. Diese Fähigkeit des „Networking", d. h. der Zusammenarbeit und Kommunikation über fachlich-funktionale und hierarchische Grenzen hinweg, muß zum Grundelement der Personal Identity der neuen Führungspersönlichkeit werden[6].

8.4 Anforderungsprofil an die neue Führungspersönlichkeit

Neben dem technischen und funktionalen Sachwissen und der methodischen Kompetenz bei der Entwicklung und Durchsetzung von Strategien und Konzepten, neben der klaren Kenntnis von Wettbewerbsvorteilen und Leistungsprozessen muß die neue Führungspersönlichkeit überzeugen und Beziehungsnetze knüpfen können[7]. Ziel muß Leistung durch Integration sein.

Als Voraussetzung für die Integrationsleistung muß die neue Führungspersönlichkeit selbst eine „integrierte" Persönlichkeit sein, d. h. sie darf wesentliche Persönlichkeitsbestandteile wie Emotionalität, Inhalte des Privatlebens und Differenzen zwischen der Realität und den Idealvorstellungen des eigenen Ichs nicht verbergen oder verdrängen.

Erfolgreiches Führen läßt sich allerdings nur bedingt lernen, da gerade die persönlichen Fähigkeiten wie Kommunikationsverhalten, Stabilität, Geduld und Ausstrahlung von Sozialisationsprozessen abhängig sind (siehe Abbildung 8-3).

Projektverantwortung, Verantwortung in der Familie und im Sportverein sowie Coaching-Verantwortung für jüngere Mitarbeiter helfen jedoch, sich selbst zu beobachten und zu überprüfen: Welche Einstellung habe ich gegenüber anderen Menschen? Denke ich, daß sie im Prinzip „wollen", daß jeder an seinem Platz und entsprechend seiner Ausbildung hohe Leistung vollbringen kann, wenn ich ihn entsprechend fördere, oder halte ich andere Menschen im Grunde für unmündig und unwillig, so daß ich sie ständig kontrollieren und korrigieren muß?

Die Fähigkeit und Bereitschaft zum integrativen Führen wird, wie wir heute wissen, hauptsächlich von den Sozialisationsprozessen in Kindheit, Jugend und Ausbildung geprägt, sei es durch die Beziehung zu den Eltern, durch die materielle Ausstattung oder durch die Vermittlung von Werten in der Familie, in der Schule und an der Universität[8].

---

6 Vgl. ROBERT K. MUELLER: Betriebliche Netzwerke; Freiburg 1988
7 Vgl. HARRY LEVINSON: Criteria for choosing chief executives; Harvard Business Review, July-August 1980
8 Vgl. HELMUT HOFSTETTER: Die Leiden der Leitenden; München 1980

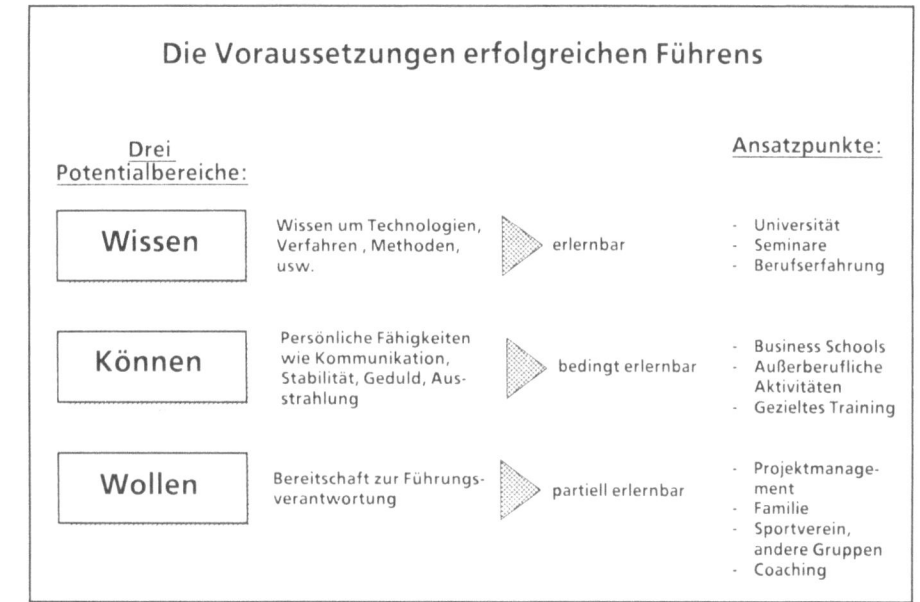

Abb. 8-3

Aus dieser Sozialisation entwickelt sich nach und nach der eigene Lebensstil, der je nach Persönlichkeitsmerkmalen, Erfahrungen und Umweltkonstellation positiv-offen, neutral-verschlossen oder negativ-depressiv sein kann.

Der Lebensstil der Führungskraft ist wiederum bestimmend dafür, wie stark sie integrierend und motivierend wirken kann, wie sehr sie die Kraft hat, das eigene Lernen zum Vorbild des „organizational learning" zu machen.

Der „mechanisierte" Lebensstil früherer Führungskräfte war dadurch charakterisiert, daß sie nach festgeschriebenen Regeln handelten und nur noch das wahrnahmen, was diesen Regeln entsprach. Abweichende Erfahrungen wurden durch einen Tabu-Filter abgefangen[9]. Veränderungsstress wurde dadurch in Aggressions- oder Defensivstress umgewandelt.

Eine zunehmende Anforderung an die neue Führungspersönlichkeit ist aber die Stress-Stabilität gegenüber Veränderungen, auch der eigenen Position. Aus den grundlegenden Untersuchungen von Hans Selye wissen wir, daß es „guten" Stress gibt, der zu hohen Leistungen antreibt und von Selye „Eustress" genannt wird, und „schlechten" Stress, der in Konflikten zu Unterdrückungs- und Vernichtungsprozessen führt und den Selye „Distress" nennt[10]. Distress ist Aggressions- oder Defensivstress und kann im Gegensatz zu Eustress nicht mehr abgebaut werden, es sei denn durch Resignation, d. h. endgültige Leistungsaufgabe. Eustress kann durch Leistung und Erfolg abgebaut werden, er setzt daher bewältigbare Situationen voraus. Das Wissen um die „Beherrschbarkeit" und um den Abbau von Stress ist für integratives Führen von fundamentaler Bedeutung. Autogenes Training, Yoga und Meditation sind Mittel, um Kräfte für die neutrale Stressbewältigung freizusetzen, in Verbindung mit physischem Stressabbau durch Jogging, Schwimmen oder andere kampffreie Sportarten.

Führungspersönlichkeiten an der Spitze von Hochleistungsorganisationen sind in der Lage, die Verhaltensweisen des Berufslebens wie Durchset-

---

9 Vgl. ACHIM TROCH: Stress und Persönlichkeit; München 1979
10 Vgl. HANS SELYE: Stress ist mein Leben; München 1979

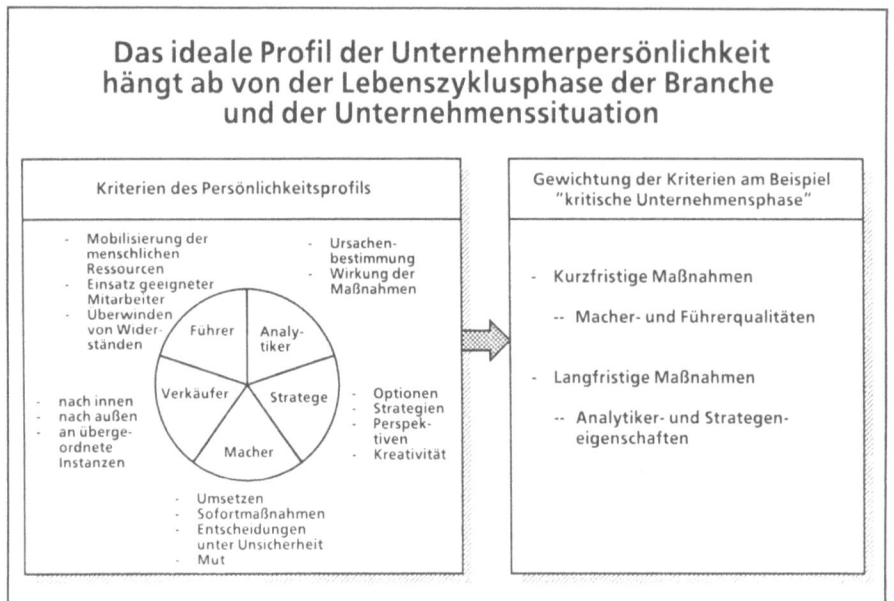

Abb. 8-4

zungskonsequenz, Handeln unter Zeitdruck und Effizienzbewußtsein nicht auf die Familie und die Freizeit zu übertragen. Das Umschalten von der Vorstandssitzung auf das Abendessen in der Familie geht bei ihnen mit dem Anerkennen anderer Werte, z. B. denen der Kinder, und anderer Gruppenprozesse einher, z. B. dem ausgeschmückten Erzählen von Erlebnissen, bei dem Konsequenz und Effizienz keine Rolle mehr spielen.

Sie können in Gruppen mit anderen Wertestrukturen, z. B. Clubs oder Vereinen, „mitmachen", ohne unter dem ständigen Druck zu stehen, ihre Macht, ihr Wissen und ihre Entscheidungskompetenz zu beweisen.

Es gibt jedoch kein Standard-Erscheinungsbild der erfolgreichen Unternehmerpersönlichkeit, die in jedem Unternehmen, in jeder Situation und in jeder Problemkonstellation die ideale Besetzung wäre. Das jeweils „ideale" Persönlichkeitsprofil hängt vielmehr von der Lebenszyklusphase der Branche und der spezifischen Unternehmenssituation ab (siehe Abbildung 8-4).

In Sanierungssituationen waren Unternehmerpersönlichkeiten wie Lee Iacocca für Chrysler und Hermanus Koning für Grundig erfolgreich. Für die Neustrukturierung eines Konzerns wie Daimler-Benz ist dagegen ein Stratege wie Edzard Reuter gefragt, für den Aufbau eines Computer-Unternehmens wie Apple bedurfte es eines Entrepreneurs wie Stephen Jobs.

Stephen Jobs war typischerweise nur in der Aufbauphase seines Unternehmens erfolgreich, in der Konsolidierungsphase mußte er abgelöst werden, ein Schicksal, das auch dem Skihersteller Howard Head und dem großen Pionier der Unterhaltungselektronik Max Grundig widerfuhr.

Die Grundanforderungen an die Führungspersönlichkeit sind jedoch in allen Situationen die gleichen: Sie muß zwischen den „Welten" des operativen und strategischen Managements hin und her wechseln können, sie muß alle Aspekte des Verhaltens- und Integrationsmanagements beherrschen und sie muß durch ihr eigenes Verhalten und Wirken die Leistungsbereitschaft der Mitarbeiter und die Lernfähigkeit der Organisation aktivieren, um auf die Vision hinzusteuern, von der alle Organisationsmitglieder die Zukunftssicherung des Unternehmens erwarten.

Dadurch, daß die Führungspersönlichkeit ihre „Personal Identity" offenlegt, schafft sie die Grundlage einer „Corporate Identity", deren Grundzug Leistung durch Integration ist.

Neuntes Kapitel

Die Dienstleistungspyramide im Unternehmen

Jürgen Fuchs

9.1 Der Kunde als König

Ein schöner Septembertag in Rom. Wir sitzen in einem kleinen Restaurant und diskutieren mit Emilio, dem Patrone, unsere Speisefolge. Als Wein wählen wir meine Lieblingsmarke. Kurz darauf sehe ich Emilio über die Straße laufen und mit zwei Flaschen Rotwein zurückkommen, die er halb unter seiner Jacke versteckt hält. Nach dem vorzüglichen Essen, das er uns mit Begeisterung zelebriert, frage ich Emilio, ob es mein Wein gewesen sei, den er sich von gegenüber besorgt habe. Er wird ganz verlegen und bekennt: „Mir ist der 83er Wein gerade ausgegangen, aber das Problem habe ich ja gelöst. Darauf einen Espresso!"

Die kleine Geschichte soll einen Maßstab dafür setzen, was Dienstleistung bedeutet. Nicht das Eigeninteresse des Unternehmens, nicht die Bequemlichkeit des Dienstleisters standen hier im Vordergrund, sondern das Wohlbefinden des Kunden. Denn mit ein wenig Kreativität und der Bereitschaft, Schranken zu durchbrechen, lassen sich gerade bei Dienstleistungen fast alle Probleme meistern.

„Der Kunde ist König!" Wie leicht ist dieser Satz gesagt, wie schwer ist es, ihn täglich in die Tat umzusetzen. Wie sehr haben viele Unternehmen dieses Geheimnis wirtschaftlichen Erfolgs vergessen und beschäftigen sich mehr mit sich selbst als mit ihren Kunden. Abteilungsegoismus, Informationsbarrieren durch Hierarchien und überdimensionale Verwaltungsapparate begünstigen Starrheit und Selbstzufriedenheit. Die Manager, aber auch die Mitarbeiter verstehen ihr Unternehmen nicht mehr als Ganzes im Beziehungsnetz zu ihren Lieferanten, Wettbewerbern und Kunden. Sie erkennen nicht ihren eigenen Beitrag zur Erreichung eines gemeinsamen Ziels, weil zerlegte Leistungsprozesse und zentralistisch organisierte Strukturen sie und häufig auch die Kunden entmündigt haben.

Der Entmündigung der Kunden, an die die Industriekonzerne in ihrer Blütezeit noch „Produkte verteilten", wird jedoch seit Beginn der 80er Jahre zunehmend ein Ende bereitet:
- Im weltweiten Wettbewerb gewinnen Länder mit einer starken Dienstleistungskultur an Position. Dadurch wird vielen überdimensionalen Industriekonzernen das Fürchten gelehrt.
- Der Einzug der Informations- und Kommunikationstechnik in alle Leistungs- und Unternehmensbereiche läßt den Globus zusammenwachsen und bietet den Kunden die Chance einer immer umfassenderen Auswahl.
- Die Industrienationen wandeln sich mit zunehmendem Tempo in Dienstleistungsgesellschaften.

9.2 Der Kunde als Quelle der Wertschöpfung

Der Kunde verlangt nicht nur von seinem italienischen Restaurant, sondern auch von den Unternehmen, die ihn bedienen, höhere Flexibilität, schnellere Reaktion auf geänderte Anforderungen, Bereitschaft zu Service, Einhalten von Terminen und umfassende Qualität. Die Unternehmen müssen lernen, „hart am Kunden zu segeln". Dazu bedarf es schneller Entscheidungen und eindeutiger Befugnisse an der Schnittstelle zum Kunden. Zur Entscheidung gehören Informationen und Kompetenzen. Wenn ein Verkäufer Liefertermine für ein Auto, eine Maschine oder eine Kücheneinrichtung nennen will, muß er per Computernetz direkt ins Lager und in die Produktion „sehen" können. Und er braucht die Kompetenz, eine verbindliche Zusage zu machen. Das gleiche gilt für den Finanzberater, der in einer Bankfiliale eine Anlageempfehlung gibt oder eine steuerlich günstige Finanzierung anbietet. Er muß an seinem Platz den Kauf von Wertpapieren oder die Kreditabwicklung für seine Kunden sofort erledigen können. Eine ähnliche Dienstleistung verlangt der Tourist, der für die Salzburger Festspiele Flug, Hotel, Mietwagen und die Konzertkarte buchen möchte.

„Just in time" und „Null-Fehler-Qualität" werden zum Erfolgsrezept nicht nur in der Produktion, sondern erst recht beim Dienst am Kunden. Denn die Wertschöpfung verlagert sich zunehmend von der Fabrik direkt an den Kunden. Das eigentliche Produkt entsteht nicht mehr in der Fabrik, sondern als Dienst, der vom Mitarbeiter für den Kunden geleistet wird (siehe Abbildung 9-1).

Beim Wandel von der Industrie- zur Dienstleistungsgesellschaft treten die greifbaren Produkte

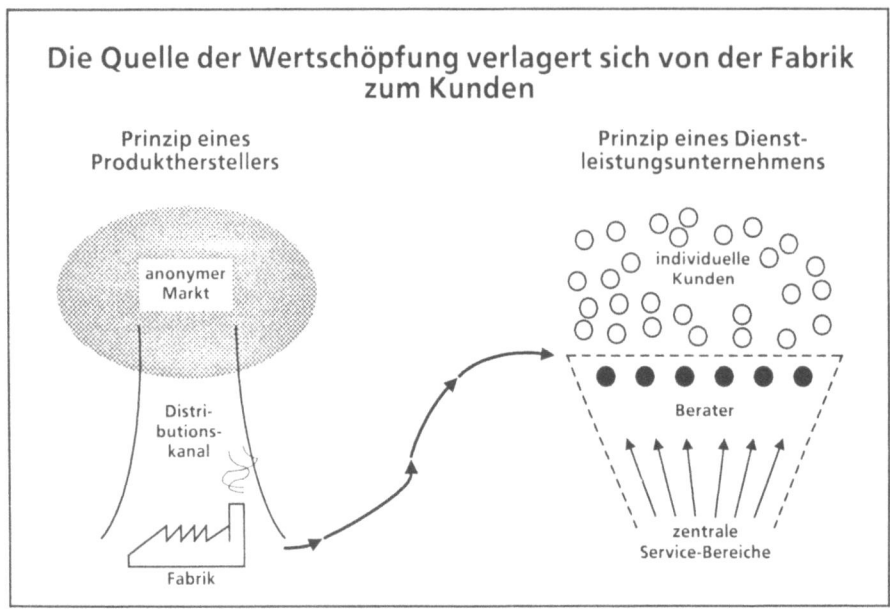

Abb. 9-1

immer mehr in den Hintergrund. Service und Dienstleistung rund um die Produkte oder quasi als Produkt bestimmen den Wettbewerb. Unternehmen, die bei diesem Prozeß erfolgreich sein wollen, haben eine gigantische Aufgabe vor sich. Sie müssen den Wandel von einer Produktkultur zu einer Dienstleistungskultur vollziehen.

9.3 Von der Produkt- zur Dienstleistungskultur

In einer Produktkultur entscheidet die Unternehmensleitung über die Gestaltung der Produkte, über Einführungstermine, Produktionsstätten und Herstellungskosten, über Preise und Distributionskanäle. Für die Produktinnovation gibt es eine eigene Abteilung: Forschung und Entwicklung. Die Qualität wird von der Stabsabteilung „Qualitätssicherung" kontrolliert und verantwortet. Die Kommunikationsform ist die des „Mauerwurfs": Die F&E entwickelt eine Produktidee und wirft sie der Konstruktionsabteilung „über die Mauer". Diese arbeitet isoliert nach bestem Wissen und Können und wirft das Ergebnis zur Produktion hinüber. Das

Werk nimmt die Veränderungen vor, die durch bestehende Produktionsmittel bedingt sind, und wirft die fertigen Produkte dem Vertrieb „über die Mauer". So ist es nicht verwunderlich, daß der Vertrieb schließlich dem Kunden die Produkte ebenfalls über die Mauer wirft. In einer derartigen Kultur kapseln sich die Abteilungen ab, und es gilt das Prinzip des hierarchieorientierten Führens und Folgens. Der Vorgesetzte sitzt den Untergebenen wortwörtlich vor. Er teilt die Arbeit ein als Vorarbeiter, Meister oder Abteilungleiter. Er stellt Ergebnis und Qualität durch Anweisungen und Kontrolle sicher. Informationsvorsprung gegenüber Mitarbeitern und Kollegen ist sein Führungsinstrument und Machtmittel. Karriere heißt Aufsteigen auf der Hierarchieleiter. Die Größe der Mitarbeiterzahl und des Budgets sowie sichtbare Statussymbole sind Zeichen für Macht und Ansehen.

Die Dienstleistungskultur dagegen ist geprägt durch die Tatsache, daß nicht ein Produkt, sondern der Mensch im Vordergrund steht. Der Kunde und der Mitarbeiter, der Dienst am Kunden leistet, verstehen sich als Partner. Dienstleistung geschieht durch Kommunikation zwischen diesen beiden Partnern. Service erbringen heißt Informationen austauschen, Beratung und Unterstützung geben.

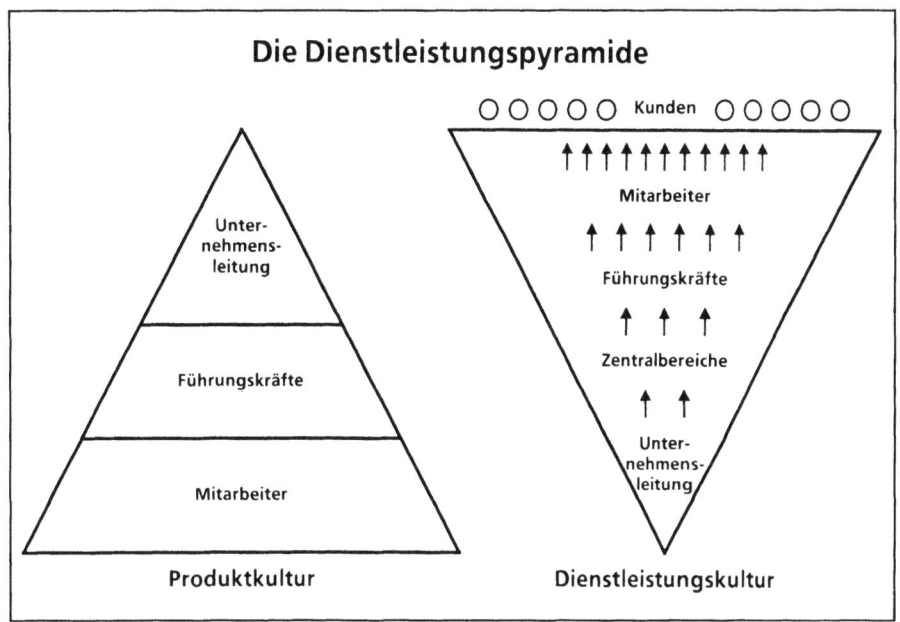
Abb. 9-2

9.4 Die Dienstleistungskultur

Dienstleistung muß auf die individuellen Bedürfnisse zugeschnitten sein, wenn sie dem Kunden viel wert sein soll. Je komplexer das Problem, je dynamischer das Kundenumfeld, umso individueller und aufwendiger ist die Leistung, umso höher ist die Wertschöpfung. Unikate sind wertvoll. Unikate entstehen im Dialog zwischen den Mitarbeitern des Unternehmens und den Kunden. Damit steigen aber auch die Anforderungen an die dienstleistenden Mitarbeiter, an ihre fachlichen und persönlichen Qualifikationen, an ihre Leistungsbereitschaft, ihre Umsicht und an ihr Verantwortungsbewußtsein. Denn sie übernehmen mit ihrem Tun viel Verantwortung. Sie müssen sich zu Unternehmern im Unternehmen entwickeln – aber auch entwickeln können. Der Kunde erwartet einen Partner mit der nötigen fachlichen und unternehmerischen Kompetenz, der nicht in Produkten denkt, die er verkaufen soll, sondern der alle Ressourcen seines Unternehmens auf die spezifische Kundensituation fokussiert. Das Unternehmen, aber insbesondere die Führungskräfte, üben dabei eine Support-Funktion für den Mitarbeiter aus, dem alle für seine Dienstleistung relevanten Informationen und Ressourcen zur Verfügung gestellt werden müssen (siehe Abbildung 9-2).

In der Dienstleistungskultur wird die übliche Hierarchiepyramide gleichsam auf den Kopf gestellt. Ganz oben stehen die Kunden, die Service von den Mitarbeitern „an der Basis" erhalten. Diese haben Anspruch auf Unterstützung und Dienstleistung von ihren Führungskräften. So wie die Mitarbeiter für ihre Kunden da sind, müssen auch die Führungskräfte für ihre Mitarbeiter da sein. Sie schaffen ein Umfeld, in dem sich die Mitarbeiter entfalten, in dem sie Verantwortung übernehmen und schnell, unbürokratisch und selbständig auf die Anforderungen der Kunden reagieren können. Ein solches Unternehmensklima kann nicht von Mißtrauen und Kontrolle bestimmt sein und von der Vorstellung, daß die Menschen leistungsunwillig, faul, verantwortungslos und unmündig sind. Die Mitarbeiter müssen vielmehr als mündige Repräsentanten des Unternehmens auftreten können.

9.5 Führen heißt Dienen

Der Kunde erwartet bei seinem Dienstleister mündige Mitarbeiter. Dazu gehören der Wille zur Leistung, der Spaß an der Leistung, die Bereitschaft, etwas zu bewegen, und der Mut, Fehler zu machen, um daraus zu lernen. Vertrauen in die Leistungsfähigkeit und Leistungsbereitschaft, Möglichkeiten zur Selbstkontrolle und Selbstkorrektur, freizügiger Austausch von Informationen und Erfahrungen sind Voraussetzungen für Personal- und Unternehmensentwicklung in einem Dienstleistungsklima. Damit ein solches Klima entstehen kann, müssen die üblichen Vorstellungen des Führens und Folgens über Bord geworfen werden. „Führen heißt Dienen und Vorbild für andere sein!" postuliert BMW in seinen Führungsgrundsätzen. Durch die Verlagerung der Entscheidungen an die „Frontlinien" der Unternehmen, d.h. in die Produktion, in die Niederlassungen und in den Einkauf wird die Aktions- und Reaktionsfähigkeit des gesamten Unternehmens erhöht. Durch das Schaffen kleiner organisatorischer Einheiten und den Abbau überdimensionaler Verwaltungsapparate wird das Unternehmen flexibler: Small ist beautiful. In einer kleinen Organisationseinheit kennt jeder jeden, redet jeder mit jedem, fallen die Abteilungs- und Hierarchieschranken, wird Selbstmanagement erleichtert. Durch die verstärkte Kommunikation untereinander werden Kräfte für den Dienst am Kunden und zur Innovation freigesetzt, wird unternehmerisches Handeln gefördert. In diesem Umfeld können auch Fehler toleriert werden, wenn alle aus ihnen lernen. Experimentieren wird daher gefordert und gefördert. Der offene Austausch über Erfahrungen erweitert das Wissen und die Qualifikation des gesamten Teams. Das Unternehmen agiert am Markt nicht wie ein Schlachtschiff, sondern wie eine Flotte mit vielen wendigen Kreuzern, die sich allerdings im Verbund Schutz und Verstärkung geben. So kann es am besten mit der Dynamik und den Turbulenzen des Marktes fertig werden. Vorausgesetzt, der Verbund kommuniziert gut miteinander, damit alle aus den Erfolgen und Fehlern der einzelnen Einheiten lernen können.

Die Unternehmensleitung hat die Aufgabe, das gemeinsame Ziel als „Leitstern" leuchten zu lassen und so Orientierung zu geben. Sie steht nicht mehr auf der Brücke des Schlachtschiffes und betätigt selbst das Ruder, wie sie es in der Produktkultur gewohnt war. Sie ist jetzt verantwortlich für die Gemeinsamkeiten wie Corporate Identity, Führungsgrundsätze, Verhaltensgrundsätze, Qualitätsbewußtsein, das Unternehmensklima, aber auch für die Infrastruktur. Sie ist der oberste Diener in einem Dienstleistungsverbund.

9.6 Kulturrevolution

Die Wandlung von einer Produkt- in eine Dienstleistungskultur ist vergleichbar mit dem Wandel einer zentralistisch gesteuerten Planwirtschaft in eine Marktwirtschaft. Ohne gravierendes Umdenken und neues Handeln aller Beteiligten, insbesondere der Unternehmensleitung und der Führungskräfte, ist dieser Prozeß zum Scheitern verurteilt. Denn die Änderungen sind einschneidend: Die Auflösung von hierarchischen Strukturen, die Einführung von Netzstrukturen, die Umkehrung der Führungs- in eine Dienstleistungspyramide, die Neuorientierung der Führungsrolle von Vorgesetzten zu Dienstleistern und besonders die Wandlung der internen und externen Kommunikationsphilosophie. Nicht die gezielte Steuerung der Informationsflüsse zur Machtausübung, sondern ein offenes Kommunikationsklima mit schnellem und unbürokratischem Informationsaustausch ist gefordert.

Eine Dienstleistungkultur läßt sich nicht mit einer starren, hierarchischen Organisation verwirklichen. Der sogenannte Kopf eines Konzerns, der sich in seinem gläsernen Verwaltungspalast zurückgezogen hat, kann nicht so viele Signale empfangen und verarbeiten wie die Gesamtheit der Mitarbeiter, die im direkten Kontakt mit den Kunden stehen.

Bei vielen großen Unternehmen zeigt sich daher gegenwärtig deutlich ein Dilemma (siehe Abbildung 9-3). Sie versuchen, mit einer Unternehmensorganisation, einer Führungsphilosophie und einer Unternehmenskultur, die aus dem Industriezeitalter stammen, Dienstleistungen zu erbringen. Als Ergebnis werden dann beispielsweise am Bankschalter Finanzprodukte verkauft oder von den „Bankbeamten" Anträge bearbeitet. Produktdenken dominiert immer noch. Die Mitarbeiter an der Basis haben zum Teil nicht die nötigen fachlichen, persönlichen und Entscheidungs-Kompetenzen zur individuellen Dienstleistung in komplexen Kundensitua-

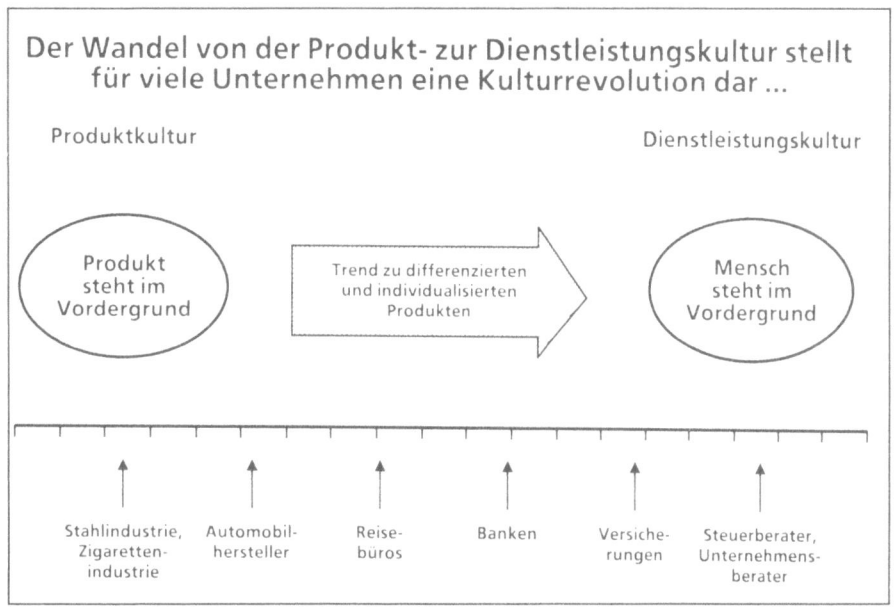

Abb. 9-3

tionen. Und viele Führungskräfte achten argwöhnisch darauf, daß ihre Mitarbeiter diese Kompetenzen nicht erlangen. Die Struktur bleibt streng hierarchisch. So können sich am Markt flexible und kompetente Wettbewerber etablieren, die hohe Wertschöpfung mit individueller, kundenbezogener Dienstleistung erreichen.

Produktorientierte Unternehmen, wie Automobilkonzerne und Handelsketten wollen zunehmend durch individualisierte Produkte und wachsenden Kundenservice den Kunden für sich gewinnen. Leasingfirmen, Banken und Straßenservice innerhalb der Automobilkonzerne, Reise- oder Partyservice und Kreditkarten von Handelsunternehmen seien hier als Beispiele genannt. Aber häufig arbeiten sie in Strukturen von gestern an Problemen von morgen mit Menschen, die die Strukturen von gestern geschaffen haben und das Morgen der Organisation nicht mehr erleben werden. Die Kulturrevolution läßt noch auf sich warten.

9.7 Emanzipation durch Netze

Was hat den Trend zur Emanzipation der Kunden und der Mitarbeiter ausgelöst, und welches ist der Motor, der diese Entwicklungen vorantreibt?

Es sind die größere Freizügigkeit der Information und die wachsende Kommunikation zwischen Menschen, die durch Netzwerke ermöglicht werden.

Die Organisationen der Vergangenheit hatten die Mitarbeiter und die Kunden entmündigt. Information bedeutete Macht für das Management. Die hierarchischen Strukturen wurden als Instrument genutzt, um Information gezielt zu kanalisieren.

In den letzten Jahren haben jedoch Telekommunikationsnetze und Satelliten, Personal Computer und Computernetze die Abteilungsschranken, Hierarchieebenen und Unternehmensgrenzen durchbrochen. Die Öffnung führt zu rapide zunehmender Transparenz und Offenheit. Zusammen mit Telefon und Fernsehen machen Computernetze Information zu jedem Zeitpunkt für alle überall verfügbar. Jeder ist mit jedem im Verbund, jeder redet mit jedem. Weltumspannende Netze lassen Entfernungen und Wartezeiten schrumpfen. Die Netzwerke wirken wie ein Nervensystem, das alle Zellen miteinander verbindet. Durch den Austausch von Informationen entstehen neue Informationen. Assoziationen schaffen neue Ideen, Kreativität wird gefördert. Information ist der einzige „Stoff", der sich durch Austausch vermehrt. Haben beispielsweise zwei Menschen je einen Apfel in der Hand und tauschen diese aus, so hat danach jeder wiederum

143

nur einen Apfel. Wiederholen beide den Vorgang mit den Informationen, über die sie verfügen, so besitzen sie beide nach dem Tausch mehr Informationen. Ebenso vermehrt ein offenes Kommunikationsklima im Unternehmen das Wissen aller Beteiligten. Statt des von vielen Führungskräften und Konzernzentralen befürchteten Verlustes an Autorität und Macht gewinnt jeder, besonders aber das Unternehmen.

Die Computerhersteller haben diese Tatsache erkannt und stellen die Information als vierten Produktionsfaktor neben Arbeit, Kapital und Boden heraus. Dieser Faktor soll verarbeitet, verwaltet, gespeichert, vernetzt werden. Hier werden aber Subjekt und Objekt verwechselt. Denn noch ist es der Mensch, der Produkte erfindet, Märkte erschließt, der im Wettbewerb gewinnt oder verliert und der durch Dienst am Kunden die Wertschöpfung erwirtschaftet. Die Computer verwalten also keinen vierten Produktionsfaktor, sondern sie fördern und verstärken die geistigen Fähigkeiten der Menschen: ihre Kreativität, ihre Initiative, ihr Wissen und ihre Kommunikationsfähigkeit – ähnlich wie Maschinen die Muskelkraft verstärken. Unternehmensweite und unternehmensübergreifende Informationssysteme helfen somit, die Innovationskraft und die Wettbewerbsfähigkeit der Unternehmen zu steigern. Sie erleichtern die Kommunikation innerhalb der Unternehmen und mit den Kunden. Sie ermöglichen dem Berater der Bank den Zugang zu Informationen. Sie sind Voraussetzung dafür, daß der Steuerberater, das Reisebüro, der Verkaufsberater und der Wartungstechniker vor Ort die Wünsche und die Probleme der Kunden schnell und sicher bearbeiten können.

9.8 Qualität aus Leidenschaft

Die Qualität einer Dienstleistung kann nicht mehr wie bei der Produktkultur von einer Zentralfunktion im Werk kontrolliert werden. Wenn der Mitarbeiter „vor Ort" eine falsche Empfehlung abgibt, wenn ein Auftrag falsch gebucht wird, wenn der Mitarbeiter nicht alle Register zieht, um den Kunden zufriedenzustellen, wenn er unfreundlich ist und das Kundenproblem nicht zu seiner eigenen Aufgabe macht, sind schnell entscheidende Fehler geschehen. Das Unternehmen erfährt davon, wenn „das Kind im Brunnen liegt" und der Kunde sich beschwert, kündigt oder zur Konkurrenz überwechselt. In der Dienstleistungskultur muß daher Total Quality in die Leistungsprozesse eingebaut werden.

Dazu muß sich die Führungskraft vom Kontrolleur zum Animateur entwickeln, der den Sinn des Tuns verdeutlicht und den Spaß an der Leistung nicht durch Bürokratie und Starrheit verleidet. Die unternehmensinterne Serviceinfrastruktur muß dem Mitarbeiter im Kundenkontakt alle nur erdenkliche Hilfe, Unterstützung und Informationen geben. Dadurch läßt sich gleichzeitig die Qualität der Leistung verbessern und das Risiko für das Unternehmen verringern. „Management by service" ist die Devise der Zukunft.

Organisationen, denen dieser Wandel gelingt, werden die Zukunft besser meistern können als solche mit traditionellen Führungskonzeptionen, bei denen die Leistungen nach festgeschriebenem Geschäftsverteilungsplan und Organigramm abgewickelt und kontrolliert werden müssen. Denn innovationsfreudige Menschen werden zu innovativen Firmen gehen, die sich am Markt besser behaupten werden als starre Unternehmen mit bürokratisierten Mitarbeitern.

9.9 Barrieren der Kulturrevolution

Die Erfolge von innovativen Unternehmen, die die Verhaltensänderung vollzogen haben, zeigen sich deutlich am Markt.

Daß die Unternehmen in der Mehrzahl dennoch auf der Produktkultur verharren, liegt daran, daß die Führungskräfte zutiefst in ihren Positionen und ihrem Selbstverständnis betroffen sind. Denn flache Hierarchien und Gleichrang von Fach- und Führungskräften machen viele Karrieristen orientierungslos. Hinzu kommt, daß Personalentwicklungskonzepte mit attraktiven fachlichen Perspektiven zur Zeit nur in wenigen Unternehmen realisiert sind. Die Zahl der Unternehmen, die versuchen, solche Konzepte umzusetzen, wächst zwar, aber sie kämpfen dabei noch mit beträchtlichen internen

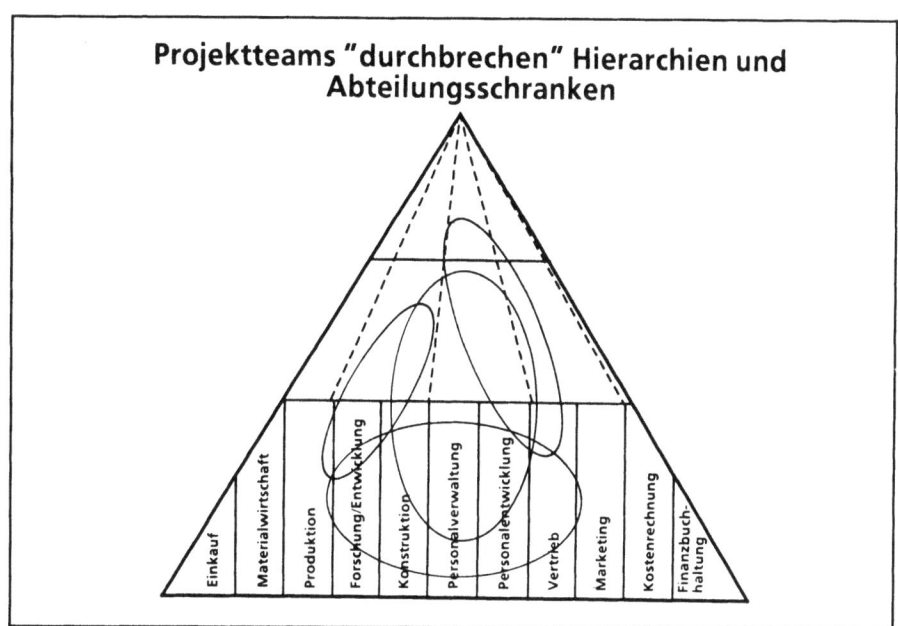

Abb. 9-4

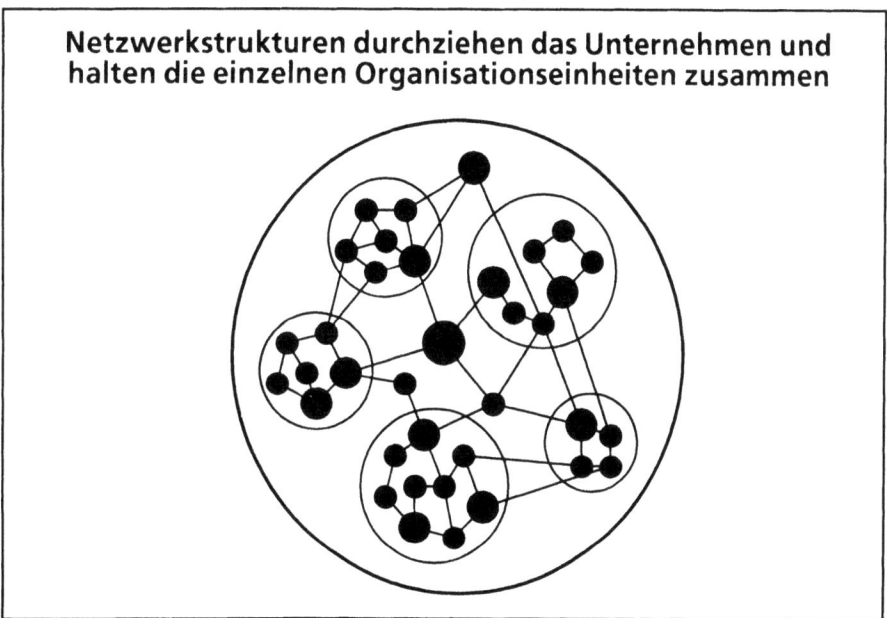

Abb. 9-5

Widerständen und externen Einflüssen, die nicht zu unterschätzen sind:

- In der Öffentlichkeit, am Stammtisch, auf dem Tennisplatz oder im Freundeskreis gilt immer noch: viele Mitarbeiter – viel Macht; hohe Hierachiestufe – viel Ansehen.
- Gewerkschaften und Betriebsräte beharren auf starren Stellenplänen und Laufbahnsystemen als Macht- und Mitwirkungsinstrumente.
- Noch zu viele Mitarbeiter suchen eine zwar langweilige, aber abgesicherte Stufenleiter als Orientierung.

Rollenunterschiede zwischen Produkt- und Dienstleistungskultur

	Produktkultur (z. B. Stahl-/Zigarettenindustrie)	**Dienstleistungskultur** (z. B. Beratungsunternehmen)
Abnehmer	Anonymer Markt	Individueller Kunde
Erzeugnis	Massenprodukt	Unikat
Marktbeeinflussung	Werbung	Image
Ort der Wertschöpfung	Fabrik	Kunde
Produktionsmittel	Energie und Motoren	Information und I + K-Technologie
Der Mensch innerhalb der Kultur	Die Masse Arm Muskelkraft Entmündigung Tayloristisch zerlegte Arbeitsprozesse	Das Individuum Kopf Intellekt Verantwortung "Vorgangsbearbeitung"
Organisations-philosophie	Hierarchie Größe Zentral Starrheit	Organismus "Small is beautiful" Dezentral Flexibilität
Führungs-philosophie	Kontrolle Vorgesetzter Befehlen Informationsvorsprung als internes Machtmittel Zentralbereiche als Stabsabteilungen der Zentralgewalt Unternehmensleitung als oberster Befehlshaber	Vertrauen Führungskraft Dienen und Orientierung geben Informationsvorsprung als Wettbewerbsfaktor Zentralbereiche als Servicefunktionen Unternehmensleitung als oberster Dienstleister
Karriere-philosophie	Führungskräfte gelten mehr als Fachkräfte Karriere heißt Aufstieg innerhalb der Hierarchieleiter Karriere heißt Zuwachs von Kopfzahl und Budgetgröße	Führungskräfte und Fachkräfte sind gleichrangig Karriere heißt Wachsen an persönlicher und fachlicher Kompetenz Karriere heißt Zuwachs von Wissen, Erfahrungen und Fähigkeiten

Abb. 9-6

Erst allmählich zeichnet sich ab, daß die „Kulturrevolution" gesamte Unternehmen erfaßt und Dienstleistung am Mitarbeiter und Kunden zum dominierenden Verhaltensprinzip macht. Key-Account-Management, strategisches Projektmanagement, Total Quality Management, Umweltbewußtsein und der Ausbau von Netzwerken sind Schritte in dieser Richtung (siehe Abbildungen 9-4 und 9-5). Sie bewirken den Übergang von der Produkt- zur Dienstleistungskultur, der gleichzeitig der Übergang von der Abwicklungs- zur Hochleistungsorganisation ist (siehe Abbildung 9-6).

Zehntes Kapitel

Die Hochleistungsorganisation –
von der Umwelt gefördert oder behindert

Gabriele Berger-Boyer und Dr. Manfred Kunze

10.1 Ansätze zur Erklärung der Organisationsentwicklung

Seit Beginn dieses Jahrhunderts setzt sich die Wissenschaft mit der Analyse von Organisationen auseinander. Die Untersuchungsperspektive hat sich jedoch im Laufe der Zeit wesentlich geändert. So lassen sich drei verschiedene Untersuchungsansätze unterscheiden:

- Organisationen als rationale Systeme,
- Organisationen als natürliche Systeme,
- Organisationen als offene Systeme.

Als sich Wissenschaftler wie Taylor, Weber, Fayol und Simon um 1900 mit der Funktionsweise von Organisationen zu befassen begannen, sahen sie Organisationen als Instrumente an, mit denen vorgegebene Ziele erreicht werden sollen[1, 2, 3, 4]. Die Handlungen der Akteure von Organisationen wurden als rational, zielgerichtet und aufeinander abgestimmt angesehen.

Zielausrichtung und Formalisierung waren somit die wesentlichen Merkmale, die das rationale System Organisation charakterisieren:

- Spezifische Ziele determinieren die Handlungen der Organisation und wirken auf die Gestaltung von Organisation selbst, indem sie die einzelnen Aufgaben, die erforderlichen personellen Qualifikationen sowie die Ressourcenverteilung bestimmen.
- Organisationen als rationale Systeme weisen formalisierte Strukturen auf, so daß die Handlungen und das Verhalten der Akteure durch Standardisierung und Reglementierung in möglichst hohem Maße planbar werden.

Die Impulse für die Entwicklung der wesentlichsten methodischen Ansätze zur Analyse von Organisationen als rationale Systeme lieferten

- Frederik W. Taylor, indem er die Tätigkeiten der Arbeiter in Unternehmen nach wissenschaftlichen Kriterien mit dem Ziel untersuchte, die Bedingungen für möglichst hohe Arbeitsleistungen zu schaffen,
- der französiche Industrielle Henri Fayol, der als erster allgemeine Administrations- und Koordinationsprinzipien entwickelte, die als Richtlinien für die Organisationsgestaltung dienten,
- Max Weber durch die Entwicklung seiner Bürokratie-Theorie,
- Herbert Simon, der zu erklären versuchte, in welcher Form Ziele und Formalisierung zu rationalem Verhalten in Organisationen beitragen.

Sie alle betrachteten Organisationen als nach rationalen Kriterien aufgebaute Kollektivitäten, die entsprechend vorgegebenen Regelungen Ziele erfüllen. Dem tatsächlichen Verhalten der Akteure in einer Organisation und dessen Ursachen und Zusammenhänge widmeten sie keine Aufmerksamkeit. Die Regelungen reichten aber, wie sich nach anfänglicher Euphorie herausstellte, zur Optimierung des Leistungsverhaltens von Organisationen nicht aus. Daher wurden schließlich in den 30er Jahren weitergehende Konzepte entwickelt, die Organisationen als natürliche Systeme verstanden.

Im wesentlichen unterscheidet sich diese Betrachtungsweise von der der rationalen Systeme dadurch, daß sie Organisationen in erster Linie als soziale Gruppierungen erkennt, die neben den vorgegebenen Output-Zielen noch ein weiteres wesentliches Ziel verfolgen, nämlich ihre Selbsterhaltung. Gouldner kommt zu dem Schluß, daß „die Organisation diesem Modell zufolge bestrebt ist, ihren Fortbestand zu sichern und ihr Gleichgewicht zu halten, und daß dieses Bestreben auch dann noch anhalten kann, wenn die erklärten Ziele erreicht und erfüllt sind. Der Drang, fortleben zu wollen, kann gelegentlich dazu führen, daß die Ziele der Organisation vernachlässigt oder deformiert werden"[5].

---

1 Vgl. FREDERIK W. TAYLOR: The Principles of Scientific Management; New York 1911
2 Vgl. MAX WEBER: Wirtschaft und Gesellschaft; Tübingen 1972
3 Vgl. HENRI FAYOL: General and Industrial Management; London 1949
4 Vgl. HERBERT A. SIMON: Entscheidungsverhalten in Organisationen; Landsberg/Lech 1981
5 Vgl. ALVIN GOULDNER: Patterns of Industrial Bureaucracy; Free Press 1954

Darüber hinaus wird beim Ansatz des natürlichen Systems die Bedeutung der formalen Strukturen für das Verhalten der Akteure wesentlich relativiert, indem man davon ausgeht, daß durch die Bildung von informellen Strukturen die formalen Strukturen stark beeinflußt und in ihrem Stellenwert reduziert werden. Demgemäß werden Organisationen als aus einer formalen und aus einer informellen Struktur bestehend betrachtet, wobei die informelle Struktur ihrerseits ebenfalls eigene Normen und Verhaltensmuster entwickelt.

Zu den wichtigsten Vertretern dieses Ansatzes zählen Mayo, Selznick und Parsons[6, 7, 8]

Mayo, der in seiner berühmten Hawthorne-Studie erstmals die Bedeutung individueller Werthaltungen und Motive und informeller sozialpsychologischer Strukturen erkannte, schuf damit die Grundlagen für die Human Relations Schule.

Selznick untersuchte in seiner Tennessee Valley Authority Studie das Zusammenwirken von Regierungsbeamten und lokalen Entscheidungsträgern bei der Durchführung staatlicher Strukturverbesserungsprojekte und analysierte, inwieweit einzelne Akteure bereit sind, kontroverse Zielsetzungen zugunsten ihres eigenen Vorteils zu revidieren.

Parsons schließlich entwickelte ein allgemeines Modell zur Analyse von sozialen Systemen, demzufolge die für eine soziale Struktur bestimmenden Elemente die Fähigkeit der Adaption, der Zielerreichung, der Integration und der Strukturerhaltung sind.

Die Theoretiker des natürlichen Systems bezogen die Umwelt in unterschiedlichem Maße in ihre Betrachtungen der Organisation ein. Während die Human Relations Schule die Einwirkungen der Umwelt auf das Verhalten der Organisationsmitglieder vernachlässigte, sah Selznick in der Umwelt primär eine Quelle von Hindernissen für die Tätigkeit von Organisationen. Erst Parsons betonte grundsätzlich die positive Wechselbeziehung zwischen Organisation und Umwelt.

Die Rolle der Umwelt als zentrale Triebkraft für die Weiterentwicklung von Organisationsstrukturen fand schließlich Ende der 50er Jahre eingehende wissenschaftliche Beachtung und führte zum systemtheoretischen Ansatz der Organisation als offenes System.

Buckley stellt 1967 fest, „daß ein System offen ist, bedeutet, daß es nicht nur mit seiner Umwelt in Austausch tritt, sondern daß dieser Austausch als ein wesentlicher Faktor die Lebensfähigkeit des Systems bestimmt"[9]. Als Wesensmerkmal offener Systeme ist demgemäß anzusehen, daß ihre Selbsterhaltung auf der Verarbeitung von Ressourcen beruht, die aus der Umwelt einbezogen werden.

Offene Systeme nehmen neben Ressourcen auch Informationen aus ihrer Umwelt auf und schöpfen daraus Energie zur Weiterentwicklung. Offene Systeme können sich auf diese Weise verändern und ihren Bestand sichern, indem sie lernen und wachsen. Dieses Modell wird besonders der Beschreibung von sozialen Organisationen gerecht, die ihre Merkmale im Laufe der Zeit völlig verändern können, indem sie Umwelteinflüssen unterliegen oder sich einer veränderten Umwelt anpassen.

Das systemtheoretische Verständnis von Organisationen wurde in den letzten 20 Jahren durch kybernetische Ansätze noch weiter verfeinert.

Insbesondere die Systemanalyse hat dazu verholfen, Organisationen in ihre einzelnen Bestandteile zu zerlegen und die Beziehungen zwischen diesen zu analysieren. Mit Hilfe der Systemanalyse wurden insbesondere Informations- und Materialflüsse beleuchtet und in Datenverarbeitungs- und Logistiksystemen steuerbar gemacht.

Die Kontingenztheorie, als deren wichtigste Vertreter Lawrence, Lorsch und Galbraith gelten, betrachtet die Umwelt als wesentlichen Einflußfaktor für die Struktur von Organisationen[10, 11]. Sie geht davon aus, daß die Umwelt spezifische Anforderun-

---

6 Vgl. ELTON MAYO: Probleme industrieller Arbeitsbedingungen; Frankfurt 1945
7 Vgl. PHILIP SELZNICK: Foundations of the Theory of Organization; American Sociological Review, 1948
8 Vgl. TALCOTT PARSONS: The Social System; Free Press 1951 und Structure and Process in Modern Societies; Free Press 1960
9 Vgl. WALTER BUCKLEY: Sociology and Modern Systems Theory; Englewood Cliffs, N. J. 1967
10 Vgl. PAUL R. LAWRENCE, JAY W. LORSCH: Organization and Environment: Managing Differentiation and Integration; Boston 1967
11 Vgl. JAY GALBRAITH: Designing Complex Organizations; Reading, Mass. 1973

gen an die Gestalt von Organisationen stellt und daß sich diese in ihrer Struktur, Differenzierung und in ihrem Integrationsgrad immer wieder anpassen müssen.

Die Umwelttheorie schließlich betrachtet die Umwelt als eigenständiges System, in dem Organisationen aufgrund ihrer Ressourcenabhängigkeit und dem Prinzip der natürlichen Auslese folgend entweder bestehen oder eliminiert werden[12, 13, 14].

Wenn wir daher die Frage stellen, inwieweit die Umwelt die Herausbildung von Hochleistungsorganisationen fördert oder behindert, dann betrachten wir Organisationen implizit als offene Systeme und die Umwelt als eigenständiges System, das positiv oder negativ auf die Organisationseffizienz wirken kann.

---

[12] Vgl. MICHAEL T. HANNAN, JOHN FREEMAN: The Population Ecology of Organizations; American Journal of Sociology, 1966
[13] Vgl. HOWARD E. ALDRICH, JEFFREY PFEFFER: Environments of Organizations; Annual Review of Sociology, 2, 1976
[14] Vgl. GERALD R. SALANCIK, JEFFREY PFEFFER: An Examination of Need-Satisfaction Models of Job Attitudes; Administrative Science Quarterly, 22, 1977

Anhand von konkreten Beispielen können wir aufzeigen, welches die positiv und negativ wirkenden Faktoren der Umwelt sind, die auf die Gestaltung von Organisationen Einfluß haben.

10.2 Rahmenbedingungen für die Herausbildung von Hochleistungsorganisationen

10.2.1 Umweltfaktoren

Um die Komplexität des Umweltsystems zu verarbeiten und so ihren eigenen Bestand zu sichern, müssen Unternehmen als offene Systeme ihre Problemlösungsfähigkeit laufend weiterentwickeln.

Grundsätzlich lassen sich fünf relevante Einflußbereiche des Umweltsystems unterscheiden, die zueinander in Wechselwirkung stehen (siehe Abbildung 10-1):

Ökonomische Zusammenhänge

Die ökonomischen Umwelteinwirkungen betreffen die Beschaffungsmärkte, auf denen sich Unterneh-

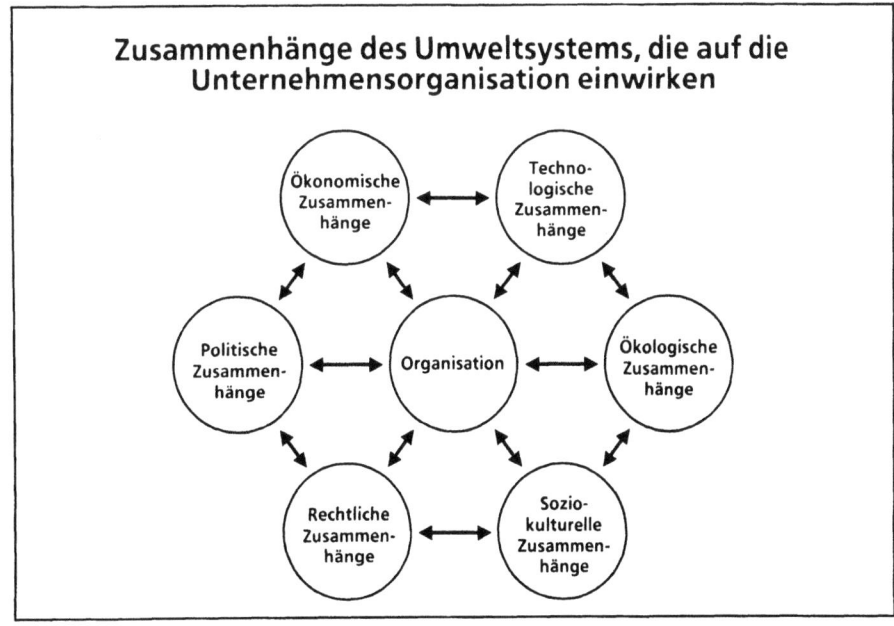

Abb. 10-1

men Ressourcen beschaffen, und die Absatzmärkte, an die sie ihre Produkte und Leistungen abgeben. Darüber hinaus gehören zu den ökonomischen Umwelteinwirkungen eine Reihe von politisch gesteuerten volkswirtschaftlichen Rahmenbedingungen, wie das wirtschaftspolitische Regime, die Ausstattung der Volkswirtschaft und die Förderungspolitik des öffentlichen Sektors.

Technologische Zusammenhänge

Jedes Unternehmen verwendet in seiner Produktion, seinen Arbeitsabläufen sowie seinen Material- und Informationsflüssen Technologien, deren stetige Weiterentwicklung nachhaltig auf die Organisation wirkt. Entweder übernimmt es neue Technologien oder – wenn es dies nicht tut – läuft es Gefahr, sich gegenüber den technologischen Anforderungen, die die Umwelt stellt, nicht zu behaupten.

Ökologische Zusammenhänge

Die ökologischen Umwelteinwirkungen umfassen alle natürlichen Lebensgrundlagen und betreffen Unternehmen in bezug auf die Verwendung von Rohstoffen, die Umweltverträglichkeit der von ihnen eingesetzten Technologien sowie die Möglichkeiten der Entsorgung der erzeugten Produkte. Die ökologischen Umwelteinwirkungen werden zu einem großen Teil heute durch staatliche Gesetzgebung und Auflagen, also rechtliche Umwelteinwirkungen, manifest.

Sozio-kulturelle Zusammenhänge

Die sozio-kulturellen Umwelteinwirkungen vereinigen alle verhaltensbezogenen Eigenschaften von Individuen und Kollektivitäten. Typische soziokulturelle Umwelteinwirkungen sind beispielsweise die Lern- und Leistungsbereitschaft, die Einstellung zu Regelungen und Normen und die individuelle Mobilität.

Rechtliche Zusammenhänge

Rechtliche Bestimmungen finden ihren Niederschlag im ökonomischen, technologischen, soziokulturellen und ökologischen Bereich.

Politische Zusammenhänge

Politische Umwelteinwirkungen entstehen durch politische Handlungen von staatlichen Organen und öffentlichen Institutionen wie Interessenvertretungen, politische Parteien und Gewerkschaften. Häufig finden die politischen Umwelteinwirkungen schließlich in der rechtlichen und sozio-kulturellen Umwelt ihren Niederschlag.

10.2.2 Einwirkungen des Umweltsystems

Die Einwirkungen der Umwelt prägen in hohem Maße das Verhalten von Organisationen. Es ist daher im Sinne des Überlebenszieles für Organisationen erforderlich, diese Einwirkungen ständig zu analysieren und ihnen zu begegnen.

Eine Spezifizierung von Einwirkungen der Umwelt anhand der Merkmale Dynamik und Komplexität haben Kieser[15] und Wächter[16] unternommen (siehe Abbildung 10-2):

Aus der Kombination der Umweltdynamik und der Umweltkomplexität ergeben sich vier verschiedene Umweltzustände, die unterschiedliche Anforderungen an die Fähigkeiten von Organisationen stellen, ihren Bestand zu sichern. Demgemäß ist auch die Unsicherheit von Organisationen bezüglich der geeignetsten Strategien unterschiedlich ausgeprägt.

---

15 Vgl. A. KIESER: Der Einfluß der Umwelt auf die Organisationsstruktur der Unternehmung; Zeitschrift für Organisation, 43, 1974
16 Vgl. H. WÄCHTER: Die Bedeutung verschiedener Umweltzustände der Unternehmung für die Betriebswirtschaftslehre, Unternehmen und Gesellschaft; Berlin 1976

Einwirkungen der Umwelt auf die Unternehmensorganisation

Dynamik \ Komplexität	einfach	komplex
statisch	1. Wenige Faktoren und Segmente 2. Faktoren und Segmente weisen Ähnlichkeiten auf 3. Faktoren und Segmente ändern sich nur wenig im Zeitablauf	1. Viele Faktoren und Segmente 2. Faktoren und Segmente weisen keine Ähnlichkeiten auf 3. Faktoren und Segmente ändern sich nur wenig im Zeitablauf
dynamisch	1. Wenige Faktoren und Segmente 2. Faktoren und Segmente weisen Ähnlichkeiten auf 3. Faktoren und Segmente ändern sich ständig	1. Viele Faktoren und Segmente 2. Faktoren und Segmente weisen keine Ähnlichkeiten auf 3. Faktoren und Segmente ändern sich ständig

⇩

Dynamik \ Komplexität	einfach	komplex
statisch	Empfundene Unsicherheit sehr gering	Empfundene Unsicherheit ziemlich gering
dynamisch	Empfundene Unsicherheit gemäßigt hoch	Empfundene Unsicherheit hoch

Abb. 10-2

10.2.3 Formen der Wechselwirkung zwischen Organisationen und Umwelt

Nach Kubicek/Thom[17] lassen sich vier institutionalisierte Formen der Beziehungen zwischen Umwelt und Organisationen unterscheiden (siehe Abbildung 10-3).

Gesellschaftliche Gruppen

Eine Vielzahl gesellschaftlicher Gruppen steht in institutionalisierter Beziehung zu Unternehmensorganisationen. Die Institutionen, die die gesellschaftlichen Gruppen repräsentieren, sind der Staat und seine Gebietskörperschaften, die in Form von rechtlichen Bestimmungen und Mittelzuwendungen Rahmenbedingungen schaffen und damit große Teile der ökonomischen, ökologischen, technologischen und sozio-kulturellen Umwelt regeln. Interessenvertretungen, Verbände, politische Parteien, aber auch Konkurrenten und Eigentümer verkörpern weitere wesentliche einflußnehmende Gruppen.

Inputgeber

Inputgeber sind alle Gruppen, die Einsatzgüter oder Dienstleistungen liefern. Inputgeber stellen einen Bestandteil der technologischen Umwelt dar, indem ihre Technologien auf die Produktionsprozesse und im Fall der Datenverarbeitung auf die administrativen Abläufe wirken, darüber hinaus verursachen sie auch ökonomische Einwirkungen, indem sie die Organisationseffizienz beispielsweise über Lieferzeiten und Kosten beeinflussen.

Outputempfänger

Outputempfänger sind die Abnehmer der erstellten Güter und Leistungen. Sie äußern über ihre Kaufentscheidungen Zustimmung oder Ablehnung.

---

17 Vgl. H. KUBICEK, N. THOM: Umsystem, Handwörterbuch der Betriebswirtschaft; Stuttgart 1976

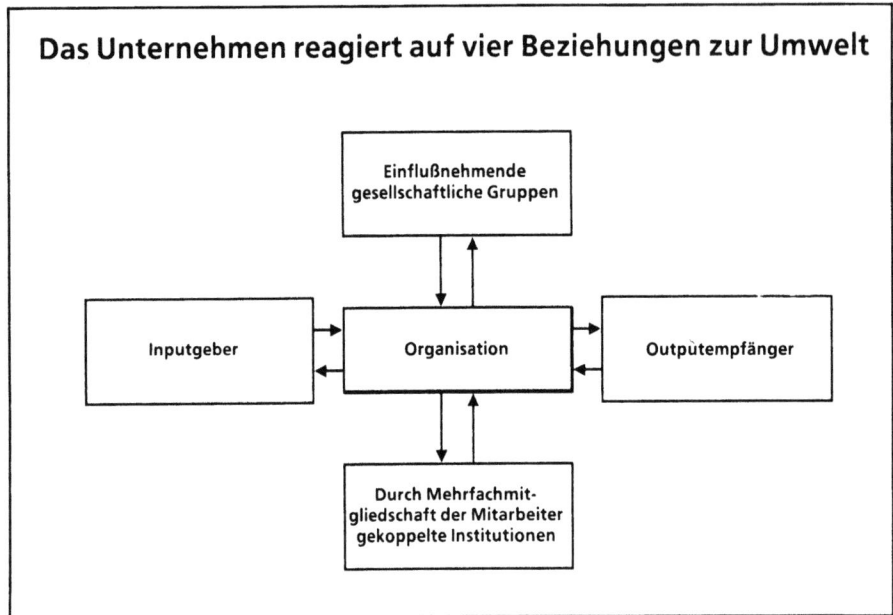

Abb. 10-3

Durch Mehrfachmitgliedschaft der Mitarbeiter gekoppelte Institutionen

Organisationsmitglieder als sozial integrierte Individuen sind stets nur teilweise Element der Organisation und gleichzeitig Mitglieder in anderen Institutionen wie beispielsweise Familie und Vereine, politische Organisationen, die ihre persönlichen Normen und Verhaltensweisen in der Organisation mitbestimmen. Dadurch entstehen in erster Linie die sozio-kulturellen Einwirkungen auf das Unternehmen.

10.3 Triebkräfte für die Gestaltung von Organisationen

10.3.1 Triebkräfte in privatwirtschaftlichen Unternehmen

Anhand eines europäischen Automobilkonzerns kann aufgezeigt werden, wie Veränderungen seiner Umwelt zur Schaffung einer Produktplanungseinheit führten, die wesentliche Kompetenzverschiebungen und Verhaltensänderungen zur Folge hatte (siehe Abbildung 10-4).

Die Entscheidung der Unternehmensleitung wurde durch folgende Einflußfaktoren bestimmt:

Ansprüche der Käufer

Eine Untersuchung der Käuferzufriedenheit zeigte, daß die Produkte japanischer Konkurrenten wesentlich höhere Zufriedenheit bei den Käufern erzeugten. Die japanischen Produkte wiesen zwar weniger gute Imagewerte als die Produkte des Konzerns auf, aber sie hatten sich in den letzten Jahren ständig verbessert und gerieten nun gefährlich in die Nähe der Imagewerte des europäischen Konzerns.

Desweiteren war festgestellt worden, daß Kunden zunehmend spezifischere Bedürfnisse aufwiesen und so neue Nischensegmente im Entstehen waren.

Zunehmende Verschärfung des Konkurrenzdrucks

Eine Analyse der europäischen Märkte hatte ergeben, daß der europäische Hersteller zwar konstant

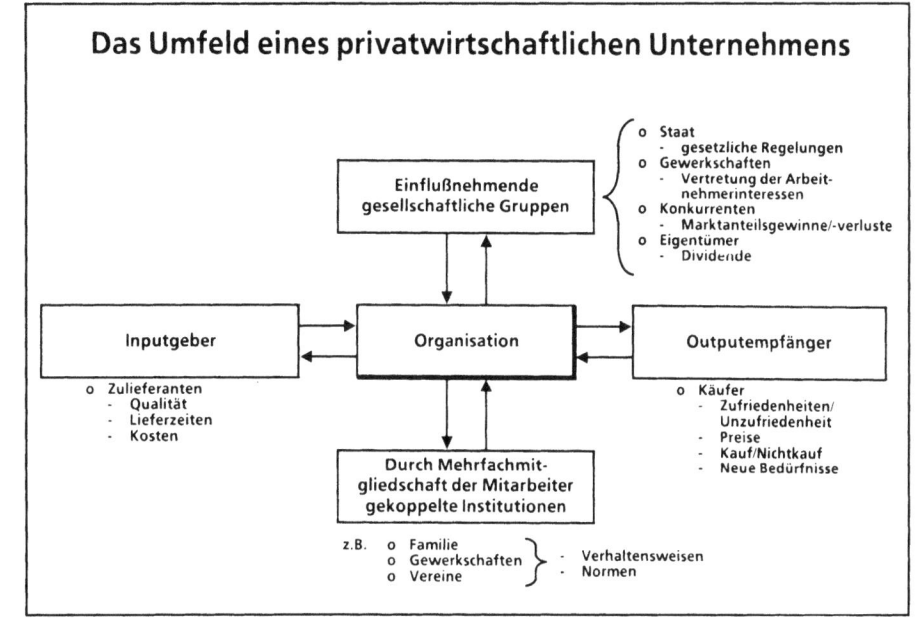

Abb. 10-4

hohe Marktanteile verzeichnen konnte, daß die Marktanteile japanischer Automobilhersteller jedoch rasch zunahmen. Dies bedeutete, daß der europäische Hersteller trotz seiner guten Marktposition nicht verhindern konnte, daß die japanischen Konkurrenten zunehmend besser in der Lage waren, den Kundenanforderungen gerecht zu werden. Früher oder später mußte sich diese Entwicklung in Marktanteilseinbußen für den europäischen Hersteller niederschlagen.

Inputgeber als Kosten- und Fehlerfaktor

Eine Analyse der „Things gone wrong" hatte gezeigt, daß die Qualitätsprobleme in einem nicht unerheblichen Ausmaß durch Bauteile von Zulieferanten entstanden, die zudem einen wesentlichen Kostenfaktor darstellten.

In diesem Beispiel weist die Umwelt eine sehr dynamische Entwicklung auf und bewirkte durch zunehmende Bedrohung eine Neuausrichtung der Produktplanung. Es kann angenommen werden, daß in einer „weniger bedrohlichen" statischen Umwelt die Entscheidung zur Neustrukturierung der Produktplanung nicht gefallen wäre.

Grundsätzlich bot die Umwelt in dieser Situation Chancen und Gefahren:

- Chancen bestanden in neuen Kundenbedürfnissen, neuen Technologien und im Wegfall protektionistischer Schranken in einzelnen Märkten.
- Gefahren resultieren aus dem Auftreten neuer Verwendung bestimmter Materialen und aus Kostensteigerungen und Qualitätsproblemen bei Zulieferanten.

Da das Unternehmen dem freien Wettbewerb unterliegt, muß es sich den Bedürfnissen des Marktes bestmöglich anpassen und seine Organisation entsprechend effizient und schlagkräftig weiterentwickeln.

Da die Eigentümer und die Unternehmensleitung nicht identisch sind und die Aktien des Unternehmens an der Börse gehandelt werden, unterliegt die Unternehmensleitung einem doppelten Kontrollmechanismus: dem des Aktienkurses und dem des Aufsichtsrates. Beide legen schnelle, positionsstärkende Maßnahmen nahe und führen zu einem Managementwechsel, wenn derartige Maßnahmen nicht konsequent ergriffen werden oder keine ausreichende Wirkung zeigen. Die Handlungsbereitschaft wird darüber hinaus durch die Leistungsanreize der Unternehmensleitung in Form von gewinnbezogenen Tantiemen gefördert.

Insgesamt weist die marktwirtschaftliche Umwelt damit Merkmale auf, die die Herausbildung von Hochleistung fördern.

10.3.2 Triebkräfte in staatlichen Unternehmen

Am Beispiel der verstaatlichten Industrie Österreichs kann verdeutlicht werden, wie Umweltfaktoren aber auch die Aufrechterhaltung von Hochleistung beeinträchtigen können.

Das Modell der keynesianischen Wirtschaftspolitik bestimmte seit Beginn der 70er Jahre die österreichische Verstaatlichtenpolitik. Ihr kurzfristiges Ziel war die Erhaltung einer möglichst großen Produktion bei hohem Beschäftigtenstand in Wirtschaftsbereichen, die durch rückläufige Nachfrage gekennzeichnet waren; darüber hinaus sollte ergänzend dazu längerfristig eine Umschichtung der Produktion in Wachstumsmärkte vorgenommen werden. Die Realisierung dieser Zielsetzungen resultierte in einer hohen Investitionsneigung des öffentlichen Sektors zur Erhaltung einer hohen Inlandsnachfrage sowie in einer entsprechenden Förderung zur Erhaltung der Weltmarktanteile in einem insgesamt schrumpfenden Nachfragebereich.

Zwischenzeitlich hatte die gesamte verstaatlichte Industrie infolge anhaltenden weltweiten Absatzrückgangs, veralteter und zu teurer Produktion sowie ineffizienter Unternehmensorganisation Zuschüsse in Höhe von rund 15 Milliarden DM verschlungen. Erst im Jahre 1988 wurde infolge der zunehmenden Mittelknappheit des öffentlichen Sektors und der Tatsache, daß die weitergehende Subventionierung der verstaatlichten Industrie in der Öffentlichkeit keine Zustimmung mehr fand, begonnen, eine Neuorganisation des verstaatlichten Bereichs vorzunehmen.

Das Verhalten der Unternehmen war bis dahin durch Umwelteinwirkungen maßgeblich bestimmt, die nicht auf Erhaltung oder Erhöhung von Leistung abzielten:

Durchsetzung kurzfristiger wirtschaftspolitischer Maßnahmen zur Gewinnung von Wählerstimmen

Die Konjunktureinbrüche in den 70er und beginnenden 80er Jahren bewirkten einen anhaltenden Nachfragerückgang, insbesondere in der Stahl- und Maschinenbauindustrie. Diesen Einbrüchen waren auch privatwirtschaftlich geführte Unternehmen ausgesetzt, jedoch reagierte die verstaatlichte Industrie in Österreich nach kurzfristigen wirtschaftspolitischen Überlegungen.

Der politökonomische Ansatz führte dazu, daß Maßnahmen in erster Linie dazu getroffen wurden, Wahlziele zu verwirklichen. Die verstaatlichte Industrie bot eine günstige Möglichkeit für die Regierung, kurzfristig hohes Beschäftigungsniveau zu generieren, um sich bei Wahlen möglichst hohe Zustimmung zu sichern. Die Verfolgung einer derartigen Wirtschaftspolitik wurde in Österreich primär von den Gewerkschaften gefordert und trug tatsächlich dazu bei, daß die sozialistische Partei zwischen 1970 und 1981 allein die Regierung stellte.

Konservierung ineffizienter Produktion und Organisation

Die Konzentration auf die Erhaltung einer möglichst hohen Beschäftigung führte dazu, daß veraltete Produktionsweisen und ineffiziente Organisation über Jahre hinweg mit hohen Mittelzuschüssen konserviert wurden. Die gesellschaftlichen Kosten hierfür konnten lange Zeit den Steuerzahlern aufgebürdet werden, jedoch hatte die Eskalierung der Verstaatlichtenkrise Mitte der 80er Jahre eine massive Unzufriedenheit der Bevölkerung mit den etablierten Parteien zur Folge, was sich auch in entsprechenden Stimmeneinbußen niederschlug.

Steuerungs- und Kontrolldefizit durch Eigentümervertreter

Für die Politiker als Vertreter der Eigentümer der verstaatlichten Unternehmen, nämlich des Volkes, bestand kein starker Anreiz, neben ihrer politischen auch noch ökonomische Verantwortung zu übernehmen. Mangelnde Steuerung und Kontrolle durch die Eigentümervertreter kann daher als eine der Hauptursachen für die Ineffizienz der verstaatlichten Industrie Österreichs angesehen werden.

Schwaches Leistungsanreizsystem

Unzureichende Leistungsanreize in den verstaatlichten Unternehmen hatten zur Folge, daß Manager häufig ihre Position mehr zur Verfolgung eigener Ziele wie Macht, Prestige und Einkommen als betrieblicher Effizienzziele nützten.

Gewerkschaftseinfluß

Die österreichische Gewerkschaft nahm erheblichen Einfluß auf die Verstaatlichtenpolitik, da sie einen beträchtlichen Anteil des Wählerstimmenpotentials repräsentierte.

Eingeschränkter Wettbewerb

Durch Subventionen wurde die verstaatlichte Industrie eine gewisse Zeit preislich konkurrenzfähig gehalten. Dadurch wurden aber verzerrte Wettbewerbsbedingungen geschaffen, die sich innovationshemmend auswirkten und zu einer Erhaltung bestehender ineffizienter organisatorischer Strukturen und Technologien führten.

10.4 Die Umwelt kann Hochleistungsorganisationen fördern oder behindern

Verstaatlichte Unternehmen sind zwar grundsätzlich von derselben Umwelt wie privatwirtschaftliche Unternehmen umgeben, aber sie unterliegen bei der Organisationsgestaltung anderen spezifischen Umwelteinwirkungen.

Während die Umwelteinwirkungen privatwirtschaftlicher Unternehmen in erster Linie durch Konkurrenten, Eigentümer, Zulieferer und Käufer bestimmt sind, determinieren im Falle verstaatlichter Unternehmen einflußnehmende gesellschaftliche Gruppen wie Regierung, politische Parteien und Gewerkschaften in hohem Maße die Strategien der Unternehmen und ihre organisatorische Gestaltung.

Während sich für privatwirtschaftliche Unternehmen die dynamische Unternehmensumwelt in jedem Fall fördernd für die Entwicklung einer Hochleistungsorganisation auswirkt, so ist für die verstaatlichte Industrie Österreichs festzustellen, daß die Umwelteinwirkungen über lange Zeit hinweg die Anpassung der Leistungserbringung hemmten.

Die einzelne Organisation muß sich in jedem Fall den spezifischen Umwelteinwirkungen anpassen, um ihren Fortbestand zu sichern. Im privatwirtschaftlichen Bereich haben sich viele Unternehmen bereits zu Hochleistungsorganisationen entwickelt, weil sie dazu gezwungen wurden. Im verstaatlichten Bereich werden Unternehmen durch ihre Umwelt dagegen eher daran gehindert, Hochleistung hervorzubringen, da Anforderungen an sie gestellt werden, die die Organisationsentwicklung in die falsche Richtung leiten.

Zu den Autoren

Dr. Frank Annighöfer leitet den Bereich Strategische Umweltberatung im Wiesbadener Büro von Arthur D. Little International. Er studierte Chemie und Betriebswirtschaft und arbeitete danach einige Jahre in Entwicklung und Marketing der chemischen Industrie.

Gabriele Berger-Boyer ist Beraterin der Repräsentanz Österreich von Arthur D. Little International. Ihr Tätigkeitsschwerpunkt umfaßt die Durchführung von Feasibility-Studien sowie die Strategieentwicklung für Transportunternehmen und die Maschinenbauindustrie. Sie erwarb den Grad eines Diplom-Ingenieurs an der Technischen Universität Wien.

Wolfram Brandes ist Geschäftsbereichsleiter für das strategische Informationsmanagement bei Arthur D. Little International, Wiesbaden. Seine Beratungsschwerpunkte sind Strategiefindung und Rahmenplanung für die Informationsverarbeitung. Nach seinem Abschluß als Diplom-Mathematiker und Absolvent der London School of Economics war er in verschiedenen Positionen in einem Anwenderunternehmen und einem Softwarehaus tätig.

Jürgen Fuchs ist Mitglied der Geschäftsleitung des EDV STUDIO PLOENZKE in Wiesbaden. Er studierte Mathematik und Physik und war 10 Jahre bei einem führenden Computer-Hersteller tätig. Im EDV STUDIO PLOENZKE leitet er einen Geschäftsbereich mit mehreren Niederlassungen und ist außerdem für die Personalentwicklung im Gesamtunternehmen verantwortlich.

Gerold Hörrmann ist Consultant im Beratungsbereich Chemie/Pharma im Wiesbadener Büro von Arthur D. Little International. Seine Beratungsschwerpunkte liegen auf den Gebieten Projektmanagement und Controlling für Forschung und Entwicklung. Er studierte Wirtschaftsmathematik und Volkswirtschaft an den Universitäten Tübingen und Ulm. Vor seiner Tätigkeit bei Arthur D. Little war er für mehrere Jahre bei einem führenden deutschen pharmazeutischen Unternehmen in verschiedenen Funktionen tätig.

Dr. Holger Karsten ist als Mitglied der Geschäftsleitung zuständig für die Beratung der Automobil- und Zulieferindustrie der deutschen Niederlassung von Arthur D. Little International, Wiesbaden. Seine Beratungsschwerpunkte sind Entwicklung von Strategien für Internationalisierung, Produktivitätssteigerungen und Human-Ressourcen-Einsatz. Er promovierte über innovative Methoden der Arbeitsgestaltung und absolvierte ein Post-Graduate-Studium an der Business School Amherst, Mass. Vor seiner Tätigkeit bei Arthur D. Little International war er Vorstandsassistent Produktion bei einem führenden deutschen Automobilhersteller.

Dr.-Ing. Werner A. Knetsch ist Leiter des Geschäftsbereichs „Informationstechnische Industrie" von Arthur D. Little International, Wiesbaden. Seine Geschäftsbereichsverantwortung umfaßt die Entwicklung von Produkt- und Marketingkonzepten, Geschäftsfeldstrategien, die Durchführung von Technologie- und Marktanalysen für Herstellerunternehmen der Informations- und Kommunikationstechnik.

Dr. Manfred J. Kunze ist Repräsentant von Arthur D. Little International in Österreich. Er verfügt über langjährige Erfahrungen in der Beratung der österreichischen Industrie, wo er sich mit einer Reihe von Projekten in den Bereichen Strategische Planung und Operations-Management befaßt hat. Er erwarb den Grad eines Diplom-Kaufmanns und das Doktorat der Wirtschaftswissenschaften an der Wirtschaftsuniversität Wien.

Michael Mollenhauer ist Geschäftsbereichsleiter für das Beratungssegment Konsumgüter-Industrie und Marketing bei Arthur D. Little International in Wiesbaden. Seit 1984 arbeitet er in der Strategie- und Organisationsberatung für viele nationale und internationale Unternehmen. Ein besonderer Schwerpunkt liegt in dem Bereich Geschäftsentwicklung und Innovations-Management. Vor dem Eintritt in die Beratungsbranche war er Führungskraft in einem internationalen Nahrungsmittelunternehmen, dem er sieben Jahre angehörte. Er studierte Betriebswirtschaft.

Dr. Rudolf Pernicky ist Leiter des Geschäftsbereichs Strategie- und Innovations-Management bei Arthur D. Little International in München. Er studierte Wirtschaftswissenschaften an der Universität Hamburg, wo er auch promovierte. Vor seiner Tätigkeit bei Arthur D. Little war er in einer deutschen Unternehmensberatung tätig. Bei Arthur D. Little hat er sich auf die Strategieberatung multinationaler Unternehmen zur Steigerung der Ertragskraft und der Innovationsfähigkeit konzentriert.

Thomas Ring ist Projektleiter im Geschäftsbereich Konsumgüter-Industrie und Marketing bei Arthur D. Little International in Wiesbaden. Seine Beratungsschwerpunkte sind Marketingmanagement und Organisationsberatung für nationale und internationale Unternehmen. Vor seinem Eintritt in die Beratungsbranche war er Product Manager in einem internationalen Konzern. Er studierte Wirtschaftsingenieurwesen an der Technischen Hochschule Darmstadt.

Dr.-Ing. Tom Sommerlatte ist Vice President und Geschäftsführer der deutschen Niederlassung von Arthur D. Little International in Wiesbaden. Er hat 19 Jahre Erfahrung in der strategischen und Technologieberatung führender deutscher Unternehmen. Er promovierte in Ingenieurwissenschaften und erwarb seinen MBA am Europäischen Institut für Unternehmensführung (INSEAD).

David Stringer ist Mitglied des europäischen Direktorats von Arthur D. Little und ist europaweit verantwortlich für die Beratungsaktivitäten des Unternehmens auf dem Gebiet des Strategischen Informationsmanagements. Er besitzt langjährige Erfahrungen bei der Planung und Entwicklung von Informationssystemen und hat in diesem Bereich über 30 führende Unternehmen durchgehend beraten.

Dr. Claus Tiby ist als Geschäftsbereichsleiter in der deutschen Niederlassung von Arthur D. Little International in Wiesbaden für den Beratungsbereich Chemie/Pharma verantwortlich. Er beschäftigt sich hauptsächlich mit Fragen der Unternehmensstrategie und des Technologie- und Innovations-Managements. Er studierte Physik und Chemie an der Universität Mainz, erwarb seinen MBA am Europäischen Institut für Unternehmensführung (INSEAD) und war als Projektleiter am Battelle Institut in Frankfurt tätig.

Dr.rer.pol. Eberhard E. Wedekind war Projektleiter bei Arthur D. Little International mit den Beratungsschwerpunkten Strategie- und Marketing-Beratung sowie Organisationsplanung. Er hat Betriebswirtschaft und Informatik studiert und promovierte an der Universität Bonn über das Thema „Informationsmanagement in der Organisationsplanung". Inzwischen wechselte Dr. Wedekind zur Linde AG über, wo er die Position des Geschäftsführers einer Tochtergesellschaft übernahm.

Dr. Wolfgang Zillessen ist als Projektleiter der deutschen Niederlassung von Arthur D. Little International im Bereich Strategisches Informationsmanagement tätig. Er hat sich auf die strategische Positionierung der Informationsverarbeitung in unterschiedlichen Industrien spezialisiert und unterstützte verschiedene Unternehmen bei der Entwicklung zielorientierter Informationsstrategien. Er promovierte in Wirtschaftswissenschaften und arbeitete mehrere Jahre in leitender Position im Bereich Informationsverarbeitung eines großen Elektronikkonzerns.

Weitere Werke von Arthur D. Little International bei GABLER

Arthur D. Little International (Hrsg.)
Management im Zeitalter der Strategischen Führung
1986, 2. Auflage, VIII, 192 Seiten, 68,— DM

Arthur D. Little International (Hrsg.)
Management der Geschäfte von morgen
1987, 2. Auflage, VIII, 162 Seiten, 68,— DM

Arthur D. Little International (Hrsg.)
Management des geordneten Wandels
1988, XIII, 221 Seiten, 68,— DM

Arthur D. Little International (Hrsg.)
Management der F & E-Strategie
1991, 188 Seiten, 76,— DM

Zu beziehen über den Buchhandel oder den Verlag.

Änderungen vorbehalten.

GABLER
BETRIEBSWIRTSCHAFTLICHER VERLAG DR. TH. GABLER GMBH, TAUNUSSTRASSE 54, 6200 WIESBADEN

MIX
Papier aus verantwortungsvollen Quellen
Paper from responsible sources
FSC® C105338

If you have any concerns about our products,
you can contact us on
ProductSafety@springernature.com

In case Publisher is established outside the EU,
the EU authorized representative is:
**Springer Nature Customer Service Center GmbH
Europaplatz 3, 69115 Heidelberg, Germany**

Printed by Libri Plureos GmbH
in Hamburg, Germany